Albert Martin
Handlungstheorie

Albert Martin

Handlungstheorie

Grundelemente des menschlichen Handelns

Die Deutsche Nationalbibliothek verzeichnet diese Publikation
in der Deutschen Nationalbibliografie; detaillierte bibliografische Daten
sind im Internet über http://dnb.d-nb.de abrufbar.

© 2011 by WBG (Wissenschaftliche Buchgesellschaft), Darmstadt
Die Herausgabe des Werkes wurde durch die Vereinsmitglieder
der WBG ermöglicht.
Redaktion: Katharina Gerwens, Eichendorf
Satz: SatzWeise, Föhren
Einbandgestaltung: Peter Lohse, Heppenheim
Einbandabbildung: puzzle_move © Stefan Rajewski – Fotolia.com
Gedruckt auf säurefreiem und alterungsbeständigem Papier
Printed in Germany

Besuchen Sie uns im Internet: www.wbg-wissenverbindet.de

ISBN 978-3-534-24420-1

Elektronisch sind folgende Ausgaben erhältlich:
eBook (PDF): 978-3-534-72006-4
eBook (epub): 978-3-534-72007-1

Inhalt

1 Einführung

Menschen „verhalten" sich nicht bloß, sie „handeln". Ihr Tun ist nicht, jedenfalls nicht ausschließlich, das Ergebnis von unbemerkten Vorgängen, die sich selbsttätig im Bewusstseinshintergrund abspielen, sondern auch – und zwar unvermeidlich – das Resultat bewusster Überlegungen. Menschliches Handeln entsteht aus dem Zusammenfließen von Notwendigkeit und Freiheit. Will man es verstehen und erklären, steht man daher vor einer schwierigen Aufgabe. Einerseits muss es darum gehen, die Gesetzmäßigkeiten des Handelns zu erkennen, die dem willentlichen Zugriff einer Person entzogen sind, andererseits sind die menschlichen Denkvorgänge zu berücksichtigen, die in der Verfügungsgewalt der Person stehen und die sich daher einer eindeutigen Beschreibung und Vorhersage durch Dritte entziehen. Handlungstheoretiker begegnen den damit verbundenen Herausforderungen auf zweierlei Weise. Auf der einen Seite findet man Wissenschaftler, die bei ihren Erklärungsversuchen nur sehr wenige, zwar grundlegende, aber auch sehr abstrakte theoretische Konstrukte heranziehen. Auf der anderen Seite findet man Wissenschaftler, die sich auf die Komplexität des menschlichen Verhaltens einlassen und die vielfältigen Phänomene, die menschliches Handeln hervorbringt, ausführlich beschreiben. Beide Vorgehensweisen haben ihre Stärken, aber auch ihre Schwächen. Die minimalistische Betrachtung muss, um zu Handlungserklärungen zu kommen, mit vereinfachenden Annahmen arbeiten, die manchmal äußerst wirklichkeitsfremd erscheinen. Die auf Reichhaltigkeit setzende Betrachtungsweise steht dagegen in der Gefahr, konturlos zu werden, mehr oder weniger interessanten Einzelphänomenen aufzusitzen und sich einer systematischen Theorieentwicklung zu verweigern. Man muss sich aber nicht auf eine der beiden Herangehensweisen festlegen. Es ist vielmehr eine lohnende Aufgabe, auf die Stärken der beiden Perspektiven zu setzen und ihre Schwächen zu überwinden. Aber die Aufgabe ist nicht einfach, weil das Verständnis dessen, was menschliches Handeln wesentlich ausmacht, stark umstritten ist, weil man sich nicht einig ist, was am menschlichen Handeln überhaupt erklärenswert ist und weil daher auch die Ansprüche an eine „Handlungstheorie" sehr unterschiedlich ausfallen.

1.1 Grundprobleme der Handlungstheorie

Alle Wissenschaften – die Naturwissenschaften partiell ausgenommen – befassen sich mit dem menschlichen Handeln. Handlungstheoretische Ansätze sind in den Geisteswissenschaften ebenso zu finden wie in der Ökonomie, in der Philosophie des Geistes, der Psychologie und Psychiatrie, Politologie, Soziologie und Sozialpsychologie, den Geschichtswissenschaften, Kommunikationswissenschaften, Arbeitswissenschaften, in der Personalwirtschaftslehre, Anthropologie, Ethnologie, der angewandten Philosophie, Pädagogik, Theologie und den Kulturwissenschaften (als kleine Auswahl aus der Überfülle der Literatur seien genannt: ARCHER 2000; DAVIDSON 1990; ESSER 2002; ETZRODT 2003; GRUNDMANN 1999; HECKHAUSEN/HECKHAUSEN 2010; KIRSCH 1998; KLUCKHOHN 1962; KRAMPEN 2000; LENK 1977; LUTHANS 2011; MARTIN 2003; MIEBACH 2006; MÜNCH 2007; WRIGHT 1979; RAUSCH 1998; SEARLE 2001; VYGOTSKIJ 2002; WEISE u. a. 2005; O'DONNELL 2010). Angesichts einer solchen Vielfalt an Zugängen ist es nicht verwunderlich, dass sich schon allein die Verständigung darüber, was genau gemeint ist, wenn von menschlichem Handeln gesprochen wird, als schwierig erweist. Umso schwieriger wird auch eine Einigung darüber, wie eine Theorie des Handelns aussehen könnte.

Und auch das große Fragenspektrum, mit dem sich eine Handlungstheorie konfrontiert sieht, trägt nicht zu einer Klärung dieser Fragen bei. Erklärt werden soll, warum Menschen etwas sofort tun, etwas später tun, etwas gar nicht tun; warum sie sich anstrengen, ermüden, sich „gehen lassen", sich beherrschen, die Schule schwänzen, sich weiterbilden, Stress empfinden; warum sie freundlich, kooperativ, süchtig, unpolitisch sind, bösartig lächeln, etwas riskieren, sich belügen, Tabus brechen, Trittbrett fahren, jemandem helfen oder misstrauen, Kriege beginnen, Feindschaften beenden, stolpern, sich versprechen, ein Unternehmen gründen, einen Beruf wählen, Heiratsanträge machen, jemanden beleidigen, zur Wahl gehen, Mitarbeiter entlassen, Bonuszahlungen abschaffen, Regeln befolgen, brechen und ersetzen, unverantwortlich, leichtsinnig, gedankenlos handeln oder sinnlose Taten verüben; warum sie aggressiv, behutsam, einfühlsam, gleichgültig und arglos, ruhelos, träge oder begeistert sind, sich um nichts oder um alles kümmern, sich abwenden, aufmerken, eine vage Idee verfolgen, etwas nicht wahrhaben wollen, auf etwas bestehen usw. usw. Dabei ist es nicht nur die große thematische Breite, die sich bei der Entwicklung einer Theorie als schwierig erweist. Drei weitere Herausforderungen seien kurz angesprochen.

Erstens enthalten viele Fragen eine starke Aufforderung, sich mit jenen Erklärungen zu befassen, die unmittelbar an den Phänomenen ansetzen, sodass der Umweg über eine allgemeine und damit notwendigerweise abstrakte Handlungstheorie unangebracht scheint. Beispielhaft sei das Suchtverhalten genannt, bei dem ja vor allem interessiert, warum Menschen süchtig werden. Erst an zweiter Stelle wird gefragt, warum diese Menschen ihrem inneren Drang nach Suchtbefriedigung immer wieder nachgeben. Obwohl beide Fragen mit Hilfe handlungstheoretischer Überlegungen angegangen werden können, neigt man – jedenfalls bei der ersten Frage – dazu, nach milieu- und persönlichkeitsbedingten Erklärungen zu suchen.

Zweitens werden bei der Erklärung von Verhaltensweisen oft sehr unterschiedliche Ebenen angesprochen. So geht es beispielsweise bei der Frage, warum man sich dazu „entschließt", über bestimmte Dinge nicht mehr nachzudenken, um Mikroprozesse der Gefühlsregulation. Demgegenüber betrifft die Überlegung, ob man endlich die lang ersehnte Weltreise antreten soll, eher pauschale Aspekte der Urteilsfindung, also so handfeste Punkte wie die finanziellen Möglichkeiten oder Informationen über die politische Lage in den anvisierten Reiseländern.

Und drittens ist das Erkenntnisinteresse sehr unterschiedlich. Will man beispielsweise wissen, ob jemand trotz psychischer Beeinträchtigungen eigenverantwortlich zu handeln vermag, dann werden andere erkenntnispragmatische Dimensionen angesprochen als wenn es darum geht, warum sich Mitglieder einer bestimmten Berufsgruppe mehr und Mitglieder anderer Berufsgruppen weniger um ihre berufliche Weiterqualifizierung kümmern.

Angesichts dieser Komplexität fragen sich viele Forscher, ob es überhaupt gelingen kann, eine Handlungstheorie zu entwickeln, die befriedigende Erklärungen für alle Facetten des menschlichen Verhaltens liefert. Und ebenso zwiespältig beantwortet sich die Anschlussfrage: Ist es überhaupt sinnvoll, dies anzustreben? Die Meinungen dazu sind geteilt. Sehr skeptisch äußert sich beispielsweise Harold KELLEY (2000). Die kreativsten und besten Köpfe der Sozialpsychologie hätten sich, so seine Diagnose, keine Zeit dafür genommen, eine allgemeine Theorie des menschlichen Sozialverhaltens zu entwickeln (und schon gar nicht eine allgemeine Handlungstheorie). Zwar seien so bedeutsame Ansätze wie die Dissonanztheorie, die Balancetheorie und die Reaktanztheorie entstanden, dabei handele es sich aber jeweils um Ein-Motiv-Theorien und sie lieferten daher auch kein „big picture" des Forschungsgegenstandes. Kelley sieht auch keinen Weg, dies zu ändern. Ihm erscheint es aussichtslos, die Sozialpsychologie allgemein theoretisch zu bestimmen. Er empfiehlt seinen Kollegen stattdessen, je nach Fragestellung bereichsspezifische Theorien zur Anwendung zu bringen. Damit verglichen klingt der Anspruch anderer Forscher wesentlich weniger bescheiden. Dietrich Dörner und Kollegen beispielsweise formulieren sehr selbstbewusst:

> „Wir haben in der Theorie zusammengebracht Hypothesen über Denkprozesse, Gedächtnisstrukturen und Gedächtnisprozesse, emotionale Prozesse, Aggressions- und Fluchtverhalten und über Motivationen … Wir sind … der Meinung und glauben dokumentiert zu haben, daß eine Integration verschiedener Gebiete der Kognition, der Motivation und der Emotion notwendig ist." (DÖRNER/REH/STÄUDEL 1983, S. 446)

In diesem Zitat deuten sich zwei grundsätzliche Probleme an, die sich der Entwicklung einer befriedigenden Handlungstheorie in den Weg stellen. Das erste Problem ergibt sich aus der großen Komplexität, mit der man sich konfrontiert sieht, wenn man in einer einzelnen Theorie Aussagen vereinen will, die sich fundiert sowohl mit den Motivationen als auch mit den gedanklichen Vorgängen und dazu noch mit den emotionalen Facetten des menschlichen Handelns befassen. Die Versuchung ist groß, der Komplexität der Realität eine gleichermaßen komplexe Theorie an die Seite zu stellen. Normalerweise gewinnt man damit jedoch nicht viel, da der Grenz-Erkenntnis-Nutzen (wenn man das so sagen darf) durch die Komplexitätsanreicherung von Theorien abnimmt. Von einer Theorie, die die Realität im Maßstab 1:1 abbilden soll, kann man nicht viel erwarten, im besten Fall erreicht man mit ihrer Hilfe lediglich eine Beschreibung des ohnehin Offensichtlichen. Theorien sollen die tieferen Schichten der Wirklichkeit ergründen, sich also nicht mit der Vielfalt der Phänomene befassen, sondern deren Entstehen beschreiben, sich mit den Tiefenstrukturen der Realität befassen. Aus dieser Aufgabenstellung heraus ergibt sich auf der einen Seite eine Komplexitätsentlastung für den Theoretiker, die er allerdings auf der anderen Seite dadurch erkauft, dass er sich den Mühen unterziehen muss, die die frustrierende Suche nach den fundamentalen und allgemeinen Gesetzmäßigkeiten des menschlichen Handelns mit sich bringt.

Das zweite Problem ergibt sich daraus, dass unser Handeln sehr stark von autonomem Nachdenken und eigenem Willen geprägt ist, zusätzlich aber auch von unbewussten und schwer zu durchschauenden Prozessen „gesteuert" wird. Im ersten Fall handeln wir nach mehr oder weniger abgewogenen, jedoch klar benennbaren Gründen, im zweiten Fall sind wir Ursachen ausgesetzt, die „im Hintergrund" wirken und uns in gewisser Weise fremdbestimmen. Wie diese so unterschiedlichen Phänomene miteinander vermittelt werden können, ist höchst umstritten. Nicht wenige Handlungstheoretiker „lösen" dieses Problem definitorisch auf, indem sie die jenseits des Erwägungshandelns laufenden unbewussten Prozesse aus dem Handlungsbegriff ausgrenzen. Handeln, das sich aus affektiven Voreingenommenheiten, aus quasi-reflexhaften Impulsen, aus einem diffusen Erleben, aus schwer greifbaren Regungen speist oder in habitualisierten Routinen verankert ist, wird dann aus der Betrachtung ausgeschlossen und als bloßes „Verhalten" disqualifiziert. Handeln ist danach „intentional", ein bewusster Vorgang, der auf Einsicht, Kontrolle, Zielorientierung, Zwecksetzung, Sinnstreben baut (RAUSCH 1998). Für die Erforschung des menschlichen Handelns ist mit solchen definitorischen Ausgrenzungen wenig gewonnen, denn das menschliche Handeln ist unteilbar. Ein bewusstes und zielstrebiges Handeln in Reinform gibt es nicht. Unser Handeln wird immer auch bestimmt von unbewussten und der Handlungssteuerung entzogenen Prozessen. Damit soll aber nicht gesagt sein, dass es unmöglich ist, deutliche Akzentsetzungen im Handeln zu erkennen. Manchmal reagiert man im buchstäblichen Sinne „emotional", ein andermal eher wie ein „kühler Stratege" usw. – aber die Versuche, spezifische Handlungstypen zu identifizieren (VON CRANACH 1994; JUNG 2001; WEBER 2005), stoßen an ihre Grenzen, weil der Nachweis, dass die damit bezeichneten Handlungsweisen eigenen Gesetzmäßigkeiten folgen, kaum gelingen dürfte, sie bilden lediglich spezifische Ausformungen, die sich von den Prozessen, die den Handlungs- und Bewusstseinsstrom lenken, nicht abkoppeln lassen.

Was folgt daraus für die Handlungstheorie? Wie kann sie dem Problem begegnen, dass menschliches Handeln zu komplex ist, um es aus einer einzelnen Perspektive heraus begreifen zu können? Und wie kann

sie mit dem Problem umgehen, dass sich im Handeln das selbstbestimmte
Vorgehen mit fremddeterminierten psychologischen Abläufen vermengt?
Wahrscheinlich gibt es keine endgültig befriedigende Lösung für diese beiden Probleme, wohl aber geeignete Strategien, die dabei helfen, mit ihnen
umzugehen. Dem Komplexitätsproblem begegnet man am besten durch
Einfachheit. Eine Handlungstheorie sollte nicht zu komplex sein, sie sollte
sich auf möglichst wenige, dafür aber grundlegende Elemente des menschlichen Verhaltens konzentrieren. Der menschlichen Natur wird man am
ehesten gerecht, indem man zunächst die rationale Seite des Menschen
akzentuiert, wobei allerdings auf Übertreibungen verzichtet werden sollte.
Der sich daran anknüpfende Ausbau der Handlungstheorie in Richtung
größerer Komplexität muss sich mit dem Prozesscharakter des menschlichen Denkens und Tuns und mit der „Architektur" oder „Konstitution"
der menschlichen Psyche befassen. Ganz zwanglos löst sich mit dieser Betrachtung auch das zweite der beiden oben herausgestellten Probleme, die
Trennung der gedanklich selbstbestimmten und physiologisch-psycho-
logisch fremdbestimmten Handlungen: Gedankliche Prozesse und psychische Prozesse sind eng aufeinander bezogen und miteinander verwoben
und bringen gemeinsam das hervor, was uns Menschen zu unserem Tun
veranlasst.

1.2 Rational Choice?

Menschen verfügen über zwar nicht überragende, aber in gewisser Weise
doch bemerkenswerte intellektuelle Fähigkeiten, die es ihnen immerhin
gestatten, zukünftiges Geschehen zu antizipieren und über vergangenes
Geschehen – sowie über sich selbst – nachzudenken. Eine Handlungstheorie, die diesen schlichten Tatbestand ignoriert, wird ihrem Gegenstand
nicht gerecht. Menschen machen sich ein Bild von ihrer Situation und
entwickeln Vorstellungen darüber, wie ihre „Welt" anders aussehen könnte
und sollte. Sie machen sich außerdem Gedanken über die Herausforderungen, die auf sie zukommen und darüber, was sie tun können, um entweder ihre Lage zu verbessern oder um drohendes Ungemach abzuwen-
den. Dabei sind sie bekanntlich nicht perfekt; ihre Fähigkeiten, sich ein
wirklichkeitsgetreues Abbild ihrer Situation zu verschaffen, sind begrenzt
– aber sie nutzen sie. Die Frage, wie Menschen sich ein „inneres Modell"

ihrer Umwelt verschaffen, wird von Handlungstheorien oft ausgeblendet. Handlungstheoretiker befassen sich im Wesentlichen mit der Frage nach den Handlungsmöglichkeiten einer Person sowie deren Bewertung der Handlungsergebnisse. Auch in dem Versuch, sich Klarheit über die Ergebnisse ihres Handelns zu verschaffen, sind Menschen nicht perfekt, aber man wird schlechterdings nicht abstreiten können, dass sie sich darum bemühen. Und es ist rational: man wird einen Menschen kaum vernünftig nennen, wenn dieser sich keine Gedanken über die Konsequenzen seines Handelns macht und wenn er nicht weiß, was er will. Dass man sich beim Handeln an den Konsequenzen orientiert und dass man diese Konsequenzen mit Hilfe klar benennbarer Maßstäbe beurteilt, ist gewissermaßen die Minimalversion vernünftigen Verhaltens. Dabei unterstellen wir einen sehr weitgefassten Rationalitätsbegriff, der beispielsweise nichts über die Inhalte der erwarteten Konsequenzen und auch nichts über die Qualität der Bewertung aussagt. Außerdem lässt sich unser Begriff vernünftigen Verhaltens nicht mit dem Begriff der Zweckrationalität gleichsetzen. Auch mit Egoismus hat unsere Minimalversion vernünftigen Verhaltens nichts zu tun, da sie über die Inhalte der Bewertungsmaßstäbe keine Aussagen macht. Ob jemand eine andere Person bestiehlt oder beschenkt – beides kann „rational" sein, wenn die dahinterliegenden Wertvorstellungen dies zulassen. Und wer einen anderen bestiehlt, mag zweckrational handeln, wenn er nicht befürchten muss, entdeckt und bestraft zu werden. Aber es kann ebenso vernünftig sein, der Versuchung zu stehlen zu widerstehen, aus dem einfachen Grund, weil „man das nicht tut". Letzteres gilt aber nur, wenn man weiß, dass man seine „Untat" nicht vergessen wird *und* dass einen die Erinnerung daran belasten würde (das ist der Teil, der die Konsequenzen betrifft). In diesem Fall handelt man „wertrational" und nicht zweckrational. Möglicherweise unterlässt unsere in Versuchung geführte Person den Diebstahl aber auch, weil sie sich sagt: „so etwas tue *ich* nicht". Im Unterschied zu einer wertrationalen Entscheidung könnte man hier von einer „selbstrationalen" Entscheidung sprechen – wäre dieser Begriff nicht etwas unhandlich und missverständlich. Wie bei der wertrationalen geht es auch bei der „selbstrationalen" Entscheidung um Konsequenzen: Im letztgenannten Fall wäre es nicht leicht, die Untat – so sie denn getan würde – zu vergessen und das würde zu einer Selbstbeschädigung führen. Es sei denn, es mache einem nichts aus, sich selbst als Dieb zu sehen.

Die bereits angeführten Minimalanforderungen an die menschliche Vernunft finden sich auch in der sogenannten Entscheidungstheorie. Bei der Entscheidungstheorie handelt es sich um eine Theorie, die sich mit Wahlhandlungen beschäftigt, also mit der Frage, für welche Handlungsalternativen Menschen sich entscheiden. In ihrer normativen Variante geht es darum, von welchen Überlegungen Menschen sich bei dieser Wahl leiten lassen sollten. Die Entscheidungstheorie eignet sich sehr gut als Ausgangspunkt für die Entwicklung einer allgemeinen Handlungstheorie. Sie ist eine einfache Theorie, sie ist außerdem eine „Gedankentheorie", d.h. sie befasst sich mit der gedanklichen Abwägung möglicher Handlungsweisen und möglicher Handlungsstrategien, und sie lässt sich sehr gut mit Theorieelementen anreichern, die den Prozess der Entscheidungsfindung und der Problemlösung zum Inhalt haben. Die Kernaussagen der Entscheidungstheorie lassen sich wie folgt zusammenfassen (SIMON 1955; KIRSCH 1971; STEGMÜLLER 1973; ARROW 1957; COLEMAN 1991; BARTSCHER/MARTIN 1994; MARCH 1994):

- Menschen schaffen sich einen Überblick über die Handlungsalternativen, die ihnen zur Verfügung stehen.
- Menschen betrachten die Konsequenzen, die sich ergeben würden, wenn man die jeweiligen Handlungsalternativen verwirklichen würde.
- Zu diesem Zweck verschaffen sie sich Informationen über die möglichen Umweltzustände, die eintreten können und die geeignet sind, die Handlungsergebnisse zu beeinflussen, und sie entwickeln – hiervon ausgehend – Erwartungen darüber, mit welcher Wahrscheinlichkeit die Konsequenzen eintreten werden.
- Menschen beurteilen die Handlungskonsequenzen anhand ihrer individuellen Nutzenvorstellungen.

Ein einfaches Beispiel soll die genannten Grundelemente der Entscheidungstheorie noch etwas erläutern. Betrachtet sei eine Person, die sich vor die Frage gestellt sieht, ob sie ein Projekt auf die „sichere" Art abwickeln – sich also an erprobten und von den Mitmenschen geschätzten Vorgehensweisen orientieren – soll oder ob sie ihren Plan nach eigenem Ermessen ausführt, sich also dem Standard sowie den sozialen Erwartungen verweigert und das Projekt so angeht, wie es ihren persönlichen Vorlieben und Einschätzungen entspricht. Es gibt viele Vorhaben, bei denen man vor diese Frage gestellt wird (z.B. das Verfertigen einer Dissertation, der Bau eines Hauses, die Gestaltung eines Festes usw.). In Tabelle 1.1 finden sich auf diese Problemsituation angewandt beispielhafte Wertangaben für die Grundkonzepte der Entscheidungstheorie.

Tab. 1.1: Grundkonzepte der Entscheidungstheorie

Alternativen	Mögliche Konsequenzen	Erwartung (p)	Bewertung (W)	p x W
Eigensinn	Erfolg	0,5	10	5,0
	Misserfolg	0,5	–10	–5,0
	Freude	0,8	10	8,0
	Mühe	0,8	–5	–4,0
Anpassung	Erfolg	0,8	5	4,0
	Misserfolg	0,2	–2	–0,4
	Freude	0,7	4	2,8
	Mühe	0,4	–4	–1,6
Entscheidungsregel		Eigensinn		4,0
„Addiere die Teilnutzen gleichgewichtig!"		Anpassung		4,8
Entscheidungsregel		Eigensinn		8,0
„Wähle die Alternative mit dem maximalen Teilnutzen!"		Anpassung		4,0

Der Einfachheit halber sind nur zwei Alternativen angeführt. Tatsächlich jedoch lassen sich viele weitere (z. B. verschiedene Kompromisslösungen) nennen. Die Entscheidungstheorie behauptet nun, dass Menschen bei ihrem Handeln die Konsequenzen ihres Handelns bedenken. Wir haben in unserem Beispiel einige Konsequenzen angeführt, die in der gegebenen Situation bedenkenswert sind. Das ist zum einen der Erfolg bzw. der Misserfolg. Dabei nehmen wir an, dass *in der Einschätzung der betrachteten Person* die Eigensinn-Alternative riskanter ist. Die Chance, mit dem „eigensinnigen" Vorgehen Erfolg zu haben, beträgt 1:1, bei einem konventionellen Vorgehen liegen die Chancen dagegen wesentlich höher, nämlich bei 4:1 [p (Erfolg)/p (Misserfolg) = 0,8:0,2 = 4:1]. Allerdings ist der „Genuss", der sich aus einem Erfolg des Eigensinn-Projektes ergäbe, sehr hoch, der entsprechende Teilnutzen beträgt 10 Einheiten, während er beim Standardprojekt nur bei 5 Einheiten liegt. Es ist natürlich eine wichtige Frage, wie die Nutzenskala genau bestimmt wird, in welchen „Einheiten" der Nutzen also gemessen werden kann. Diese Frage soll uns aber hier nicht weiter beschäftigen. Uns geht es darum, das Grundkonzept der Entscheidungstheorie darzustellen. Wie Tabelle 1.1 zeigt, wird der Teilnutzenwert mit der Eintrittswahrscheinlichkeit multipliziert und man erhält damit den (Teil-)Erwartungsnutzen. Dieser liegt – bezogen auf den Erfolg – für das Eigensinnprojekt bei 5, für das Standardprojekt bei 4. Damit wird das Eigensinnprojekt dem Standardprojekt vorgezogen. Allerdings müssen bei einer vollständigen Analyse auch weitere Konsequenzen berücksichtigt werden, worauf wir hier aber verzichten wollen. Die Misserfolgswahrscheinlichkeit ist logischerweise das Komplement der Erfolgswahrscheinlichkeit, hier also p(1–0,5) = 0,5. Der Teilnutzenwert des Misserfolgs ist dagegen nicht notwendigerweise einfach der negative Nutzen des Erfolgs. In unserem Beispiel gilt dies zwar für das Eigensinnprojekt, aber nicht für das Standardprojekt. Scheitert man mit dem Standardprojekt, dann resultiert daraus zwar auch ein negativer Nutzen, dieser fällt allerdings nicht allzu hoch aus. Psychologisch lässt sich das leicht erklären: Wenn man viel von seinem Selbstverständnis in ein Projekt investiert, dann ist nicht nur die Enttäuschung im Falle des Scheiterns groß, auch die negativen Auswirkungen auf die eigene Reputation lassen einen nicht unberührt. Tabelle 1.1 nennt zwei weitere Konsequenzen. Bei Projekten ist man ja – anders als beispielsweise bei Wetten – kein bloßer Beobachter der Geschehnisse, sondern ein aktiver Gestalter, es kommt also nicht nur auf die Ergebnisse an, die eigene Tätigkeit im Projekt ist vielmehr eine wichtige Quelle von Arbeitsleid und Arbeitsfreude. Belastungen und Freuden der Arbeit sind zwar nicht gänzlich unabhängig voneinander, dennoch kann eine Arbeit selbst bei hohen Belastungen viel Freude machen.

In unserem Beispiel rechnet die Person bei ihrem Eigensinnprojekt mit großer Arbeitsfreude; auch die Mühen schätzt sie als nicht unbeträchtlich ein. Beim Standardprojekt sind die entsprechenden Größen moderater. Wie groß die Belastungen und Beglückungen sein werden, lässt sich oft nicht genau vorhersagen, sodass man sich auch hier mit Wahrscheinlichkeitsschätzungen begnügt. Nimmt man die entsprechenden Berechnungen vor, so ergeben sich die in der letzten Spalte angeführten Teilnutzenwerte. Was bleibt, ist die Bestimmung des Gesamtnutzens der beiden Alternativen. Diese geschieht mit Hilfe von Entscheidungsregeln.

In der Tabelle sind zwei Entscheidungsregeln aufgeführt: Die erste verlangt eine Addition der verschiedenen Erwartungsnutzengrößen, wobei allen ein gleiches Gewicht gegeben wird. Nach dieser Rechnung müsste die Person auf das Eigensinnprojekt verzichten. Die Hauptursache dafür liegt in der sehr negativen Einschätzung eines möglichen Misserfolgs. Diese kommt bei der zweiten Entscheidungsregel nicht zum Zuge, weil es bei dieser nur darauf ankommt, welche Entscheidung das „Spitzenerlebnis" mit sich bringt. Unser Beispiel zeigt, dass es nicht egal ist, welche Entscheidungsregel man verwendet. Zum Einsatz kommen sollte die Entscheidungsregel, die die Wertstruktur der Person möglichst gut abbildet.

In dieser Argumentation der Entscheidungstheorie stecken scheinbar keine besonderen Anforderungen an die Rationalität des Handelns, sie beschreibt lediglich, wie Menschen sich (angeblich) verhalten. Implizit ist in ihnen aber durchaus eine Rationalitätsvorstellung enthalten. Sie entspricht, wie bereits angeführt, im Wesentlichen derjenigen, die wir in unserer Minimaldefinition beschrieben haben: Menschen verhalten sich nicht „irgendwie". Sie prüfen vielmehr – wie unvollkommen auch immer –, welche Handlungsalternativen ihnen überhaupt zur Verfügung stehen. Im Zweifel halten sie nicht nur Ausschau nach Alternativen, sondern sie versuchen auch, sich diese tätig zu erarbeiten (was mühsam sein kann). Sie bedenken überdies die Konsequenzen, die ihr Handeln haben könnte, wenngleich sie sich manchmal auch nur vage Vorstellungen davon machen und sich nicht umfassend informieren, um ein realitätsgerechtes Bild zu erhalten. Und schließlich verwendet ein Mensch seine Nutzenvorstellungen auch, um sich Klarheit darüber zu verschaffen, was er anstrebt. Er folgt also nicht (nur) den Impulsen, die durch irgendwelche interne oder externe Schlüsselreize ausgelöst werden.

Die „Normative Entscheidungstheorie" präzisiert die Anforderungen, die an einen „rationalen" Entscheider zu stellen sind und ist dabei mehr oder weniger streng. So gehört beispielsweise zu einem „vollkommen" rationalen Handeln, dass wirklich sämtliche Alternativen in Betracht gezogen, vollständig ausformuliert und gegeneinander abgegrenzt werden. Ähnliches gilt für die Überlegung, wie das entsprechende Handeln auf andere und/oder die Umwelt wirkt und welche Konsequenzen sich daraus ergeben. Außerdem sollten die Handlungsergebnisse an objektiven Größen gemessen werden, die möglichst exakt („quantitativ") zu erfassen sind. Schließlich müssen die einzelnen Entscheidungsergebnisse miteinander „verrechnet" werden (denn keine Entscheidung hat nur *eine* Wirkung und damit nur *eine* Konsequenz, nur ein Ergebnis); bei dieser Aufgabe sollen Regeln zur Anwendung kommen, die die Präferenzstruktur des Entscheiders möglichst genau abbilden.

Dass Menschen in ihrem realen Handeln diesen Anforderungen nicht genügen, leuchtet unmittelbar ein: Kein Mensch verfügt über vollkom-

mene Informationen, weder über sich, noch über die Umwelt, und selbst
in künstlich geschaffenen und sehr vereinfachten Entscheidungssituationen (bevorzugtes Anschauungsobjekt von Entscheidungstheoretikern sind
Lotterien) zeigt sich, dass „reale" Menschen den angeführten Anforderungen nicht gerecht werden. Nun sollen normative Theorien auch gar nicht
das tatsächliche Verhalten abbilden, es geht ihnen vielmehr darum, einen
Maßstab für das wünschenswerte Verhalten zu liefern. Wie gut die Normative Entscheidungstheorie diese Aufgabe erfüllt, kann an dieser Stelle
nicht diskutiert werden, angemerkt sei lediglich, dass auch Normen realis-
tisch sein sollten. „Sollen impliziert Können" und überstrenge und wirk-
lichkeitsfremde Anforderungen richten letztlich auch praktischen Schaden
an. Dagfinn Føllesdal vergleicht das Verhältnis der normativen zur de-
skriptiven („empirischen") Entscheidungstheorie mit dem Verhältnis der
Logik zur alltäglichen Argumentationsweise der Menschen. Während sich
die Logik um ein kohärentes System von Aussagen und Schlussweisen bemüht, geht es beim Beschreiben des „wirklichen Lebens" darum, wie Menschen tatsächlich argumentieren und welche Schlussfolgerungen sie ziehen, auch wenn diese – vom logischen Standpunkt aus betrachtet – noch
so verquer und unlogisch erscheinen.

„In unserer empirischen Entscheidungstheorie müssen wir in Betracht
ziehen, daß Leute normalerweise nur eine sehr kleine Anzahl von Alternativen einer Handlung, welche ihnen in einer bestimmten Situation
offenstehen, erwägen; wie sie nur über einige Konsequenzen reflektie-
ren, oft seltsame Ansichten über die Wahrscheinlichkeiten der verschiedenen Konsequenzen haben und auch Werte und Präferenzen haben
mögen, die beträchtlich von denen abweichen von denen wir meinen,
sie sollten sie haben." (FØLLESDAL 1979, 440)

James REASON (2009) spricht von einem „Niedergang" der normativen
Entscheidungstheorie und meint damit, dass die normative Entscheidungstheorie nicht wirklich realistische Handlungserklärungen liefern
kann. Zur Untermauerung seiner Behauptung beschreibt er vier ein-
schneidende Entwicklungen. Als Referenzmodell dienen ihm dabei die
folgenden entscheidungstheoretischen Annahmen, die wir ähnlich ja bereits oben angeführt haben:

- Menschen verfügen über eine eindeutig definierte Nutzenfunktion; diese erlaubt es ihnen, den Nutzen möglicher Handlungsergebnisse zweifelsfrei durch eine Kardinalzahl zu bestimmen,
- Menschen haben einen klaren und erschöpfenden Überblick über die ihnen offenstehenden Handlungsalternativen,
- Menschen kennen die Wahrscheinlichkeitsverteilungen alternativer Zukunftsszenarien sowie der in diesen Szenarios möglichen Handlungsergebnisse,
- Menschen werden die Alternative wählen, die ihren Nutzen maximiert.

Eine erste und nachhaltige Degradierung des normativen Modells erfolgte durch die Einführung des Konzepts der beschränkten Rationalität (vgl. SIMON 1955). Dieses bestreitet, schlicht gesagt, die Gültigkeit der angeführten Annahmen. Menschen kennen ihre Alternativen nicht, sie geben sich häufig auch keine Mühe, sich diese zu erarbeiten, selbst wenn dies sinnvoll wäre (also wenn es z. B. um sehr wichtige Entscheidungen geht). Sie machen sich auch keine Gedanken über Zukunfts*szenarien*, sondern denken sehr eng in dem Referenzrahmen, der ihnen durch das konkret vorliegende Problem aufgedrängt wird. Das heißt: Die Dinge werden weder zu Ende gedacht noch bestehen klare Vorstellungen darüber, welche Konsequenzen mit welcher Wahrscheinlichkeit eintreten. Das liegt unter anderem daran, dass dem menschlichen Denken schon allein das Konzept der „Wahrscheinlichkeit" nur schwer zugänglich ist. Und schließlich streben Menschen nicht nach einer Maximierung ihres Nutzens. Sie brechen ihr Suchverhalten vielmehr bereits dann ab, wenn sich eine Alternative zeigt, die „zufriedenstellende" Lösungen bietet („Satisficing-Prinzip").

Eine weitere Abwertung der normativen Entscheidungstheorie ergibt sich aus einer Vielzahl von Studien, in denen sich zeigte, wie wenig wir Menschen in der Lage sind, bündig zu denken und zu argumentieren. Ein dritter Forschungsstrang erbrachte den Nachweis, dass Menschen beim Fällen von Urteilen und in ihren Entscheidungen zahlreiche Fehler machen (DEKKER 2005) und dass sie nur selten umfängliche und analytisch überzeugende Problemlösungsprozesse durchlaufen, sondern sich mit der Anwendung mehr oder weniger hilfreicher heuristischen Denkregeln begnügen (MARTIN 2011). Ein weiterer Punkt betrifft die motivationale Seite: Denken kostet Kraft und kann manchmal sehr belastend sein. Daher begnügen Menschen sich oft mit vorläufigen und wenig durchdachten

Lösungen, auch wenn diese ihnen nur eine kurzfristige Entlastung verschaffen.

Interessanterweise erlebte die normativ geprägte Entscheidungstheorie aber nicht nur einen „Niedergang", sondern machte unter dem Etikett „Rational Choice" insbesondere in den Sozialwissenschaften eine erstaunliche Karriere. In der Ökonomie hat sie ohnehin ihre stets dominierende Rolle behalten. Ein wesentlicher Grund für die Attraktivität dieses Ansatzes liegt vermutlich darin, dass es mit der Entscheidungstheorie so gut gelingt, das Aggregationsproblem anzugehen. Sozialwissenschaftler interessieren sich ja primär für soziale Phänomene und es stellt sich hierbei natürlich die Frage, wie es möglich ist, dass sich die zahllosen, je individuellen Bestrebungen und Handlungsweisen zu stabilen gesellschaftlichen Tatbeständen formieren. Die Beantwortung dieser Frage gelingt mit Hilfe der Rational-Choice-Theorie recht gut und zwar mit Hilfe einiger weniger – wiederum vereinfachender – „Brückenhypothesen", die sich auf die Vermittlung der individuellen Handlungsbestrebungen beziehen. Darauf werden wir an dieser Stelle jedoch nicht näher eingehen. Im Laufe der Zeit haben sich verschiedene Varianten der Rational-Choice-Theorie herausgebildet, die sich unter anderem in der Strenge der Verhaltensannahmen, nach Inhalten sowie in den Einschränkungen, die sie vornehmen, unterscheiden. In der Regel richten sich die Unterschiede nicht auf die theoretischen Annahmen selbst, sondern auf die Ausformulierung von Erklärungsmodellen. Und hier ist Variabilität auch angebracht, weil sich ein Erklärungsmodell am Erklärungszweck sowie dem betrachteten Handlungskontext ausrichten muss und damit zwangsläufig jeweils ein unterschiedliches Gesicht erhalten muss. Von Siegwart LINDENBERG (1985) stammt das sogenannte RREEMM-Modell, das sich zur Aufgabe macht, das menschliche Verhalten in sozialen Kontexten zu erklären. Menschen agieren – so Lindenbergs Modell – als *Resourceful, Restricted, Expecting, Evaluating, Maximizing Man*. Menschen sind demnach findig im Erarbeiten von Alternativen und im Abschätzen der Konsequenzen („resourceful"). Sie handeln nicht völlig frei, sondern passen sich gegebenen Knappheiten und Möglichkeiten an („restricted"). Ihr Verhalten orientiert sich an Erwartungen („expecting") und Bewertungsmaßstäben („evaluating"), wobei sie – so die unterstellte Entscheidungsregel – immer die Handlungsalternative wählen, die ihren Wünschen maximal entgegenkommt („maximizing"). Ähnlichkeiten mit den Grundgedanken der allgemeinen Entscheidungstheorie sind unübersehbar. Ob die von Lindenberg spezifizierten Verhaltensannahmen aber immer zutreffen, kann bezweifelt werden. Zustimmen wird man sicher der Aussage, dass sich Menschen an ihren Erwartungen ausrichten und nicht etwa an objektiven Tatsachen – die sie ja oft gar nicht genau kennen. Ob sie bei ihrem Handeln allerdings immer auch die Einschränkungen beachten, die ihnen gesetzt sind (Fähigkeiten, Ressourcen, soziale Unterstützung usw.), ist sehr fraglich. Ebenso wenig wird man der Behauptung zustimmen können, dass Menschen immer und überall die Maximierungsregel zum Einsatz bringen. Wie haltlos diese Behauptung ist (Hartmut Esser sieht im Maximierungsprinzip sogar eine anthropologische Grundtatsache, deren Gültigkeit empirisch gut bestätigt sei, ESSER 1993), muss man „eigentlich" nicht diskutieren. Sie widerspricht jeder normalen Erfahrung und man muss sich fragen, wie Sozialtheoretiker derartige Ansichten vertreten können, da – wie doch eigentlich jeder weiß – oftmals bereits das Auftreten eines einzelnen auf pure Nutzenmaximierung bedachten Individuums genügt, um das soziale Zusammenleben massiv ins Wanken zu bringen. Menschliche Gemeinschaften können nicht funktionieren, wenn sie nicht durch Rücksicht, Nachsicht, Verzicht und Gelassenheit getragen werden.

Mit etwas allgemeineren Begriffen operiert die Version der Rational-Choice-Theorie von Jon ELSTER (2007). Im Kern geht es auch hier um das Zusammenspiel von Überzeugungen und Wünschen (die in der Rational-Choice-Theorie häufig als Erwartungen und Werte bezeichnet werden). Elster weist darauf hin, dass nur dann sinnvoll von einer rationalen Entscheidung gesprochen werden kann, wenn beide Aspekte – also sowohl Wünsche als auch Überzeugungen – tatsächlich zum Zuge kommen (Abbildung 1.1).

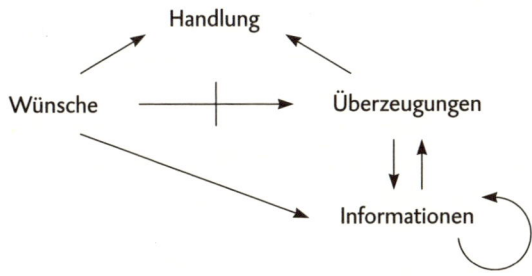

Abb. 1.1: Grundkonzepte des Rational-Choice-Ansatzes
(nach ELSTER 2007, S. 191)

So sei es beispielsweise nicht rational (wenngleich zweckmäßig), beim An-
blick eines schlangenähnlichen Objekts schreckhaft und reflexartig zu-
rückzuweichen. Rationalität käme in einer solchen Situation erst dann
ins Spiel, wenn man erkennt, dass es sich bei dem Objekt tatsächlich um
eine Schlange handelt und nicht etwa nur um einen Ast. In diesem Beispiel
kann man zwar „zufällig" richtig handeln (es könnte ja tatsächlich eine
Schlange unseren Weg kreuzen), jedoch sollte die Rationalität vom Handeln der Akteure aus und nicht vom Ergebnis her bestimmt werden. Ähnlich kann man aus falschen Gründen richtig handeln (Hänsel treibt Sport,
um Gretel zu imponieren, Hans im Glück glaubt jedes Mal, er tausche zu
seinem Vorteil – und irrt sich dabei gewaltig –, bis er gar nichts mehr hat,
was ihm tatsächlich zum Vorteil gereicht), aber auch dann liegt kein „rationales" Verhalten vor.

Die Pfeile in Abbildung 1.1 haben im Übrigen eine doppelte Bedeutung, sie kennzeichnen sowohl Kausalitäten als auch Rationalitätsanforde-
rungen. Eine erste Rationalitäts- oder „Optimalitäts-Anforderung" verlangt, dass sich eine Handlung auf Überzeugungen stützt (darauf sind wir
gerade eben eingegangen). Die zweite Rationalitätsanforderung verlangt,
dass die Überzeugungen angesichts des gegebenen Kenntnisstands gut begründet sind. Die dritte Anforderung betrifft die Informationsgewinnung:
hier ist zu überlegen, ob es sich „lohnt", angesichts der zu treffenden Entscheidung in zusätzliche Informationsbeschaffungsaktivitäten zu investie-
ren. Diese Anforderung ist einigermaßen prekär, weil man den Wert einer
Information ja oft erst dann erkennen kann, wenn man über sie verfügt.
Auch die Wünsche schließlich müssen bestimmte Anforderungen erfüllen,
damit man ihnen Rationalität zusprechen kann. Elster nennt unter anderem die Transitivitätsforderung, die verlangt, dass man dann, wenn man
das Gut A dem Gut B und das Gut B dem Gut C vorzieht, nicht gleichzeitig
das Gut C dem Gut A vorzieht. Außerdem verlangt Elster die Vollständigkeit des Vergleichs, die nur gewährleistet ist, wenn jede Alternative mit
jeder anderen Alternative verglichen wird. Daneben gibt es zahlreiche weitere Anforderungen an die Rationalität des Wünschens und der Präferenzen, worauf an dieser Stelle nicht näher eingegangen werden soll (vgl. z. B.
Tversky/Kahneman 1986, Anand 1987).

Abschließend sei noch auf den Zusammenhang zwischen Wünschen
und Überzeugungen hingewiesen. In Abbildung 1.1 ist der entsprechende
Pfeil „blockiert". Damit will Elster zum Ausdruck bringen, dass unsere
Überzeugungen nicht von unseren Wünschen beeinflusst werden *sollten*.

Aber genau diese Rationalitätsforderung wird im realen Handeln oft nicht erfüllt: wenn wir uns etwas sehr wünschen, glauben wir es ganz gern, weil wir uns (normalerweise) mögen, übersehen wir leicht unsere Fehler usw. Doch das haben wir ja bereits oben festgehalten: das reale Verhalten der Menschen ist nur in einem eingeschränkten Sinne auch ein rationales Verhalten. Dessen ungeachtet macht man einen großen Fehler, wenn man glaubt, man könne eine Handlungstheorie entwerfen, die die in der menschlichen Natur angelegte Rationalität ausblendet. Unsere Fähigkeiten zur Vorausschau und zur Selbstreflexion sind nicht schlichtweg Werkzeuge, die wir entweder benutzen oder zur Seite legen können, je nachdem wie uns das gefällt, wir können sie nicht „ausschalten", was uns manchmal das Leben schwer macht. Zwar gibt uns unser Denkvermögen die Möglichkeit, die Realität besser zu verstehen und unsere Ziele besser zu erreichen. Es zwingt uns aber auch, über unser Handeln nachzudenken und uns hierüber Rechenschaft abzugeben. Unser Denken steht nicht jenseits unseres Tuns, sondern ist eng mit ihm verflochten. Wir können ihm nicht ausweichen, auch wenn es uns neben den angenehmen unangenehme Wahrheiten nahebringt.

1.3 Elemente einer Handlungstheorie

Wünsche und Überzeugungen sind die Kernelemente einer jeden Handlungstheorie. Wünsche liefern sozusagen den Antrieb, die Motivation, die uns bewegt. Überzeugungen dienen der Navigation, sie vermitteln uns Erkenntnisse, damit wir den besten Weg zu unseren Zielen einschlagen. Sind aber damit schon „alle wesentlichen" Elemente des menschlichen Handelns erfasst? Wie bereits ausgeführt, bilden Überzeugungen und Wünsche das Fundament einer Minimalversion menschlichen Handelns. Um dessen Natur besser gerecht zu werden, sind drei weitere Grundelemente in die Handlungstheorie einzubeziehen. Eines davon knüpft an die Gegenüberstellung von Antrieb und Erkenntnis an, mit der nicht selten eine Gegensätzlichkeit zum Ausdruck gebracht wird (der Verstand kämpft gegen die Leidenschaft, das nüchterne Denken zügelt den haltlosen Eifer, ein klarer Blick vertreibt die Furcht usw.). Natürlich besteht diese Art Gegensätzlichkeit nicht, und zwar aus dem einfachen Grund, weil Motive und Einsichten komplementäre Funktionen erfüllen. Dennoch steckt eine

gewisse Wahrheit in der Entgegensetzung, da es nicht selten zu wechselsei-
tigen „Übergriffen" zwischen Überzeugungen und Wünschen kommt:
beispielsweise nehmen wir die Wirklichkeit gern so wahr, wie es uns am
besten passt („weil nicht sein kann, was nicht sein darf") und finden das
gut, was uns vertraut ist („was ich nicht weiß, macht mich nicht heiß").
Und an genau dieser Stelle kommt eine Größe zum Zug, die in der Handlungstheorie stark vernachlässigt wird: der Wille. Der Wille ist parteiisch,
er verleiht den Wünschen oder Überzeugungen Dominanz; im Idealfall
ergreift er Partei für die Rationalität und verhilft sowohl den (authenti-
schen) Bedürfnissen eines Menschen als auch dessen Realitätssinn zu
ihrem Recht. Bemerkenswert am Willen ist seine Doppelnatur, er hat eine
motivationale Seite, die häufig auch als „Kraft" bezeichnet wird und eine
mentale Seite, die sich als „Fähigkeit" erweist. Wir haben bereits darauf
hingewiesen, dass eine solche Einteilung psychologischer Größen oft zu
grob ist. Denn in der Erkenntnis liegt nicht nur eine Fähigkeit, sondern
auch eine Kraft, und im Antrieb steckt nicht nur Kraft, sondern auch
Fähigkeit, gleichwohl ist eine gewisse Akzentsetzung durchaus erkennbar.
Der Wille vereinigt untrennbar beides: er ist ganz sicherlich eine Kraft
(obwohl diese manchmal nicht sonderlich stark ist), er ist aber auch eine
Fähigkeit, die als „psychologische" Fähigkeit durchaus auf eine Stufe mit
der „mentalen" Fähigkeit (die sich auf den Erkenntnisgewinn bezieht) gestellt werden kann. Ohne den Willen, an einer Idee oder an einem Ziel
festzuhalten und ohne die vom Willen bereitgestellte Energie, um Widerstände zu überwinden, erlahmen Körper und Geist; man macht nichts aus
sich und richtet sich bequem im Gegebenen ein. Der Wille ist daher ein
ebenso wichtiges Grundelement des Handelns wie der Wunsch und die
Überzeugung.

Ein weiteres Grundelement ist die handelnde Person, ihr „Selbst" und
– in der selbstbezogenen Betrachtung der Person – ihr Selbstbild und ihr
Selbstverständnis. Das Selbst ist der Kern jener Person, um deren Handeln
es ja schließlich geht. In der Rational-Choice-Theorie spielt das Selbst keine Rolle, zwar lässt sich sagen, dass die Präferenzen und Überzeugungen
einer Person einiges über deren Selbstverständnis aussagen, sie tun dies
aber nur sehr rudimentär. Dabei ist das Selbst weit mehr als eine Nutzenfunktion; es folgt seinen eigenen Regeln, die sich nicht der Logik von Prä-
ferenzurteilen und Erwartungshaltungen unterwerfen. Häufig tun wir etwas nicht, weil es uns nützt, sondern weil es dem Bild entspricht, das wir
von uns haben oder haben wollen – auch auf die Gefahr hin (oder im

Wissen), dass uns diese Handlung mehr Nachteile als Vorteile einbringt. Selbstverständlich kann man auch in diesem Fall wieder und ausschließlich das Nutzenstreben am Werk sehen und beispielsweise argumentieren, das entsprechende Verhalten diene letztlich nur dem Bedürfnis nach Konsonanz oder Konsistenz. Die Einverleibung in die Nutzentheorie gelingt, wie man diesem Beispiel leicht ansieht (in anderen Fällen ist das nicht immer so leicht zu erkennen) aber nur mit Hilfe eines tautologisierenden Tricks und zeugt von einer erheblichen Ignoranz, die für zentrale Aspekte des menschlichen Handelns kein Interesse aufbringt.

Das fünfte Grundelement des Handelns ist die „Definition der Situation". Die Definition der Situation steht für den Prozesscharakter des Willensbildungsprozesses. In ihr vereinigen sich die mentalen und psychischen Strömungen, die sich zum aktuellen Bewusstseinszustand des Handelnden verdichten. Niemand verfügt über vollkommenes Wissen, nicht einmal über das Wissen, das „eigentlich" in ihm steckt und das er „eigentlich" nur abrufen müsste. Der Zugriff auf die in unserem Gedächtnis gespeicherten Informationen wird durch die „psychische Apparatur" bestimmt, die uns mitgegeben ist. Um zu verstehen, wie Gedanken geformt, wie daraus Pläne und Entscheidungen und schließlich konkrete Handlungen werden, muss man die Konstruktionsprinzipien der psychischen Ausstattung kennen. Doch auch dieses Wissen genügt nicht, um menschliches Handeln vollständig nachvollziehen zu können, weil die mentalen Werkzeuge, auf die wir bei unserem Denken und Handeln angewiesen sind, nicht einfach bereit stehen, sondern in der konkreten Handlungssituation häufig erst noch geschaffen werden müssen. Handeln entsteht während des Handelns und auf einer schmalen Basis. Es wird von wenigen „Entscheidungsprämissen" bestimmt, die zudem nur bedingt die wahre Lage abbilden, die wir bei unserem Tun berücksichtigen sollten. Wir lösen Probleme, die wir selbst definieren. Das liegt nicht etwa nur an der uns eigenen Denkfaulheit, sondern vor allem an unserer beschränkten kognitiven Ausstattung. In Abbildung 1.2 sind die fünf Grundelemente des menschlichen Handelns aufgeführt, die in diesem Buch behandelt werden. Im Bereich der Wünsche werden dabei speziell die *Präferenzen* behandelt, dieser Begriff hat in der Entscheidungstheorie Tradition und drückt aus, was eine Person schätzt, was sie anstrebt und warum sie überhaupt aktiv wird. Allerdings wissen wir Menschen oft gar nicht so genau, was wir eigentlich wollen und auch bei der Wertschätzung dessen, was wir uns wünschen, sind wir nicht selten wankelmütig.

Erkenntnis   Antrieb

Situation: Wahrnehmung und Gestimmtheit

Überzeugungen: Wünsche:
                    Wille: Einsicht und Geltung
Unsicherheit   Präferenzen

Selbst: Sinn und Bedeutung

Abb. 1.2: Grundkonzepte der Handlungstheorie

Im Bereich der Überzeugungen befassen wir uns speziell mit der *Unsicherheit*, die das menschliche Denken und Handeln begleitet. Denn die Überzeugungen, die unser Handeln bestimmen, sind nicht in Stein gemeißelt, sondern oft undeutlich, unbestimmt und ungewiss. Zu fragen ist daher, in welcher Weise Unsicherheit das Handeln beeinflusst und wie Menschen mit Unsicherheit umgehen. Bezüglich der drei weiteren Grundelemente des Handelns sind jeweils Akzentuierungen genannt, die diese in Richtung Erkenntnis und Antrieb setzen. So bildet sich der *Wille* einerseits aus festen Einsichten, die man nicht preisgeben kann und andererseits aus einem Geltungsanspruch, der sich gegen widerstreitende Kräfte zu behaupten sucht. Ähnlich geht es beim *Selbst* einerseits um die ganzheitliche Einordnung des Handelns und um den Sinnbezug des eigenen Tuns, andererseits um die Bedeutung (im Sinne der Bedeutsamkeit), die eine Person für sich einfordert. Die *Definition der Situation* schließlich bestimmt sich *einerseits* aus spezifischen Wahrnehmungen, die dazu dienen, die gegebene Handlungssituation zu analysieren, *andererseits* aus einem eher diffusen und nicht immer in aller Deutlichkeit spezifizierbaren motivational-emotionalen Komplex, der den psychologischen Hintergrund des Handelns bildet. In der Definition der Situation zeigt sich beispielhaft, wie geistige und gemüthafte Prozesse zusammenstimmen und dass sie sich nur schwer voneinander isolieren lassen.

Dieses Buch erhebt nicht den Anspruch, eine völlig neue und in sich geschlossene Handlungstheorie zu präsentieren. Wie der Titel schon sagt, geht es vor allem darum, wichtige Bestandteile einer aussagekräftigen Handlungstheorie vorzustellen und zu erläutern. Die Erörterung der empirischen Erkenntnisse und theoretischen Einsichten in den einzelnen Kapiteln verfolgt nicht zuletzt auch die Absicht, die abstrakten Konstrukte der Handlungstheorien mit Anschauung auszustatten. Es wäre schön, wenn dieses Buch einen Beitrag zu der Frage liefern würde, welche Kontur eine erst noch zu entwickelnde allgemeine Handlungstheorie annehmen sollte – und könnte.

2 Präferenzen

„Doch ich, zu Possenspielen nicht gemacht, noch um zu buhlen mit ver-
liebten Spiegeln ... Ich nun, in dieser schlaffen Friedenszeit, weiß keine
Lust, die Zeit mir zu vertreiben, als meinen Schatten in der Sonne spähn
und meine eigne Mißgestalt erörtern; und darum, weil ich nicht als ein
Verliebter kann kürzen diese fein beredten Tage, bin ich gewillt, ein Bö-
sewicht zu sein und feind den eitlen Freuden dieser Tage.“

William Shakespeare, König Richard der Dritte,
Erster Akt, erste Szene

Wer das Handeln eines Menschen verstehen will, fragt zumeist und zual-
lerlerst nach den Gründen, die ihn veranlassen, dies oder jenes zu tun oder
es eben auch nicht zu tun. Dabei interessieren uns nicht notwendigerweise
nur Vernunftgründe – als Ursachen für uns vorderhand unverständliche
Handlungen wollen uns diese ohnehin nicht einleuchten – oft sind wir
schon damit zufrieden, wenn wir überhaupt ein Motiv erkennen, denn
ohne ein Verständnis davon zu gewinnen, was einen Menschen bewegt,
können wir auch sein Handeln nicht verstehen. Wir gehen ganz natürlich
davon aus, dass menschliches Handeln motiviert ist: irgendetwas muss
sein Verhalten antreiben, ihm Richtung und Inhalt geben. Die genaue Bestimmung einer Motivlage ist allerdings nicht ganz einfach, denn das Re-
pertoire menschlicher Antriebskräfte ist sehr groß, es umfasst gleichermaßen Bedürfnisse und Wünsche wie Ziele und Interessen, Absichten, Pläne,
Hoffnungen, Sehnsüchte, Träume, Strebungen, Anmutungen, Regungen
und Launen, Leidenschaften und Begierden, Drangsale, Ängste, Schrecken, Begeisterung, Spaß und Übermut und vieles mehr, nämlich ganz
allgemein all unser Sinnen und Trachten.

Eine bündige Theoriebildung tut sich mit dieser Mannigfaltigkeit naturgemäß schwer. Man behilft sich daher notgedrungen mit Vereinfachun-
gen. Am weitesten geht dabei die Ökonomie, indem sie all das, was der
Mensch schätzt und was ihn zum Handeln treibt, unter den Begriff des
„Nutzens" zusammenfasst. Das hat natürlich einen immensen Vorteil, weil

man sich nur noch mit der Netto-Wirkung der Motivation zu beschäftigen braucht und sich mit den dahinterliegenden Ursachen nicht mehr näher beschäftigen muss. Und das dynamisch-energetische Element der Motivation wird durch das Nutzenkonzept ebenfalls (sprachlich) gezähmt, weil es die Motivationskraft, die hinter verschiedenen Antrieben steht, mit dem harmlosen Begriff des Nutzenniveaus verblassen lässt. Die Nachteile einer solchen Vereinheitlichung des Motivationsgeschehens sind eigentlich unmittelbar greifbar, sie ebnet die Unterschiede in den Antrieben ein und macht vergessen, dass diese Antriebe auf ganz unterschiedliche Arten das Handeln des Menschen bestimmen. Für die Nutzentheorie ist es gleichgültig, um welches Verhalten es geht – ob um den Kauf von Waschpulver, um die Partnerwahl, das Lesen von Büchern, das politische Engagement – es läuft alles auf eins hinaus, der Maßstab des Handelns ist der Nutzen, der aus dem Handeln entspringt. Gewählt wird die Verhaltensalternative, die den größten Nutzen bringt. In der Abwägung der verschiedenen Nutzengrößen kommen die individuellen Präferenzen zum Ausdruck oder, anders ausgedrückt, die individuellen Präferenzen sagen einem, was man lieber hat und tut: mehr Freizeit oder mehr Lohn, sein Geld für eine größere Anschaffung zusammenhalten oder freigebig ausgeben, um möglichst alle Tage zu genießen, geht man Wandern im Schwarzwald oder zieht es einen in die ferne Welt, wohnt man in der Stadt oder auf dem Land, was macht man mit seinem Geld, mit seiner Zeit, seinen Fähigkeiten und mit seiner Energie? Hinter allem, was man tut, steht eine Nutzenbewertung, genauer gesagt: ein Nutzenvergleich. Der Nutzenvergleich ist notwendig, weil man nicht alles, was einen positiven Nutzen hat, gleichzeitig und in gleichem Maße haben kann und weil man nicht alles, was man will, gleichzeitig und in gleicher Weise tun kann. Im Vergleich der Nutzengrößen, die man durch ein bestimmtes Handeln erreicht (bzw. nicht erreicht) kommen die Präferenzen zur Geltung: Wer lieber faulenzt als sich körperlich ertüchtigt wird keinen Sport machen, wer Status mehr schätzt als Schuldenfreiheit kauft sich eher ein größeres als ein kleineres Auto und so weiter. Positivisten hüten sich allerdings vor dieser Ausdrucksweise. Weil sie sich sehr davor fürchten, über Dinge zu „spekulieren", die man nicht direkt beobachten kann, machen sie auch keine Aussagen über die Wirkung von Präferenzen (eine psychologische Größe, deren reales Substrat sich eigentlich nicht fassen lässt), sie neigen vielmehr zu der Auffassung, dass die individuellen Präferenzen durch die konkrete Wahl eines Verhaltens lediglich definiert werden. Wesentlich plausibler ist es, an der Vorstellung festzuhalten, dass Bedürfnisse, Ziele, Wünsche und Hoffnungen durchaus real sind, auch wenn sie sich nicht immer und so ohne Weiteres im konkreten Verhalten wiederfinden. Als mentale Kräfte führen Bedürfnisse, Ziele, Wünsche und Hoffnungen ein bewegtes Eigenleben, sie machen uns nicht selten ordentlich zu schaffen und nehmen, wenngleich nicht unbedingt geradlinig, auch in einem erheblichen Maß Einfluss auf unser Handeln. Die damit verbundenen metaphysischen Probleme sollen hier aber nicht behandelt werden, vielmehr gehe ich etwas bodenständiger auf die folgenden Fragen ein: Wollen Menschen möglichst viel? Gibt es ein optimales Niveau in der Befriedigung von Bedürfnissen? Wiegt ein Gewinn so viel wie ein Verlust? Sind unsere Wünsche beständig? Wissen wir überhaupt so genau, was wir wollen, jetzt und künftig?

2.1 Mengen

Was wollen Menschen? Alles – und das sofort? Das sagt man zwar manchmal leichthin, in Wirklichkeit glaubt das aber keiner. Oder doch? Ausgerechnet in der Wissenschaft werden manchmal unbestreitbare Selbstverständlichkeiten wie selbstverständlich ignoriert. So findet man in einführenden Ökonomielehrbüchern nicht selten die Behauptung, die Bedürfnisse des Menschen seien grenzenlos (SLOMAN 1991, S. 3; HELMSTEDTER 1991, S. 3; SAMUELSON/NORDHAUS 2007, S. 21). Schon ein klein wenig Nachdenken zeigt, wie absurd eine solche Aussage ist: Ein in buchstäblich jeder Hinsicht beschränktes Wesen sollte alles wollen können, und selbst wenn es ungeheuer viel wollen kann, will es wirklich alles, was es sich so vorstellen kann? Fast den Charakter eines Glaubensartikels besitzt in den ökonomischen Wissenschaften außerdem die Annahme, der höchste Nutzen eines Gutes liege in dessen unverzüglichem Genuss, ein Aufschub der Möglichkeit, das den Gütererwerb motivierende Bedürfnis zu befriedigen, bedinge und rechtfertige jedenfalls eine Abzinsung des Güterwertes:

„Nur wenige Nutzentheoretiker stellen die Annahme in Frage, dass die Menschen bei der Diskontierung des Nutzens genauso verfahren wie die Banken, nämlich dass sie von dem jeweils bei einer gegebenen Verzögerung bestimmten Nutzen für jede zusätzliche Verzögerungseinheit einen gleichbleibenden Anteil abziehen." (AINSLIE 2005, S. 140)

Das ist insofern erstaunlich, als man im alltäglichen Leben eher eine Minderschätzung der Gegenwart beobachtet, kaum jemand verharrt im Augenblick und seinem Behagen, man strebt immer nach Zukünftigem, kaum ist die Zukunft dann zur Gegenwart geronnen, hat man schon die neue Zukunft im Visier. Doch darauf, d. h. auf die zeitliche Dynamik des Wünschens und auf die Begrenztheit des Wollens, werde ich erst weiter unten eingehen, zunächst widme ich mich der Frage, wie sehr wir viele Güter wenigen Gütern vorziehen.

2.1.1 Die Goldene Mitte

Will man von allem immer mehr? Die Antwort ist auch hier ein klares Nein. Das wiederum haben Ökonomen schon lange erkannt. Der Privatgelehrte Hermann Heinrich Gossen begründete die Zurückhaltung des Menschen gegenüber dem Immer-mehr erstmalig mit Hilfe einer mathematischen Betrachtung. Wir begnügen uns mit seinen verbalen Ausführungen:

> „Die Größe eines und desselben Genusses nimmt, wenn wir mit Bereitung des Genusses ununterbrochen fortfahren, fortwährend ab, bis zuletzt Sättigung eintritt." (GOSSEN 1854, S. 4 f.)

In der modernen Ökonomie findet diese Einsicht etwas abgewandelt als Gesetz des abnehmenden Ertragsnutzens durchaus eine gewisse (wenngleich nicht durchgängig konsequente) Beachtung. Die Grundidee liegt, wie das Zitat belegt, im Konzept der „Sättigung" begründet. Natürliche Bedürfnisse (essen, trinken, schlafen usw.) melden, wenn sie unbefriedigt sind, „Alarm". In diesem Zustand gewinnt alles, was die Bedürfnisse befriedigen kann, naturgemäß eine außerordentlich hohe Wertschätzung, je mehr die Bedürfnisse jedoch „gestillt" werden, desto mehr verlieren die Güter, die ihrer Befriedigung dienen, an Bedeutung und entsprechend an Wertschätzung. Ist die Ziege satt, mag sie kein Blatt, heißt es treffend. Ist man übersatt, dann erzeugt weitere Nahrungszufuhr sogar Widerwillen bis hin zum Ekel, ein Tatbestand, der in seiner Natürlichkeit bei kleinen Kindern noch gut zu beobachten ist.

Das Zusammenspiel von (fehlender) Sättigung und Wertschätzung gilt aber nicht nur für Grundbedürfnisse, sondern auch für die allermeis-

ten anderen Bedürfnisse. Auch der heiß ersehnte Urlaub verliert mit zu-
nehmender Dauer seine Reize, der glühendste Mozart-Verehrer möchte
nicht Tag und Nacht Mozart-Arien hören, und – entgegen der Goethe-
schen Vermutung, dass man sich an der Weisheit am Ende immer mehr
gelüsten werde – selbst das Bedürfnis nach immer mehr Erkenntnis nutzt
sich ab. Nun ja, es gibt die Gier, z. B. nach Geld, und wie man so sagt,
bekommen manche einfach „den Hals nicht voll." Dass aber dem Super-
reichen ein weiterer Euro zu seinem Vermögen ebenso oder sogar noch
mehr Freude macht, wie dem Bettelarmen, sollte man denn doch nicht
recht glauben. Und Ähnliches gilt wohl auch für das manchmal unersätt-
lich scheinende Streben nach Status, Macht oder Anerkennung sowie für
die Lust auf Torten und Diskothekenbesuche oder die Begeisterung für
Gartenarbeit. Aber es gibt natürlich Unterschiede in der Lage des Sätti-
gungspunkts und – wie man leider manchmal schmerzlich erfahren muss
– auch Extreme. Jeder kennt wahrscheinlich Personen (oder hat zumindest
schon von ihnen gehört), die von einem unstillbaren Drang nach Aufmerksamkeit, Geltung und Bewunderung beseelt sind, einem Ordnungs-
wahn aufsitzen oder einer ungebremsten Vergnügungssucht anheimfallen,
kein Lob ist dann zu überschwänglich, nichts perfekt genug und keine
Lustbarkeit zu ausgefallen: Es ist nie genug. Allerdings ist das dann doch
nicht der Normalfall, exzessives Bedürfnisverhalten rutscht leicht ins Pathologische, was man unter anderem daran erkennen kann, dass die Bedürfnisbefriedigung dann keinen reinen Genuss mehr bereitet, sondern
nervöse, unstete oder zwanghafte Züge trägt.

Für den Normalfall gilt jedenfalls, dass Immer-mehr irgendwann nicht
weiterführt: es macht die Menschen nicht glücklicher ihre Bedürfnisse
zweifach oder dreifach zu befriedigen, jenseits eines bestimmten Sätti-
gungspunktes ist dies einfach verlorene Liebesmühe. Diese Aussage lässt
sich aber noch schärfer fassen. Es ist nämlich nicht nur so, dass der Grad
der Befriedigung an Grenzen stößt, für eine sehr große Zahl von Bedürfnissen gilt darüber hinaus, dass nach dem Sättigungspunkt der Nutzen
sogar absinkt. Und um auch diese Aussage noch zu verschärfen, soll behauptet werden, dass viele Bedürfnisse ihre optimale Befriedigung in der
goldenen Mitte finden. Hieraus ließe sich dann eine empirische Fun-
dierung des von Aristoteles vertretenen Postulats der goldenen Mitte gewinnen.

„Es ist mithin die Tugend ein Habitus des Wählens, der die nach uns
bemessene Mitte hält und durch die Vernunft bestimmt wird und zwar
so, wie ein kluger Mann ihn zu bestimmen pflegt. Die Mitte ist die
zwischen einem doppelten fehlerhaften Habitus, dem Fehler des Über-
maßes und des Mangels; sie ist aber auch noch insofern Mitte, als sie in
den Affekten und Handlungen das Mittlere findet und wählt, während
die Fehler in dieser Beziehung darin bestehen, dass das rechte Maß nicht
erreicht oder überschritten wird." (ARISTOTELES, Nikomachische Ethik.
Übers. von ROLFES 1995, S. 36)

Nun geht es Aristoteles nicht direkt um die Frage nach der optimalen
Bedürfnisbefriedigung, sondern primär um die Ausgewogenheit von Af-
fekten und Handlungen und insbesondere um die Tugend. Nach dem
Prinzip der Goldenen Mitte ist beispielsweise Tapferkeit eine Tugend, Feig-
heit auf der einen, Tollkühnheit auf der anderen extremen Seite dagegen
sind verwerfliche Charaktereigenschaften. Tatsächlich eignen sich die
Überlegungen des Aristoteles aber wohl besser für unsere Frage nach dem
Maß der Befriedigung, die Menschen erreichen können, als für Fragen der
Ethik, denn – wie Aristoteles selbst feststellt – gibt es zahlreiche Affekte
und Verhaltensweisen, die von sich aus schlecht oder gut sind, für die es
also keine rechte Mitte gibt (z. B. Schadenfreude, Neid, Diebstahl, Gerechtigkeit, Mäßigung). Was die Mittel zur Befriedigung von Bedürfnissen angeht, gibt es dagegen ein einfaches quantitatives Merkmal – und damit
auch einen sinnvollen Gebrauch des Ausdrucks „Mitte" – nämlich die
Menge des Verbrauchs bzw. des Gebrauchs eines Gutes. Weil aber „die"
Mitte nicht für alle gleich ist (mancher liebt Essen und Trinken, Lesen
und Reden usw. eben mehr als andere), ist es präziser, den Begriff der
Goldenen Mitte durch den etwas unhandlicheren Begriff der „eingipfeli-
gen Nutzenfunktion" zu ersetzen. Da es aber im Kern um denselben Gedanken geht (außer dass die Mitte eben individuell verschieden ist), soll
der schönere Begriff der Goldenen Mitte beibehalten werden. Danach
steigt der Nutzen des Gebrauchs oder Verbrauchs eines Gutes bis zu einem
persönlichen Nutzenoptimum kontinuierlich an, um nach Erreichen des
Gipfelpunktes wiederum kontinuierlich abzusinken.

Während das Konzept des abnehmenden Grenznutzens lediglich von
einer Verlangsamung des Nutzenzuwachses ausgeht (mehr wird immer
weniger mehr), wird hier also angenommen, dass sich der Nutzengewinn
in einen Nutzenverlust verwandelt (immer mehr wird immer weniger).

Sollte sich ein Gut also an einem transitorischen Punkt bzw. in einem
transitorischen Moment des Gebrauchs plötzlich in ein Ungut verwan-
deln? Das ist wenig einleuchtend. Coombs und Avrunin (1977) schlagen
eine plausiblere Begründung für den beschriebenen Nutzenverlauf vor.
Danach haben viele Güter gleichermaßen sowohl positive wie negative
Eigenschaften, die Verlaufsdynamik dieser Eigenschaften ist allerdings unterschiedlich: *„Good things satiate, bad things escalate"* (Coombs/Avru-
nin 1977, S. 224). In Abbildung 2.1 wird dieser Gedanke graphisch dargestellt.

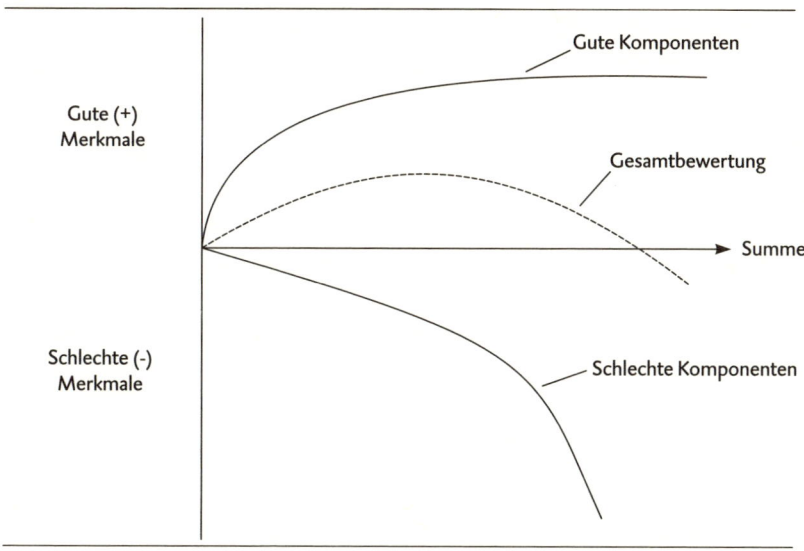

Abb. 2.1: Eingipfelige Präferenzfunktion (nach Hastie/Dawes 2001, S. 203)

Am Beispiel des Verzehrs von Marzipantörtchen lässt sich dieser Gedanke
leicht nachvollziehen. Sofern man überhaupt Marzipan mag, wird man
den Verzehr von zwei Marzipantörtchen normalerweise dem Verzehr von
nur einem Törtchen vorziehen, drei Törtchen sind besser als zwei usw.
Warum? Welche positiven Seiten hat das Verspeisen von Marzipantörtchen? Der Sättigungsaspekt und die Energieversorgung spielen beim Tor-
tenessen normalerweise eine untergeordnete Rolle, im Vordergrund steht
vielmehr der Genuss der mehr oder weniger raffinierten Geschmacks-
komposition. Doch dieser Genuss nutzt sich ab, das achte Stück Torte

schmeckt sicher nicht mehr so gut wie das erste. Dazu kommen die negativen Seiten: Die Torte verdirbt den Appetit auf anderes, sie erzeugt, in zunehmenden Mengen genossen, Magendrücken und vor allem liefert sie im Übermaß Kalorien, was in unserer Gesellschaft von den meisten Menschen nicht geschätzt wird. Dass übermäßige Kalorienzufuhr nicht nur eine schlicht steigende, sondern eine überproportional steigende Abneigung erzeugt, kann man daran ermessen, dass die Menschen ein leichtes Übergewicht auch leicht tolerieren – wenn es 10 % beträgt – und damit kaum ein Problem haben, 20 % Übergewicht schon etwas bedenklicher finden und 40 % wohl mehr als doppelt so schlimm wie ein 20 %iges Übergewicht empfinden. Warum dennoch nicht wenige Menschen ein erhebliches Übergewicht mit sich herumschleppen und warum sich mancher trotz der eingebauten Appetitbremse Unmengen an Marzipantorte zuführt, hat in den meisten Fällen nichts mit Wohlgefühl und Behagen zu tun, sondern mehr mit einem aus der Balance geratenen Körpergefühl oder mit Kompensationsverhalten. Ansonsten kann an dieser Stelle aber festgehalten werden, dass der beschriebene Mechanismus „Abbremsen der positiven, Beschleunigen der negativen Aspekte" bei vielem, was man tut, zum Zuge kommt: beim Autofahren und beim Urlaub machen, beim Halten von Reden und beim Anhören von Reden, beim Kaffee trinken, Bäume fällen, Lob verteilen und Lob empfangen, beim Schlafen, Gehen, Singen, Einkaufen, usw.

Der Verlauf der positiven und negativen Nutzenkurven ist zwar nicht immer gleichermaßen steil oder flach, aber doch meist so, dass ab einem bestimmten Punkt die negativen Aspekte stärker wachsen als die positiven, woraus sich, wie beschrieben, ein eingipfeliger Nutzenverlauf ergibt. Dessen ungeachtet gibt es aber auch gänzlich andere Verläufe, etwa bei Tätigkeiten, bei denen zunächst die negativen Aspekte deutlich überwiegen und erst langsam, dann aber deutlich die positiven Aspekte stark werden. Beispiele hierfür liefern die Aufgaben, zu denen man sich „aufraffen" muss, die verlangen, dass man aus einer gewissen Lethargie herauskommt (etwas Lernen, etwas Schreiben, sich körperlich ertüchtigen, zum Theaterbesuch aufbrechen usw.) oder dass man bestimmte Verhaltensroutinen verlässt oder generell sein Verhalten ändert (das Rauchen aufgibt, freundlicher zu seinen Mitarbeitern ist usw.).

Es gibt auch „tückische" Nutzenverläufe. Hierzu zählen vor allem diejenigen, bei denen zwar eine starke negative Komponente gegeben ist, der Nutzenzuwachs durch die gleichzeitig gegebenen positiven Komponenten allerdings ein Überschreiten des Gipfelpunktes vereitelt, was dazu führt, dass man von einem Verhalten nicht ablässt, obwohl es mit einer eindeutigen Selbstschädigung einhergeht. Hierzu zählen Suchtverhalten (z. B. Nikotingenuss) und Leidenschaften (z. B. Sammlerwut, die das Familieneinkommen auffrisst), aber auch harmlosere Angewohnheiten wie langes Aufbleiben, in der Kneipe sitzen oder übertriebener Sport.

2.1.2 Gewinn und Verlust

Gewinnen ist etwas anderes als Haben – und Verlieren erst recht. Menschen reagieren auf Veränderungen heftiger als auf Beständigkeit und ihr Gram über einen Verlust von, sagen wir zum Beispiel 1.000 Euro, ist größer als ihre Freude über einen Gewinn in dieser Größenordnung. Ausdruck dieser ungleichen Bewertungstendenz ist der sogenannte „Besitztums-Effekt" (englisch: „Endowment-Effekt"), dessen Wirksamkeit in vielen Untersuchungen bestätigt wurde (KAHNEMAN/KNETSCH/THALER 1991, CAMERER 1995). Verschiedentlich wird der Besitztums-Effekt auch Thaler-Effekt genannt, nach Richard Thaler, der hierzu verschiedene Untersuchungen durchführte. In einem seiner Experimente verschenkte er am Verkaufsstand der Cornell Universität Trinkbecher mit dem Emblem der Universität. Anschließend organisierte er eine Auktion, bei der die Studierenden die Gelegenheit erhielten, ihre Becher zu verkaufen. Auf Seiten der Kaufinteressenten ergab sich ein mittlerer Nachfragepreis von $ 2,75, die Verkäufer (die die Becher ja geschenkt bekommen hatten) verlangten dagegen im Durchschnitt $ 5,25. Die Wertschätzung des Bechers steigt auf wundersame Weise einfach aufgrund des Tatbestandes, dass man ihn besitzt. Auf der Besitzerseite ist man offensichtlich nicht dazu bereit, den Preis zu akzeptieren, den man – als potenzieller Käufer – allenfalls selbst zu zahlen bereit wäre. Man kann, wenn man will, in einem derartigen Verhalten nicht mehr und nicht weniger das Wirken strategischen Kalküls erblicken, schließlich wird man als Verkäufer immer einen höheren Preis fordern, als Käufer immer einen geringeren Preis anvisieren, einfach aus der jeweiligen Interessenlage heraus (als Verkäufer will man einen Gewinn machen, als Käufer will man nicht übervorteilt werden). Der Unterschied zwischen der „willingness to pay" und der „willingness to accept" stellt sich damit auf Grund leicht erklärlicher Erwägungen ein. Mit dieser Interpretation wird man dem Phänomen, das sich im Besitztums-Effekt manifestiert, allerdings nicht gerecht. Die vorliegenden Studien zeigen vielmehr, dass für seine Wirksamkeit das Streben nach Gewinnerzielung nicht ausschlaggebend ist, es geht bei diesem Effekt nicht (nur) um Gewinn, im Zweifel verzichtet man nämlich lieber auf ein einträgliches Geschäft als bezüglich seiner Wertschätzung Abstriche zu machen. Nach LOEWENSTEIN/KAHNEMAN (1991) erklärt sich das nicht einfach so, dass die Attraktivität des Besitztums (aufgrund eben des Besitztums) steigt, ausschlaggebend sei vielmehr, dass es Schmerzen bereite, etwas, das man besitzt, wieder herzugeben. Eine andere Erklärung macht geltend, das man Opportunitätskosten leicht übersieht oder zumindest geringer bewertet als auszuzahlende Kosten (out of pocket costs). Schließlich entgehen dem Besitzer, da er sich weigert, von seinen überhöhten Preisvorstellungen abzulassen, Opportunitätskosten in Form des Gewinns, auf den er verzichtet. Die Geringschätzung von Opportunitätskosten findet sogar Eingang in die Rechtsprechung. COHEN/KNETSCH (1992) berichten von einem Fall, in dem ein Lkw-Fahrer einen Unfall verschuldet hat, der zu einem Produktionsausfall geführt hat. Der geschädigte Unternehmer konnte zwar in seiner Schadensersatzklage die gezahlten Löhne geltend machen, nicht aber den entgangenen Gewinn.

In der einen oder anderen Form ist uns allen der Besitztums-Effekt vertraut. Größere Besitztümer wie das eigene Haus oder unser Auto, ganz neutrale Arbeitsgeräte und Arbeitsmittel wie der eigene PC, Bücher, Schreibgeräte, selbst Gegenstände des täglichen Gebrauchs wie Tassen und Bleistifte, gewinnen an Wert, einfach weil wir sie besitzen. Wir würden sie zu den üblichen Marktpreisen keinesfalls oder nur mit Schmerzen hergeben. Aus fungiblen, „vertretbaren", d. h. eigentlich ununterscheidbaren, austauschbaren Gütern werden nicht-fungible Güter, die ihren ganz persönlichen Wert aus idiosynkratischen Eigenschaften gewinnen, die wir ihnen völlig unbegründet zuschreiben. Etwas anders formuliert: Aus rechtlichem Besitz wächst psychologischer Besitz, die Gegenstände werden zu einem Teil des Besitzers, oder, noch etwas anders und zynischer ausgedrückt: weil wir sind, was wir haben, messen wir unserer Habe einen besonderen Wert zu, und wir geben sie nicht zum üblichen Kurs her.

Besitztums-Effekte finden sich nicht nur im Bereich schnöder materieller Gegenstände, sondern auch in der Sphäre des Mentalen, so zum Beispiel im Wert, den uns unsere Erinnerungen geben (ELSTER 1999, S. 26; TVERSKY/GRIFFIN 1991). Auch dieser Erinnerungswerteffekt ist ein Besitztums-Effekt. Jeder macht in seinem Leben gute und schlechte Erfahrungen, eine gute Erfahrung bewahrt sich in einer guten Erinnerung, die Erinnerung an schlechte Erfahrungen ist eine schlechte Erinnerung. Gute Erfahrungen („a good past") lassen unsere Gegenwart in einem freundlicheren Licht erscheinen, d. h. eine gute Vergangenheit ist wie ein Besitz, der unsere Existenz wertvoll erscheinen lässt. Das kann wohl jeder bestätigen. Erinnert man sich an gute Zeiten, dann ertragen wir leichter die eine oder andere Mühsal, weil das Licht der (guten) Vergangenheit in unsere Gegenwart herein leuchtet und ihr ein wenig Glanz zu verleihen vermag. Andererseits kennt jeder auch den genau gegenteiligen Effekt. Gute Erfahrungen in der Vergangenheit lassen weniger gute gegenwärtige Erfahrungen als betrüblicher erscheinen als sie ohne diese Erinnerungen erschienen und umgekehrt können wir uns über eine einigermaßen angenehme Gegenwart in besonderem Maße freuen, wenn wir sie mit einer weniger angenehmen Vergangenheit vergleichen. Elster spricht in diesem Fall von der Wirksamkeit des Kontrast-Effekts. Er entsteht dadurch, dass wir die Vergangenheit als Schablone verwenden, um sie mit unserer – damit kontrastierenden – Gegenwart zu konfrontieren. Den offensichtlichen Widerspruch zwischen dem Besitztumseffekt und dem Kontrasteffekt löst Elster im Übrigen nicht auf, er macht derartige Widersprüchlichkeiten vielmehr zu einer Art wissenschaftlichem Programm. Offenbar ist es unsere je subjektive Betrachtungsweise, die unser Urteil bestimmt und zwar nicht nur bei der Bewertung von realen, sondern auch bei der Bewertung von lediglich virtuellen Gewinnen und Verlusten. Angenommen, jemand bemüht sich um zwei von ihm begehrte Objekte (zwei schöne Häuser, zwei attraktive Partner usw.) und es gelingt ihm schließlich, eines dieser Objekte tatsächlich zu gewinnen. Leider ist es das Objekt, das ihm nicht ganz so wertvoll erscheint wie das andere. Wird er sich darüber freuen? Das kommt eben darauf an. Schaut er auf den Unterschied, dann sieht er das, was er nicht bekommen hat, nämlich einen „virtuellen" Verlust, den er real empfindet. Schaut er auf den Gewinn – schließlich handelt es sich bei dem Erworbenen ja um ein begehrenswertes Objekt – dann wird er sich daran ungeschmälert freuen können.

Die Einsicht, dass Menschen Verlusten ein größeres Gewicht beimessen als betragsmäßig gleichen Gewinnen, ist ein zentraler Bestandteil der „Prospect Theory" von KAHNEMAN UND TVERSKY (1979; 1992). Sie sehen die Ursache für das Auseinanderfallen der Bewertung von Zugewinn und Verringerung von Gütern in der Verlustangst („loss aversion"). Eine gute Veranschaulichung hierfür liefert das folgende (Gedanken-)Experiment:

Angenommen, Sie erhalten $ 1.000 und haben zwei Optionen. Mit Option
A erhalten Sie weitere $ 500. Bei Wahl von Option B wird eine Münze
geworfen, bei „Kopf" erhalten Sie zusätzlich $ 1.000, bei „Zahl" erhalten
Sie keine weiteren Dollars. Wählen Sie Option A oder Option B? Angenommen, Sie befinden sich nun in der folgenden Situation: Sie erhalten
$ 2.000, verbunden mit der Option A, dass sie davon $ 500 abgeben müssen, so dass Sie eine Auszahlung von $ 1.500 erwarten können. Option B
beinhaltet die Chance, eine Münze zu werfen, bei „Kopf" werden Ihnen
$ 1.000 abgezogen, bei „Zahl" erhalten sie keinen Abzug, so dass Sie die
2.000 Dollar behalten dürfen. Welche der Optionen wählen Sie in diesem
Fall?

Die Forschung zeigt, dass die meisten Menschen im ersten Szenario
Option A, also die sicheren $ 500 wählen, im zweiten Szenario dagegen
Option B, die mit der Chance verknüpft ist, den drohenden Verlust zu
vermeiden (BELSKY/GILOVIC 1999). Offenbar wiegt die angekündigte Re-
duzierung des auszuzahlenden Betrages so schwer, dass man bereit ist,
einen noch höheren Verlust in Kauf zu nehmen, ein Risiko, das man bei
der Aussicht auf einen gleichhohen zusätzlichen Gewinn nicht einzugehen
bereit ist.

Dass die Aversion gegen Verluste zu nachteiligen finanziellen Entscheidungen führen kann, illustrieren Belsky/Gilovic mit folgendem Beispiel.
Eine Frau („Gary") kaufte sich Ende der 80er Jahre eine Eigentumswohnung in Boston für $ 110.000, kurze Zeit bevor der Wohnungsmarkt im
Nordosten der USA zusammenbrach. Ein Jahr nach ihrem Erwerb musste
sie aus beruflichen Gründen in eine andere Stadt umziehen und wollte aus
diesem Grund ihre Wohnung verkaufen. Das höchste Angebot, das sie dafür erhielt, belief sich auf $ 100.000. Der sich dadurch ergebende Verlust
von $ 10.000 schmerzte sie so, dass sie ihre Wohnung lieber vermietete und
sich in der neuen Stadt keine neue Wohnung kaufte, sondern zur Miete
wohnte. Nach einiger Zeit entschloss sie sich dann doch, die Wohnung zu
verkaufen, weil sie sich in Los Angeles ein Haus kaufen wollte, wozu sie das
Geld brauchte. Sie erzielte für ihre Eigentumswohnung in Boston nun nur
noch einen Kaufpreis von $ 92.000. Ergänzt sei die Lehre aus diesem Bei-
spiel noch durch die allgemeine Einsicht, dass das Auseinanderfallen von
subjektiver und objektiver Wertzuweisung immer auch ausgenutzt wird:
„Der Besitztums-Effekt ist den Kaufleuten durchaus bekannt. Hierin begründet liegt, warum Produzenten und Händler Probekäufe und Geld-
zurückgarantien anbieten" (BELSKY/GILOVIC 1999, S. 96).

Nun sind finanzielle Verluste sicher das eine und sie mögen schmerzlich sein (selbst für diejenige Gruppe von Reichen, die trotz herber Ver-
mögenseinbußen außerordentlich reich bleiben), das andere sind Verluste
durch Trennung und Tod oder der Verlust von Gesundheit und Fähigkeiten, Verluste, die die Substanz unseres Lebens in einem ganz fundamentalen Sinn bedrohen. Zwar lässt sich auch für diese existenziellen Aspekte
unseres Lebens eine Asymmetrie zwischen Gewinn- und Verlusterfahrung
ausmachen, die Betrachtung von wirklich „tiefen" Verlusten erfordert dessen ungeachtet eine entsprechend „tiefere" Psychologie des Verlustes (ansatzweise finden sich entsprechende Überlegungen z. B. bei HARVEY 1998).

2.2 Ordnung

Menschen brauchen Ordnung, auch im Kopf. Mentale Unordnung erzeugt
Dissonanzen, die sich nicht gut anfühlen, und die zu vermeiden oder zu
beseitigen man sich daher heftig und manchmal mit viel Einfallsreichtum
bemüht. Dass man das muss, dass man also immer wieder für kognitive
Ordnung sorgen muss, lässt sich leider nicht ändern, es liegt in der
menschlichen Natur, in der mentale Unordnung nicht als Ausnahme vor-
kommt, sondern die Regel ist. Die menschliche Psyche ist nachgerade ein
Sammelplatz der Unklarheit und Unvereinbarkeit. Und das wirkt sich natürlich auch auf das menschliche Streben aus, das sich zwar um Klarheit,
Folgerichtigkeit und Widerspruchsfreiheit bemüht, aber nie wirklich erreicht.

2.2.1 Klarheit

Für einen Kaufmann ist es eine Schande, wenn er nicht weiß, was seine
Güter wert sind und geschäftsschädigend ist es obendrein. Der Schaden
entsteht, weil klügere Kaufleute sich die Desorientierung unseres Kauf-
manns zu Nutze machen werden. Sie können ihm die Waren, für die er
keine rechte Einschätzung hat, zu einem günstigen Preis abkaufen, um sie
ihm, zu einem späteren Zeitpunkt (wenn seine schwankende Wertschätzung einen günstigen Wert annimmt) überteuert zurück zu verkaufen. Die
Möglichkeit eine entsprechende *Geldpumpe* anzusetzen, demonstrierten

CHU UND CHU (1990) in einem Experiment. Sie nutzten dabei die Neigung von Personen, sogenannte P-Wetten niedriger zu bewerten als sogenannte $-Wetten. Eine P-Wette ist ein Wettangebot mit einer hohen Gewinnwahrscheinlichkeit, wobei allerdings die mögliche Gewinnsumme gering ist. Eine $-Wette dagegen ist ein Wettangebot mit einer geringen Gewinnwahrscheinlichkeit, aber einer hohen Gewinnsumme. Faktisch ist das zu erwartende Ergebnis (Wahrscheinlichkeit mal Gewinnsumme) für beide Wetten gleich. Zahlreiche Studien zeigen, dass Personen diesbezüglich kein „konsistentes Verhalten" aufweisen. Vor die Wahl gestellt, ziehen sie die P-Wette vor, andererseits sind sie bereit, mehr für den Erwerb der $-Wette als für den Erwerb der P-Wette zu zahlen (CAMERER 1995). Zur Erinnerung: beide Wetten sind identisch, der Erwartungswert, d. h. das Produkt aus Wahrscheinlichkeit mal Gewinnmöglichkeit bleibt gleich, im einen Fall ist eben die Gewinnwahrscheinlichkeit höher, dafür im anderen Fall die Gewinnsumme! Chu und Chu boten ihren Versuchspersonen ein Wettpaar an (also eine $-Wette und eine P-Wette, die materiell identisch waren) und forderten sie auf, die entsprechenden Preise zu nennen, für die sie bereit wären, diese Wetten zu kaufen bzw. zu verkaufen. An die Personen, die das beschriebene inkonsistente Verhalten aufwiesen, verkauften Chu und Chu nun die $-Wette und kauften sie als P-Wetten wieder zurück. Die Versuchspersonen erreichten damit wieder ihren Ausgangszustand ohne Wetten, dafür hatten sie nun weniger Geld, denn der Kaufpreis, den sie für die $-Wette entrichtet hatten, war ja höher als der Verkaufspreis, den sie für die P-Wette veranschlagt hatten. Dazu fällt einem natürlich sofort das Märchen von Hans im Glück ein. Hans tauscht sich gewissermaßen arm, den Goldklumpen, den er für seine treuen Dienste erhalten hat, gegen ein Pferd, das Pferd gegen eine Kuh, die Kuh gegen ein Schwein, das Schwein gegen eine Gans, die Gans gegen einen schadhaften Wetzstein, den er zu guter Letzt in einen Brunnen fallen lässt: „So glücklich wie ich, rief er aus, gibt es keinen Menschen unter der Sonne. Mit leichtem Herzen und frei von aller Last sprang er nun fort ..." Als Moral der Geschichte gilt vielen die Botschaft, dass es auf Gut und Geld doch erst zuallerletzt ankäme, ein unbeschwertes Gemüt sei doch eigentlich unbezahlbar. Ein biederer Kaufmann wird dieses Märchen seinen Kindern aber allenfalls als Narrengeschichte erzählen. Vielleicht enthält sie aber doch die eine oder andere Subtilität. Immerhin macht Hans ja nicht nur sich froh, sondern alle, die mit ihm Handel treiben, ziehen frohgemut von dannen. Nun gut, es ist kein besonders edler Altruismus,

Beutelschneider und Schnäppchenjäger zu beglücken, aber man kann darüber lachen.

2.2.2 Widerspruchsfreiheit

Wenn eine Person A lieber hat als B, sollte sie das eigentlich wissen. Wenn sie nun die Möglichkeit erhält, A zu wählen, sollte man meinen, dass sie nicht stattdessen B wählt. Natürlich darf die Person ihre Präferenzen ändern und A verschmähen. Aber was, wenn sie ihre Präferenz gar nicht geändert hat und sich dennoch für B entscheidet? Dann wird man dieses Verhalten kaum vernünftig nennen: es verletzt das sogenannte Dominanzprinzip, nach dem man von zwei Alternativen diejenige wählen sollte, die unter allen Bedingungen mindestens gleich gut, unter mindestens einer Bedingung aber besser ist. Obwohl unvernünftig kommt derartiges Verhalten häufig vor. Menschliches Verhalten ist nicht widerspruchsfrei, wohl weil auch menschliches Denken und Empfinden nicht widerspruchsfrei ist. Sehr schön demonstrieren lässt sich das am Beispiel des von TVERSKY/KAHNEMAN (1981) sogenannten Invarianzprinzips. Es besagt, dass (rationale) Menschen sich bei ihrer Präferenzbildung nicht von der Art der Darstellung eines Entscheidungsproblems beeinflussen lassen. Tatsächlich wird das Invarianzprinzip aber sehr häufig verletzt. Die Art und Weise wie ein und dasselbe – sachlogisch identische – Entscheidungsproblem dargestellt wird, macht sehr wohl einen Unterschied. Man spricht in diesem Zusammenhang häufig von „Framing"-Effekten, also von Effekten, die von der „Einrahmung" des Problems ausgehen.

Ein bekannter Framing-Effekt ist der Reihenfolgeeffekt. Oft findet die zuletzt betrachtete Alternative eine ungebührlich große Beachtung („recency-effekt"), manchmal ist es dagegen die zuerst genannte Alternative („primacy-effect"), je nachdem welche der Alternativen sich besser in die Erinnerung einprägen. Ein anderer Framing-Effekt ist der „Prominence-Effect" (FISCHER/HAWKINS 1993; CARMON/SIMONSON 1998). Auch hier geht es um das „Format", in dem das Entscheidungsproblem angeboten wird. Man kann einfach zwischen zwei Alternativen wählen lassen („Choice", Beispiel: Welche der beiden Arbeitsstellen A oder B mit den Merkmalen … würden Sie vorziehen?) oder man kann danach fragen, unter welchen Bedingungen die beiden Alternativen als gleichwertig gelten können („Matching", Beispiel: Wie hoch müsste der Lohn auf Stelle A sein, damit die Stelle A für Sie ebenso attraktiv wäre wie Stelle B?). Die unterschiedliche Darstellung des Problems führt dazu, dass sich das Gewicht der Merkmale der Alternativen verändert, die für den Entscheider besonders wichtig sind und die seine Wahl bestimmen. In der Choice-Bedingung misst man dem wichtigsten Merkmal (z. B. dem Lohn) ein höheres Gewicht zu, als in der Matching-Bedingung. Die Neigung, bestimmte Merkmale einer Alternative besonders herauszustellen, ist allgemein größer, wenn man eine rein qualitative – im Gegensatz zu einer quantitativen – Bewertung vornimmt (FISHER/HAWKINS 1993). Das liegt vermutlich daran, dass eine quantitative Bewertung zu einer größeren Vollständigkeit der Überlegungen zwingt, eine qualitative Bewertung verlässt sich leicht auf Merkmale, die unmittelbar ins Auge springen und uns besonders begehrenswert oder abstoßend erscheinen.

Matching- und Choice-Bedingungen setzen (wie die meisten der empirischen Untersuchungen zum Framingeffekt) an formalen Aspekten, dem „Format" an, in dem sich ein Entscheidungsproblem präsentiert. Daneben sind es natürlich auch und vor allem inhaltliche Punkte, die die Problemwahrnehmung bestimmen und gegebenenfalls verengen und in eine falsche Richtung drängen. Im Kapitel 4, das sich mit der Definition der Situation beschäftigt, kommen wir hierauf zurück. An dieser Stelle genüge ein Beispiel. Wenn ein Verkäufer uns eindringlich darauf hinweist, dass alles teurer wird und daher gerade jetzt der richtige Zeitpunkt ist, die empfohlene Anschaffung zu tätigen, dann lenkt er den Blick auf den Gewinn, der daraus entsteht, dass man ein Gut erwirbt, das in Zukunft (wegen des steigenden Preises) deutlich mehr wert sein wird als jetzt. Das ist aber nichts anderes als eine Illusion, eine „Geldillusion", die entsteht, wenn man im Rahmen von nominalen Preisentwicklungen denkt, angemessen ist es dagegen, die reale Geldentwicklung zu beachten, also die Inflation und die relative Preisentwicklung im Auge zu haben.

Das klassische Experiment zum Framing-Effekt stammt von TVERSKY UND KAHNEMAN (1981). Die Versuchsteilnehmer bekommen hierin mitgeteilt, dass eine unbekannte „asiatische Krankheit" das Leben von 600 Bürgern bedroht. Als Handlungsoptionen stehen nur zwei gleichermaßen unerfreuliche Alternativen zur Verfügung. In einem ersten Szenario führt die Alternative A dazu, dass das Leben von 200 Personen ganz sicher gerettet wird, Alternative B ist mit einer 1/3-Chance verknüpft, alle 600 Personen zu retten. In einem zweiten Szenario führt die Alternative C dazu, dass 400 Personen sterben werden, die Alternative D eröffnet die

1/3-Chance, dass niemand sterben wird. Wie man leicht erkennt, sind jeweils die Alternativen A und C einerseits und die Alternativen B und D andererseits identisch. In der Bewertung der Versuchsteilnehmer kommt dies allerdings nicht zum Ausdruck. Die Alternative A wird eindeutig der Alternative B vorgezogen (72 % gegenüber 28 %), allerdings gilt dies nicht im Verhältnis der Alternativen C und D, bei dieser Gegenüberstellung gewinnt die Alterative D mehr Zustimmung (78 % gegenüber 22 %). Die Beschreibung der beiden Szenarien unterscheidet sich substantiell in nichts, außer in der Wortwahl, im ersten ist davon die Rede, dass Menschenleben gerettet werden (positiver Rahmen), im zweiten, dass Menschen sterben werden (negativer Rahmen). Tversky und Kahnemann sehen in den Ergebnissen ihres Experiments einen Beleg für ihre Prospect-Theory (s. o.), wonach Verluste (negativer Rahmen) eine größere Risikobereitschaft induzieren, während Gewinne (positiver Rahmen) die sichere Alternative nahelegen. Man muss das Experiment aber nicht so interpretieren, möglicherweise unterliegen Tversky und Kahneman selbst einem Rahmeneffekt: Als Protagonisten ihrer Theorie liegt es nahe, dass sie den Gewinn- bzw. Verlustaspekt herausstellen, der in der Situationsschilderung steckt. Das Verhalten der Versuchspersonen ist aber möglicherweise ganz anders begründet. Jedenfalls ist es durchaus plausibel, das Experiment auch im Lichte einer Angst- und Verdrängungsthese zu interpretieren. Es ist nicht leicht, die vielen Toten, die innerhalb der negativen Rahmenschilderung ins Bewusstsein gerufen werden, zu akzeptieren, weshalb man lieber auf die Wahrscheinlichkeitsalternative ausweicht; innerhalb des positiven Rahmens wird die schreckliche Tatsache der 400 Toten dagegen akzeptiert, aber nur, weil sie von der positiven Nachricht der 200 Überlebenden verdeckt wird.

Das Auftreten von Framing-Effekten ist letztlich unvermeidlich. Nicht nur im Alltag, auch in der Wissenschaft gibt es keine vorbehaltlos richtige Wahrnehmung und entsprechend keine unvoreingenommene Urteilsbildung. Wahrnehmung und Urteilsbildung gründen in mentalen Voraussetzungen und sie sind geprägt von theoretischen Vorannahmen, die uns oft gar nicht bewusst sind. Das heißt nicht, dass man diese Hintergrundtheorien und -annahmen nicht ins Bewusstsein rücken und damit auch in gewisser Weise überwinden könnte, ohne sie auskommen kann man aber nicht, man kann sie nur durch andere – hoffentlich bessere – Annahmen ersetzen. Die Geschichte der Wissenschaften liest sich wie eine Illustration dieser These, so wurde in der Physik des 19. Jahrhunderts die Vorstellung der Fernwirkung durch die Betrachtung von Kraftfeldern ersetzt, wodurch konkrete im Experiment beobachtete Phänomene in einem anderen Licht erschienen, in der Biologie ist die Idee von lebensbegründenden Vitalkräften von der Auffassung verdrängt worden, Leben gründete auf molekularbiologischen Vorgängen, Experimente in der Sozialpsychologie, die zur Prüfung der Theorie der kognitiven Dissonanz konzipiert wurden, lesen sich im Lichte attributionstheoretischer Vorstellungen oft anders usw.

Nun führen diese Hinweise auf die Bedingtheit der Erkenntnis etwas von der Frage weg, wie es kommt, dass Präferenzen so wenig stabil sind, und warum sie sich von nebensächlichen Aspekten bestimmen lassen, z. B. vom „Format", in dem sich ein Entscheidungsproblem präsentiert. Die übliche Antwort hierauf besteht in dem Hinweis auf die fehlerbehaftete kognitive Struktur, die Menschen zu eigen sei, es wären danach also Fähigkeitsdefizite, die unsere Präferenzen verwirren. Für diese Ansicht spricht, dass Menschen oft bereit sind, ihre Auffassung zu revidieren, wenn man Sie darauf hinweist, dass sie bei ihrer Urteilsbildung einen „logischen" Fehler begangen haben. Aber es wäre nur die halbe Wahrheit, lokalisierte man die Widersprüchlichkeit ausschließlich in den Mängeln des Verstandes. Menschliche Motive, Bestrebungen und Wünsche sind eben häufig nicht widerspruchsfrei und gut austariert oder, in der nüchternen Sprache der Entscheidungstheorie: Die Annahme der logisch widerspruchsfreien, „konsistenten" Präferenzordnung erweist sich oft genug als Illusion. Sehen kann man dies daran, dass Menschen häufig das Transitivitätsaxiom verletzen. Dieses Axiom fordert, dass jemand, der die Alternative A der Alternative B und die Alternative B der Alternative C vorzieht, nun nicht plötzlich Alternative C besser findet als Alternative A. Dass eben dies dann doch häufig geschieht, zeigen sowohl Alltagserfahrungen als auch empirische Studien. Auf derartiges Verhalten angesprochen, wird man die vermeintliche Inkonsistenz nicht selten bestreiten. Betrachten wir zur Illustration die Präferenzordnung gegenüber drei Parteien, wobei Partei A eine konservative Partei sei, Partei B eine gemäßigte Reformpartei und Partei C eine radikale Reformpartei. Hans präferiert die radikale Reformpartei vor der konservativen Partei (C > A), außerdem präferiert er die gemäßigte Reformpartei vor der radikalen Reformpartei (B > C) und schließlich, zur Verwunderung seiner Freunde, präferiert er die konservative Partei vor der gemäßigten Reformpartei (A > B). Zu seiner Rechtfertigung argumentiert Hans wie folgt: er sei für Reformen, daher erhalte bei ihm C eindeutig den Vorrang vor A, da aber C einige abenteuerliche Führungspersonen aufweise, ziehe er die gemäßigte Reformpartei B der radikalen Reformpartei C vor. Andererseits liebe er klare Aussagen, weshalb er im Vergleich die konservative Partei A wegen ihrer eindeutigen Positionen mehr schätze als die wankelmütige Reformpartei B. Franz kann diese Argumentation nicht verstehen, für Hans ist sie dagegen äußerst schlüssig, jedenfalls enthält sie nachvollziehbare Überlegungen. In anderen Fällen verzichtet Hans dagegen gern auf irgendwelche Begründungen, so hört er Schubert beispielsweise lieber als Mozart, Mozart lieber als Beethoven, aber Beethoven wiederum lieber als Schubert. Wem immer diese Präferenzmuster bizarr erscheinen mögen, man kann Hans daraus keinen Vorwurf machen. Es sind die Präferenzen, die er für richtig hält und gemäß denen er leben will. Selbst wenn Hans mit inkonsistenten Präferenzen bei Geldgeschäften hantierte, kann man ihn eigentlich nur darauf aufmerksam machen, dass darin finanzielle Gefahren lauern. Wenn er gewillt ist, Verluste zu vermeiden, wird er wohl auch Ordnung in seine diesbezügliche Präferenzstruktur bringen. Zusammengefasst: Widersprüchliche Präferenzen entstehen nicht nur aus fehlerbehafteten gedanklichen Operationen, sie sind nicht selten in den Präferenzstrukturen selbst angelegt.

Erwähnt sei schließlich noch ein Framing-Effekt, der eine Zeitperspektive enthält und damit einen guten Übergang zu den im folgenden Abschnitt behandelten zeitlichen Aspekten der Entscheidungsfindung herstellt. Investoren unterscheiden sich unter anderem danach, ob sie eine eher enge oder eine weite Zeitperspektive einnehmen. Nimmt ein Investor eine enge Zeitperspektive ein, dann sammelt er regelmäßig und häufig Informationen über die Entwicklung seiner Anlagen. Wenn man – realistischer Weise – davon ausgeht, dass die Kursentwicklung schwankt, dann ist auch davon auszugehen, dass mit häufigeren Beobachtungen auch häufiger Kursabschwünge beobachtet werden, als wenn man sich in größeren Zeitabständen mit der Kursentwicklung befasst. Verluste führen nun aber dazu, dass man vorsichtiger agiert. Diese Tendenz ist stärker als die gegenteilige, wonach Gewinne (die man in der Kurzfristperspektive natürlich auch häufiger feststellen wird) zu mehr Risikofreude beitragen. Im Ergebnis bedeutet das, dass man eher in Papiere mit geringerem Risiko investiert und damit – wenn man eine allgemein positive wirtschaftliche Entwicklung unterstellen kann – auch weniger Erträge erzielt (THALER U. A. 1997).

Abschließend sei noch darauf hingewiesen, dass Menschen nicht ausschließlich Opfer der verstandesmäßigen Unzulänglichkeiten sind und deshalb den geschilderten Framing-Effekten unterliegen, sie sind durchaus

auch aktiv darum bemüht, sich den Denkrahmen zu schaffen, der ihnen
frommt. Ein Beispiel hierfür ist die Neigung, sich bei der Wahl einer
Alternative vor allem an den positiven Seiten der Alternative zu orientieren, bei der Zurückweisung einer Alternative dagegen vor allem an deren
negativen Aspekten (SHAFIR 1993). Mit dieser unbewussten (gleichwohl
„strategischen") Rahmensetzung beschafft man sich gewissermaßen schon
im Vorfeld die Rechtfertigung, die eingefordert werden wird, sollten nach
der Entscheidung Dissonanzen (das sogenannte „Bedauern nach der Entscheidung") auftreten. Einen ähnlichen Mechanismus findet man im Übrigen auch bei der Übernahme und dem Rückzug aus größeren Projekten,
hierauf gehe ich in Kapitel 4 etwas ausführlicher ein.

2.3 Die Zeit

Verändern sich die Wünsche mit der Zeit? Oft. Bedenkt man dies? Selten.
Ist es gleichgültig, ob ein Wunsch gleich oder später erfüllt wird? Meistens
nein. Man bevorzugt – wiederum meistens – eine frühere Wunscherfüllung. Wenn der Wunsch erst später erfüllt wird, will man nicht so viel
dafür geben: Lieferung später, Preisabschlag, Lieferung sofort, Preisauf-
schlag. Zeit hat also (mindestens) eine doppelte Wirkung auf die Wunscherfüllung: wird ein Wunsch nicht gleich, sondern erst später erfüllt, kann
folgendes passieren:

- weil der Wunsch nicht gleich erfüllt wird, verliert die Wunscherfüllung
  an Wert,
- weil bis zur Wunscherfüllung einige Zeit verstreicht, kann einiges geschehen, z. B. kann auch ein heftiger Wunsch an Strahlkraft verlieren,
  der Wert des Wunschobjekts deutlich sinken.

Nimmt Gretel den schicken Hans oder den soliden Fritz? Hans ist ihr
lieber, aber den kriegt sie erst in drei Jahren, Fritz kann sie gleich haben.
Das kann dann für Hans schlecht ausgehen. Aber wenn auch Fritz erst in
drei Jahren zu haben ist? Vielleicht sollte sie sich dann dennoch den Fritz
sichern, weil: wer weiß, vielleicht hat sie in drei Jahren ohnehin einen
anderen Geschmack. Dass uns das (zeitlich) Fernerliegende oft buchstäblich fernliegt, liegt wohl in der menschlichen Natur begründet. Allerdings,
manchmal ist es auch andersherum, das größte Glück ist dann nicht das

sofortige, sondern das aufgeschobene Glück. Das liegt eben auch in der widersprüchlichen menschlichen Natur.

2.3.1 Der Wert der Gegenwart

„Ich kann allem widerstehen, außer der Versuchung" (WILDE 1997, S. 11). Knapper und treffender lässt sich die Macht der Gegenwart kaum beschreiben. Aber nicht nur in der massiven Präsenz des Unwiderstehlichen, auch in der Banalität des Ökonomischen hat der aktuelle Genuss in aller Regel einen höheren Wert als der zukünftige – und seinen Preis. Will man sich beispielsweise ein neues Auto gönnen, hat aber dafür kein Geld, sieht man sich üblicherweise vor die Alternative gestellt, entweder zu sparen oder einen Kredit aufzunehmen – und dafür die fälligen Zinsen zu zahlen. Nicht wenige Personen verwerfen den Konsumaufschub. Jedenfalls ist es durchaus etwas teurer einen Genuss-Sofort Geschmack zu haben. Auch Hilfe hat ihre Verfallszeit: Unmittelbare Hilfe ist nun mal deutlich wirksamer als jedes Hilfeversprechen, bekanntlich gilt der Satz: „Doppelt hilft, wer schnell hilft". Ähnliches gilt für Belohnungen, die ja bedauerlicherweise oft nur einen Zweck haben: den Belohnten zu einem erwünschten Verhalten zu veranlassen. Die Belohnungsaussichten sollten nicht allzu weit in der Zukunft liegen („Wenn Du fleißig lernst, dann wirst Du später auch im Beruf erfolgreich sein!"), denn sonst entschwindet zuverlässig auch deren Motivationswirkung. Gleiches gilt wohl auch für Bestrafungen. Auch Maximalbestrafungen (Höllenqualen!), wenn sie nur weit genug in der Zukunft liegen, lassen einen normalerweise kalt, jedenfalls den fröhlichen Sünder, der nicht so selten ist. Selbst in den Zeiten, in denen der Jenseitsglaube noch verbreiteter war, musste die Jenseitsangst doch immer wieder neu geschürt werden, damit sie den Menschen das Fürchten lehrte.

Die Empfindlichkeit der Nutzenerwartungen gegenüber der Zeit ist ein Faktum, das einen eigentlich nicht beunruhigen müsste, wären damit nicht einige Folgen verbunden, die wir eigentlich nicht wollen und zwar im wörtlichen Sinne; weil einen das eigentümliche Zeitmuster unseres Präferenzempfindens dazu verführen kann, von zwei Handlungen diejenige zu wählen, von der wir nur (zeitweilig) *glauben*, dass sie uns einen größeren Nutzen bringt als eine andere, die wir aber verwerfen, obwohl wir (bei kühlem Nachdenken) *wissen*, dass mit dieser ein größerer Nutzen einhergeht. Dieser missliche Fall ist alles andere als selten, er ist aber an die

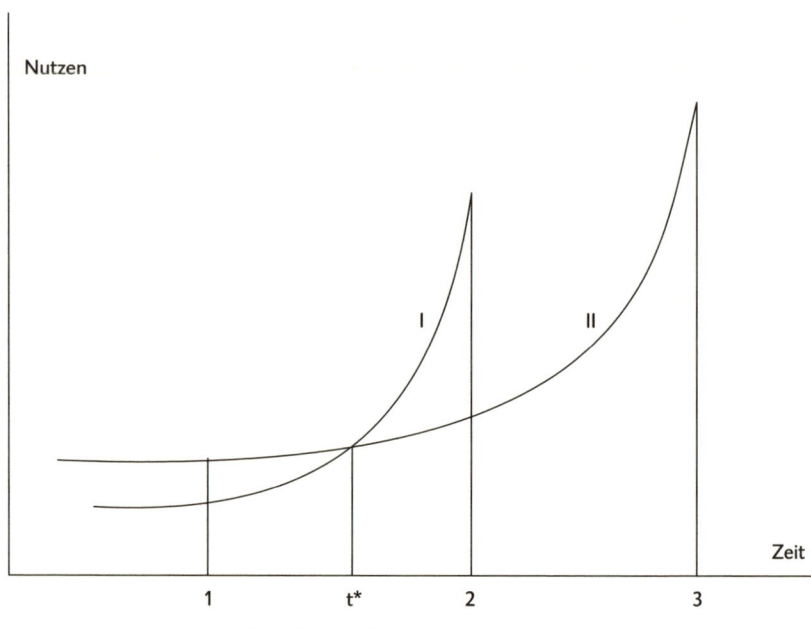

Abb. 2.2: Hyperbolischer Nutzenverlauf

(ebenfalls nicht selten gegebene) Voraussetzung geknüpft, dass die Nutzenbewertung einen bestimmten Verlauf annimmt. In Abbildung 2.2 ist diese Situation dargestellt.

Auf der x-Achse ist die Zeit abgetragen, auf der y-Achse die Nutzenbewertung. Gegenübergestellt sind zwei sich gegenseitig ausschließende Alternativen I und II mit ihren jeweiligen Nutzenkurven. Der Nutzen stellt sich im Falle der Alternative I zum Zeitpunkt 2 ein, im Falle der Alternative II zu einem späteren Zeitpunkt 3. Wie man erkennt, ist der Nutzen von Alternative II deutlich höher als der Nutzen von Alternative I. Dennoch wird sich die hier betrachtete Person für Alternative I entscheiden. Warum? Um dies zu verstehen, muss man sich nochmals klar machen, was die beiden Nutzenkurven bedeuten, sie bringen nicht mehr und nicht weniger zum Ausdruck als die Nutzenschätzungen zu unterschiedlichen Zeitpunkten. Zum Zeitpunkt t_1 wird der Nutzen der Alternative II deutlich höher bewertet als der Nutzen der Alternative I. Das bleibt zunächst auch so, wenn man sich in der Zeit weiter vorwärts bewegt. Allerdings ändert sich diese Bewertung im Zeitpunkt t^*, ab hier wird die Alternative I zu-

nehmend besser bewertet als Alternative II. Wie kann man sich das erklären? Offenbar ist es bei beiden Alternativen so, dass sich die Nutzenschät-
zung deutlich steigert, je näher man sich dem Zeitpunkt des Nutzenkon-
sums annähert: die Nutzenkurve wird immer steiler, sie erreicht ihren
höchsten Punkt zum Zeitpunkt der tatsächlichen Bedürfnisbefriedigung.
Der Verlauf der Nutzenkurve spiegelt also das oben beschriebene Diskon-
tierungsprinzip wieder: je weiter in der Zukunft die Bedürfnisbefriedigung
liegt, desto weniger Wert misst man ihr zu, nähert man sich aber dem
Zeitpunkt der Bedürfnisbefriedigung, dann steigt diese Wertschätzung beträchtlich an. Wie die Abbildung 2.2 zeigt, kann es daher geschehen, dass
man die ursprüngliche Präferenz für die im Endeffekt wertvollere Alternative aufgibt und dazu übergeht, nun die weniger wertvolle Alternative zu
präferieren. Ein Beispiel soll diesen Gedankengang veranschaulichen:
Mancher nimmt sich nach einem beschwerlichen Arbeitstag vor, einmal
früher ins Bett zu gehen (Alternative I), um am nächsten Tag gut ausgeschlafen zu sein, z. B. weil man da einen wichtigen Termin wahrnehmen
muss, bei dem es besser ist, sehr aufgeweckt aufzutreten. Die spätabend-
liche Verabredung mit Freunden (Alternative II) will man dafür gerne ausfallen lassen. Nun nimmt der Abend so seinen Lauf und gestärkt durch
etwas Ruhe und mit neuerwecktem Interesse an einem ungezwungenen
und geselligen Zusammensein, gewinnt das Freundestreffen an Reiz und
entfaltet schließlich stärkere Anziehungskräfte als die Aussicht auf einen
ausgeschlafenen, aber doch noch so sehr fernen nächsten Tag. Manche
Menschen sind deswegen fast nie ausgeschlafen, was immer einen vom zu
Bett gehen abhalten kann, gewinnt für sie eine übermächtige Motivation,
was dann zwar regelmäßig bedauert, aber letztlich nicht geändert wird.
Das beschriebene Grundmuster ist in der einen oder anderen Form sicher
jedem vertraut. Wer sich vor dem Lernen drückt, bringt damit nicht unbedingt zum Ausdruck, dass er es nicht schätzte, etwas gelernt zu haben, eine
andere – näher liegende – Freude (Fußballspielen, Skatspielen, ins Kino
gehen …) gewinnt aber nicht selten die Oberhand. Man nimmt sich zwar
vor, den Abend mit Lernen zu verbringen, weil man weiß, dass das einen
höheren Nutzen bringt, als das „Verplempern" der Zeit und gibt sich dann
doch Letzterem hin.

Die angeführten Beispiele könnten den Eindruck erwecken, als ginge
es bei dem beschriebenen Effekt vornehmlich um das Unterliegen der moralisch höherwertigen Alternative. Das ist aber nicht der entscheidende
Punkt. Es geht hierbei vielmehr um den rein zeitlichen Aspekt. Vor die

Wahl gestellt, ein begehrtes Gut sofort zu erhalten oder auf ein noch höher begehrtes Gut einige Zeit warten zu müssen, entscheidet man sich sehr häufig für das eigentlich weniger begehrte, aber aufgrund seiner Präsenz unmittelbar attraktiver erscheinende Gut. Das gilt für praktisch alle Lebensbereiche, etwa in der Konsumwelt bei der Entscheidung, ob man in das schöne neue Auto praktisch gleich einsteigen und damit vom Hof fahren kann, oder ob man auf das Auto mit der eigentlich gewünschten Ausstattung noch einige Monate warten soll, bei der Kindererziehung, wenn das Kind mit einer geringeren Belohnung zufrieden ist, wenn sie nur sofort erfolgt oder in der Wissenschaftspraxis, wenn Forscher sich lieber mit der Abfassung belangloser Aufsätze beschäftigen als mit dem „Bohren dicker Bretter", was – so Max Weber – die eigentliche wissenschaftliche Tätigkeit auszeichnet.

Formal betrachtet hängt das jeweilige Verhalten vom zeitlichen Verlauf der Nutzenkurve ab. Der beschriebene Effekt tritt nur dann ein, wenn die Nutzenfunktion einen hyperbolischen Verlauf annimmt, also wie in der Abbildung zu sehen erst eine relativ moderate Steigung aufweist und in Annäherung an den Zeitpunkt der Nutzenrealisierung einen immer steileren Anstieg nimmt. In der ökonomischen Theorie geht man dagegen in aller Regel von einem exponentiellen Verlauf der Nutzenkurve aus. Auch beim exponentiellen Verlauf wächst die Nutzenbewertung im Zeitablauf überproportional an, allerdings ohne dass es zu einem immer steileren Anstieg kommt. In diesem Fall gibt es keine Überschneidung der beiden Nutzenkurven und entsprechend auch nicht zu der irrationalen Konsequenz, dass man das weniger geschätzte Gut wählt. Es ist nun eine empirische Frage, welche der Verlaufskurven die Wirklichkeit besser abbildet. Allgemein lässt sich da wenig sagen, es spricht aber einiges dafür, dass in vielen Fällen eher die hyperbolische Form anzutreffen ist (AINSLIE 2005). Tatsächlich wird man aber auch alle möglichen anderen Formen antreffen, also z. B. eine lineare Diskontierung oder auch das Fehlen einer jeden Diskontierung, und selbst wenn man annähme, Menschen würden immer exponentiell diskontieren, wäre zu fragen, wie hoch der jeweilige Diskontsatz jeweils ausfällt. Die Annahme, alle Menschen würden bei allen Angelegenheiten die gleichen Präferenzverläufe aufweisen, ist jedenfalls einigermaßen weltfremd. Entsprechend ist auch die Frage nach dem „richtigen" Diskontsatz abwegig. In der ökonomischen Sphäre lässt sich diesbezüglich immerhin eine gewisse Normierung feststellen, die man aber deswegen noch nicht gutheißen muss, denn hier ist der richtige Diskontsatz einfach der geltende Diskontsatz. Personen, die sich hieran nicht orientieren, erleiden einen ökonomischen Schaden. Es steht ihnen dabei natürlich frei, diesen so oder so zu bewerten. Rein rechnerisch jedenfalls verzichtet derjenige, dem heute 1.000 Euro ebenso viel wert sind wie, sagen wir in 5 Jahren, und der deswegen sein Geld im Nachtschrank aufbewahrt statt es zur Bank zu tragen, immerhin auf 276 Euro (wenn wir davon ausgehen, dass die Bank für 5-jährige Festanlagen 5 % Jahreszinsen zahlt). Und jemand, der darauf verzichtet, seine 1.000 Euro auszugeben und das Geld auf ein Sparbuch ohne Kündigungsfrist legt und sich damit für seinen Konsumverzicht 2 % Zinsen sichert und dann sein Geld nach 5 Jahren abhebt und ausgibt, kann zwar 104 Euro Zinsgewinn verbuchen, aber verglichen mit der zuerst genannten Anlage hat er ein schlechtes Geschäft gemacht. Wie hoch auch immer: In der Ökonomiewelt haben die psychologischen Kosten, die durch einen Bedürfnisaufschub entstehen, einen monetären Gegenwert in Gestalt der Zinsen, die man für den Betrag erhalten kann, den man nicht für Konsumzwecke ausgibt. Umgekehrt hat das Nachgeben gegenüber einem starken Bedürfnisdruck seinen Preis in Form der Zinsen, die man für den Kredit entrichten muss, den man braucht, um den nicht aufschiebbaren Konsumwunsch befriedigen zu können.

Doch zurück zur normalen Psychologie: Hier findet man manchmal das genaue Gegenteil, nämlich den Wunsch, die Bedürfnisbefriedigung aufzuschieben, also sozusagen eine negative Diskontierung des Nutzens. Ein Grund dafür kann in der Vorfreude liegen, sprichwörtlich ist sie bekanntlich die schönste Freude, manchmal sogar schöner als die Wunscherfüllungsfreude, und man möchte sie möglichst lange genießen. Das kann dazu führen, dass man das Ereignis, um das es eigentlich geht, immer weiter hinausschiebt. Oft fällt es uns auch nicht schwer, einen Termin, auf den wir uns freuen (ein Kino- oder Theaterbesuch, das Treffen mit einem alten Freund usw.) zu verschieben, weil wir uns dann gewissermaßen doppelt darauf freuen können. Man hat sogar schon von Leuten gehört, die denselben Partner mehrfach geheiratet (und sich zwischendurch von ihm geschieden) haben, offenbar hatten sie ihre beste Zeit immer vor der Zeit, um die es beim Heiraten eigentlich geht. Doch so groß die Vorfreude auch sein kann, sie bleibt eine abgeleitete Freude und irgendwann drängt es jeden dann doch nach der Wunscherfüllung. Dafür, dass die Annäherung an ein Ziel nicht unbedingt mit einer Nutzensteigerung einhergeht, gibt es einen dauerhafteren Grund als die Vorfreude; und dieser Grund liegt in dem Ziel selbst. Wer ein Buch schreibt, erlebt in dem Moment, in dem das Buch schließlich und endlich fertig wird, normalerweise durchaus ein Gefühl der Freude oder der Erleichterung, deswegen strebt man aber durchaus nicht an, das Buch nur schnell und irgendwie fertigzustellen. Der Nutzen entsteht vielmehr im Verfertigen der Gedanken und in deren Niederschrift, ein Prozess, der häufig von ganz anderen als positiven Gefühlen begleitet wird – was im Übrigen ein schönes Beispiel dafür ist, dass nicht Gefühle darüber entscheiden, ob man die Arbeit abbricht, sie unfertig beendet oder sich weiter plagt. Ähnliches gilt für viele weitere Tätigkeiten (künstlerischer, technischer, intellektueller oder handwerklicher Art), die sich nicht darin erschöpfen, dass man sie rein instrumentell wegarbeitet, weil man schließlich dafür bezahlt wird.

2.3.2 Zukünftige Werte

Manchmal ist es unser Geschmack von heute, der uns den Genuss von morgen kostet. Wenn wir Entscheidungen treffen, dann zielen diese auf Ergebnisse, die in der Zukunft liegen. Doch wie können wir wissen, was wir in der Zukunft mögen? In aller Regel gehen wir davon aus, dass sich unsere Präferenzen nicht ändern. Wer ein Literaturstudium beginnt, erwartet, dass er sich auch noch in zehn oder zwanzig Jahren gern mit Literatur beschäftigt, wer ein Lehramtsstudium ergreift nimmt an, dass sein Interesse am Schulunterricht Bestand haben wird, wer als 25-Jähriger eine Ehe eingeht, meint, dass er auch als 40-Jähriger noch dieselben Eigenschaften an einer Frau schätzt (und – nebenbei bemerkt – dass sich auch seine Frau nicht ändert, und dass er nach wie vor ihrer Wertschätzung sicher sein kann). Doch man irrt sich leicht und zwar nicht nur darüber, wie sich die zukünftige Situation darstellen wird (das Urlaubsparadies ist sehr irdisch, der Partner hat Eigenheiten, mit denen man nicht gerechnet hat, mit der angestrebten Beförderung verknüpfen sich vielleicht mehr Geld und ein höheres Ansehen, aber auch erhebliche Arbeitsbelastungen, Verantwortung und Verdruss), sondern auch und nicht zuletzt über die eigenen zukünftigen Präferenzen. Bekanntlich empfinden viele Personen die Ruhe ihres Ruhestandes, nach der sie sich gesehnt haben, dann als eher öde und bedrückend; der junge Forscher, der sich zu Beginn seiner Laufbahn begeistert in heftige Diskussionen mit seinen Kollegen wirft, kann dem schließlich nichts mehr abgewinnen, weil er merkt, dass er doch lieber seine eigenen Gedanken erst mal für sich allein entwickelt und sie sich nicht gern vorschnell zerreden lässt; aus einem Saulus wird ein Paulus, aus einem Jünger ein Verräter.

Menschen tun sich schwer damit, vorauszusehen, welche Werte, Ziele und Bedürfnisse sie in der Zukunft haben werden. Ebenso schwer ist vorauszusehen, wie man in bestimmten Situationen reagieren wird, wie man zum Beispiel mit Versuchungen umgeht. Diesbezüglich hat man häufig ein idealisiertes Bild von sich und unterschätzt die Macht der jeweiligen physio-psychisch-sozialen Befindlichkeit (HASTIE/DAWES 2001, S. 205). Kaum einer weiß zum Beispiel, wie er auf Beleidigungen des Chefs reagieren wird, bevor er diese Situation erstmals erlebt. Auch und vor allem machen wir uns oft falsche Vorstellungen davon, welche Empfindungen wir haben werden, wenn wir in andere Lebensverhältnisse geraten. Das zeigen Studien über das Lebensgefühl von Menschen nach einer drastischen Veränderung ihrer Lebenssituation. Personen, die – positiv – einen Haupttreffer im Lotto hatten und Personen die – negativ – einen Unfall hatten, der ihnen eine Querschnittslähmung eintrug, richten sich nach einer gewissen Zeit der Euphorie bzw. des Leids auf die neue Situation ein und sind dann im Wesentlichen so zufrieden oder unzufrieden wie vordem. Wer auf einen Lottogewinn hofft, wird das nicht glauben, er malt sich die Situation des Reichtums in den schönsten Farben, wer sich vorstellt, eine erhebliche körperliche Beeinträchtigung zu erleiden, wird nicht behaupten, dass ihm das gleichgültig wäre, weil er auch dann so froh oder unfroh wäre wie jetzt auch schon. Das ist verständlich, weil wir uns natürlich von dem einschneidenden Ereignis stark beeindrucken lassen. In einer Studie, über die Kahneman berichtet, wird diese Neigung sehr schön illustriert (KAHNEMAN 2000b). Darin geht es um den Umzug eines Ehepaares. Die neue Wohnung war viel besser (in einem anderen Szenario: viel schlechter) als die alte Wohnung. Gemessen wurde die Qualitätsveränderung anhand einer ganzen Reihe von Merkmalen wie der Lage, der Ruhe, der Länge des Winters usw. Die Versuchsteilnehmer wurden darum gebeten, eine Einschätzung über das Wohlbefinden des Ehepaars abzugeben, und zwar für die ersten Monate nach dem Umzug und für die Zeit nach drei und nach fünf Jahren nach dem Umzug. Die Einschätzungen veränderten sich praktisch nicht. Das ist einigermaßen überraschend, denn tatsächlich passt man sich ja an eine neue Situation an und das Wohlbefinden pendelt sich im Lauf der Zeit auf das Normalmaß ein. Wissen wir das nicht? Weshalb täuschen wir uns in der Voraussage unserer

Befindlichkeit? Verantwortlich hierfür ist – so Kahneman –, dass sich die Menschen bei ihren Voraussagen primär am Moment der Veränderung orientieren („Veränderungsregel"). Wenn wir einen Lottogewinn machen, wenn wir in eine schönere Wohnung ziehen, einen attraktiven Partner gewinnen oder wenn wir einen erheblichen materiellen oder ideellen Verlust erleiden, dann erleben wir das ganz intensiv und dieses Erlebnis prägt sich ins Gedächtnis ein. Dazu kommt, dass wir recht häufig irgendwelchen Veränderungen ausgesetzt sind und sich die damit verbundenen Gefühle ebenfalls häufig einstellen. Dagegen nehmen wir selten einen Vergleich von Zuständen vor, der sich zudem nicht so einfach gestaltet, weil sich unterschiedliche Situationen nicht so ohne Weiteres miteinander vergleichen lassen. Die Orientierung an den Veränderungserlebnissen ist möglicherweise der Grund dafür, warum manche Menschen geradezu neurotisch mit der Anhäufung von Dingen beschäftigt sind, die sie, nachdem sie sie erworben haben, kaum noch beachten. Es geht dann gar nicht um die neuen Möbel, das neue Mobiltelefon, um die doch so interessante neue Bekanntschaft, um neue Schuhe oder neue Hüte, an diese Dinge gewöhnt man sich rasch, sie vermehren nicht unser Glück, es ist der Moment der Aneignung, der Übergang von einem vermeintlich schlechteren zu einem vermeintlich besseren Status, der unser Erwerbsverhalten motiviert.

Dass man sich an das Bessere oder auch an das Schlechtere gewöhnt, verweist auf die Wirksamkeit von Anpassungsmechanismen. Dabei sind zwei Fälle zu unterscheiden. Im ersten Fall kommt es zu einer Anpassung des Erlebens, also der Wertschätzung und der Gefühlslage in der neuen Situation. Man freut sich zwar anfangs über die neue Situation (z.B. über eine neue größere, schönere und bequemere Wohnung), richtet sich dann allerdings darauf ein, bis man sie schließlich kaum noch wahrnimmt, man fühlt sich schließlich ebenso wohl oder unwohl wie in der vorigen Situation. Im zweiten Fall kommt es zwar tatsächlich zu einer dauerhaften Steigerung des Lebensgefühls, ohne dass damit allerdings auch die Zufriedenheit steigt. Das liegt an den höheren Ansprüchen, die sich aus der neuen Lage heraus entwickeln: man verlangt mehr, man ist gewissermaßen nicht mehr so leicht zufrieden zu stellen. Bezogen auf das Wohnungsbeispiel heißt das, dass man sich durchaus und auch dauerhaft wohler in der neuen Wohnung fühlt, sich darüber freut, wenn morgens die Heizung von selbst anspringt und man nicht mühevoll Feuer machen muss, dass man die Möglichkeiten schätzt, wegen der großzügigeren Räumlichkeiten mehr Freunde einzuladen usw., aber man nimmt dies als selbstverständlich hin, so dass sich kein Zufriedenheitsgewinn einstellt. In diesem zweiten Fall passt man also sein *Anspruchsniveau* an: man verlangt mehr, um zufrieden zu sein. Im ersten Fall passt sich dagegen das *Erlebensniveau* an die neue Situation an, so dass man die „objektive" Verbesserung gar nicht mehr empfindet.

Bei der Unterscheidung der beiden Fälle geht es nicht um den Gegensatz von Gedanken und Gefühlen, eine Erhöhung des Anspruchsniveaus führt nicht einfach nur zu einer bornierten Haltung, sie geht durchaus mit einer nicht nur konstatierten, sondern auch lebhaft *empfundenen* Unzufriedenheit einher. Wenn man die unzufriedene Person darauf hinweist, dass sich ihre objektive Empfindungslage doch verbessert hat (unser Beispiel mit der bequemeren Wohnung), dann wird man nicht erwarten dürfen, dass sie ihren Irrtum einsieht, sich besinnt und plötzlich wieder zufrieden ist. Es gibt also zwei verschiedene Quellen gefühlter Unzufriedenheit, die gleichzeitig auftreten und damit ihre Wirkung verstärken können. Steigt das Anspruchsniveau, dann entsteht Unzufriedenheit aufgrund unerfüllter Ansprüche, sinkt das Empfindungsniveau, dann braucht es häufigere, vielfältigere oder intensivere Erlebnisse, um zu einer Bedürfnisbefriedigung zu gelangen.

Die Dynamik der damit verbundenen Verhaltensprozesse kann leicht auf unerquickliche Pfade führen. So kann eine Anspruchsniveausteigerung den oben bereits skizzierten Unzufriedenheits-Zirkel anstoßen, eine Senkung des Erlebnisniveaus führt unter Umständen in eine „hedonistische Tretmühle". Der Unzufriedenheitszirkel (oder die „*Unzufriedenheits-Tretmühle*") entsteht aus der Orientierung an der Transformationsregel, also an der Orientierung des Moments der Veränderung. Ein neues Paar Schuhe kann durchaus einen Moment des Glücks bedeuten. Dieser Zustand wird zwar kaum dauerhaft anhalten, dafür bleibt die positive Erinnerung an den glückhaften Moment der Veränderung, dem damit eine Wertschätzung zuwächst, die sich leicht verselbständigen kann. Was zählt ist dann primär der Kaufakt und die schnell vergängliche Befriedigung danach und nicht der tatsächliche Genuss, den man sich durch den Besitz an dem Neuerworbenen verspricht. So häuft man Gut auf Gut, knüpft ständig neue Partnerschaften, kämpft sich von Karrierestufe zu Karrierestufe und wird damit doch nicht zufriedener. Die Dynamik des Unzufriedenheitszirkels wird sehr stark von den zuletzt gemachten Erfahrungen bestimmt. Das Erlebnisniveau, das für den Einstieg in die *hedonistische Tretmühle* (Brickman/Campbell 1971) bestimmend ist, umgreift dagegen einen längeren Erfahrungshorizont. Es pendelt sich auf den Durchschnitt aller vergangenen Erfahrungen ein, was zwangsläufig dazu führt, dass die Steigerung der Befindlichkeit (z. B. aufgrund eines Wohnungswechsels, wegen eines Karriereschritts, weil man einen neuen Partner gefunden hat) nicht von Dauer sein kann, sondern sich auf das vorige Niveau hin absenkt. Auch eine weitere Verbesserung der Situation (durch weiteren sozialen Aufstieg usw.) führt diesbezüglich nicht weiter, weil ja auch dann die Abwärtsspirale wieder in Gang kommt (KAHNEMAN 2000a; 2000b).

Abschließend wollen wir nochmals auf unseren Ausgangspunkt zurückkommen, die Schwierigkeit, die eigenen Präferenzen zu verstehen. Zeitlich gesehen zielt diese Frage zwar in zwei Richtungen (in die Bewertung der Vergangenheit und die Voraussage unserer zukünftigen Nutzenvorstellungen), sie hat dessen ungeachtet ein und dieselbe sehr allgemeine Antwort. Sie lautet: Wir gründen unsere rück- und vorausschauenden Bewertungen nicht auf eine Analyse der tatsächlichen Situationen in ihrer ganzen Komplexität, sondern auf prototypische Erfahrungen, die wir mit den jeweiligen Situationen verknüpfen (vgl. Abbildung 2.3).

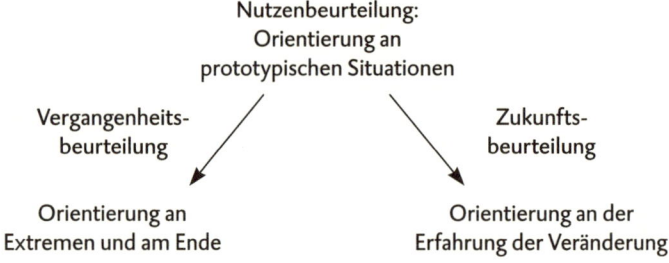

Abb. 2.3: Vergangenheits- und zukunftsbezogene Nutzenbeurteilung

Bei der Zukunftsbewertung spielt, wie beschrieben, die Transformationsregel eine wichtige Rolle, d. h. Menschen reagieren vor allem auf Veränderungen und es sind diese Veränderungserfahrungen, die sich „prototypisch" ins Gedächtnis einprägen. Bei der Beurteilung vergangener Ereignisse kommen die zuletzt gemachten Erfahrungen und die stärksten Empfindungen zum Zuge. Die Plausibilität dieser „Peak-End Rule" (FREDRICKSON/KAHNEMAN 1993; KAHNEMAN 2003) spricht wohl für sich. Eine intensive Erfahrung ist ein starker Situationsmarker, ein Fußballspieler wird in seiner Erinnerung daher eher ein Spiel positiv bewerten, in dem er das turnierentscheidende Tor erzielt hat als ein beliebiges Spiel, in dem er zwar vielleicht eine bessere Leistung gezeigt hat, ansonsten aber wirkungslos blieb. Und um bei diesem Beispiel zu bleiben: Wird das Tor in der letzten Minute erzielt, dann wirkt das sicher stärker nach, als wenn es irgendwann im Laufe des Spiels fällt.

3 Unsicherheit

*„Aus mehreren einleuchtenden Gründen glaubte ich nicht, daß sie an-
greifen würden. Ein Grund war der Nebel ... Ich hatte nirgends Kanus
auf dem Fluß gesehen – jedenfalls nicht in der Nähe des Dampfers. Was
mir aber den Gedanken eines Angriffs unvorstellbar machte, war die Art
des Lärms – der Schreie, die wir gehört hatten. Sie hatten nicht den
ungestümen Charakter, der eine unmittelbar feindliche Absicht ankündigt. Unerwartet, wild und heftig, wie die Schreie erklungen waren, hatten sie den unwiderstehlichen Eindruck von Trauer vermittelt. Das Auftauchen des Dampfboots hatte diese Wilden aus irgendeinem Grunde
mit schrankenlosem Schmerz erfüllt. Falls Gefahr drohte, so überlegte
ich, dann nur, weil in nächster Nähe ein großer Ausbruch menschlicher
Leidenschaft tobte."*
Joseph Conrad: Herz der Finsternis. S. 77 f.

Allzu klug ist dumm, sagt der Volksmund und warnt zu Recht davor, sich
seiner Sache allzu sicher zu sein. Dessen ungeachtet gilt Unsicherheit als
Übel, was sehr schön in dem Luther-Wort zum Ausdruck kommt, wonach
Unglaube und ungewisser Glaube gleichviel seien. Aber nicht nur in geist-
licher, auch in praktischer Hinsicht scheint es vorderhand besser zu sein,
über sicheres Wissen zu verfügen. Nicht umsonst heißt es, Wissen sei
Macht. Andererseits ist aber wohl jedem bekannt, dass man nicht selten
besser fährt, wenn das eine oder andere im Unsicheren verbleibt, weil man
es dann außer Acht lassen kann und zum Beispiel seinem natürlichen
Handlungsimpuls folgen darf. Im Folgenden wird zunächst geklärt, was
es überhaupt heißt, wenn jemand unsicher ist. Dazu werden die wichtigsten Erscheinungsformen der Unsicherheit beschrieben. Anschließend geht
es um Erkenntnisse über das Unsicherheitsverhalten und darum, warum
Menschen mit Unsicherheit oft falsch umgehen.

3.1 Formen der Unsicherheit

Man ist sich vieler Dinge sicher, was aber nicht stimmt oder, etwas präziser ausgedrückt: Viele Dinge sind objektiv gesehen unsicher, Menschen sehen das aber häufig anders, d. h. sie empfinden selbst dort eine große Sicherheit, wo es nicht angebracht ist. Umgekehrt gilt dasselbe, man muss sich einer Sache subjektiv nicht sicher sein, obwohl sie aus objektiver Sicht gewiss ist. Im Folgenden geht es um die subjektive Sicherheit, d. h. um die Unsicherheit, die Menschen empfinden. Diese speist sich nicht nur aus einer Quelle und hat zum Teil sehr unterschiedliche Gesichter.

3.1.1 Entscheidungsunsicherheiten

Unsicherheit ist ein zentrales Thema der Entscheidungstheorie (von NEU-MANN/MORGENSTERN 1944; LUCE/RAIFFA 1957; MILLIKEN 1987). Das ist auch naheliegend, denn in einer Welt voller Sicherheit, die es – jedenfalls vom menschlichen Standpunkt aus betrachtet – nicht gibt, gäbe es nichts zu entscheiden und an einer Entscheidungslehre wäre folglich niemandem gelegen. Unsicherheit hat in der Entscheidungslehre eine relativ eng begrenzte Bedeutung, sie gilt nämlich als Informationsproblem. Statt von Unsicherheit spricht man daher manchmal auch von unvollkommener Information. Im Einzelnen gibt es innerhalb der Entscheidungstheorie drei Ansatzpunkte, um das Unsicherheitsproblem zu präzisieren.

Im Zentrum des Interesses steht normalerweise die *Unsicherheit bezüglich der Verhaltenskonsequenzen*. Hierbei geht es um Fragen wie die, ob eine bestimmte Handlung (z. B. die Hochzeit mit Maria) auch zu einem bestimmten Ergebnis führt (also z. B. zu einem glücklichen und erfüllten Eheleben, das auch materiell gut abgesichert ist). Die Entscheidungstheorie unterscheidet zwei Formen dieser Unsicherheit, die streng genommen nicht miteinander vergleichbar sind. Die erste Form meint vollständige Unsicherheit. Hier gibt es keine klar benennbaren Hinweise darauf, welche entscheidungsrelevanten Ereignisse eintreten werden und wie sich diese auf das Entscheidungsergebnis auswirken könnten: im Extremfall ist nicht einmal bekannt, welche Ereignisse überhaupt entscheidungsrelevant sein könnten. Wer sich jemals bei Dunkelheit in einem fremden Wald voller unbekannter Geräusche verirrt hat, kann diese Situation höchster Ungewissheit sicher nachempfinden.

Die zweite Form der Unsicherheit bringt die Wahrscheinlichkeit ins Spiel. Man weiß hier zwar ebenfalls nicht, welche Folgen ein bestimmtes Handeln hervorbringt, man kann aber immerhin angeben, ob ein (entscheidungsrelevantes) Ereignis mehr oder weniger wahrscheinlich ist. Kennt man diese Wahrscheinlichkeit, dann lässt sich auch berechnen, ob ein bestimmtes Verhalten den Erfolg erbringt, den man sich verspricht. Die Erfolgswahrscheinlichkeit bestimmt gewissermaßen das Risiko, das man mit einem bestimmten Verhalten eingeht. Entscheidungstheoretiker bezeichnen daher Entscheidungen, bei denen man Informationen über die Wahrscheinlichkeit der Ergebnisse besitzt, als *Entscheidungen unter Risiko*. Streng genommen lassen sich Ungewissheitssituationen und Risikosituationen nicht miteinander vergleichen, weil das Wissen um entscheidungsrelevante Wahrscheinlichkeiten eine völlig neue Informationsqualität ins Spiel bringt. Wenn von Entscheidungen unter Risiko gesprochen wird, dann wird immer auch schon vorausgesetzt, dass man weiß, welche Ereignisse tatsächlich auch Entscheidungsrelevanz besitzen. Allein diese Kenntnis aber führt bereits auf ein wesentlich höheres Erkenntnisniveau als es die Unsicherheit über die Entscheidungssituation bietet. Die Fähigkeit, die Wahrscheinlichkeiten zu beziffern, liefert darüber hinaus wichtige Anhaltspunkte über die Relevanz dieser Ereignisse. Auf Wahrscheinlichkeiten kann man sich gut einrichten, das macht Entscheidungen unter Risiko handhabbar. Dies gilt allerdings nur mit der Einschränkung, dass es um Entscheidungen und Entscheidungssituationen geht, die sich relativ häufig wiederholen. Ein Beispiel soll diese Überlegung illustrieren: Der Ostindienhandel war zu Beginn des 17. Jahrhunderts ein überaus riskantes Unterfangen, der Kapitalbedarf für die Ausrüstung der Kauffahrten war immens und so manches Schiff kehrte nicht wieder in seinen Heimathafen zurück, weil es in den unbekannten Gewässern Schiffbruch erlitten oder von Piraten aufgebracht wurde. Dennoch war der Ostindienhandel z. B. für die Kaufmannsvereinigung der englisch-ostindischen Kompanie ein gutes Geschäft, weil die verbleibenden Erträge die durch die Ausfälle entstandenen Verluste weit überstiegen. Für einen einzelnen Kaufmann, dessen Kapitalkraft allenfalls für die Ausrüstung eines einzigen Schiffes ausreichte, stellte sich ein solches Unternehmen gänzlich anders dar, für ihn war der „kalkulierbare Verlust" ein reines Glücksspiel, weil er auf einen Schlag sein ganzes Vermögen verlieren konnte.

So klar die Differenzierung nach Sicherheit, Risiko und Unsicherheit erscheinen mag, im Einzelnen ist die Begriffsverwendung in der Entscheidungslehre dann doch nicht immer so eindeutig. Beispiele hierfür liefern die Entscheidungsregeln, die für Situationen unter Unsicherheit empfohlen werden. Eine dieser Entscheidungsregeln ist das sogenannte Minimax-Prinzip. Bei der Festlegung auf eine Handlungsalternative soll man sich danach vorstellen, es trete die denkbar ungünstigste Situation ein (auf unser Ehebeispiel bezogen etwa: man gerät in bittere Armut). Man soll nun – so das Minimax-Prinzip – die Alternative wählen, die unter diesen Umständen das (relativ) beste Ergebnis erwarten lässt. Man heiratet daher vielleicht besser Maria, weil sie anspruchsloser ist als Eva. Natürlich könnte uns auch Reichtum und Wohlstand winken, dann wäre es vielleicht besser, Eva zu heiraten, weil diese eine größere Begabung hat, das vorhandene Geld freudebringend auszugeben. Eva sollte man aber nur wählen, wenn man dem Maximax-Prinzip folgen will. Dieses Prinzip fordert, diejenige Alternative zu wählen, die die besten Ergebnisse liefert, wenn man die günstigsten Umstände unterstellt. Nun wissen wir – voraussetzungsgemäß – nicht, ob wir arm oder reich sein werden und hierauf bezieht sich denn auch unsere Unsicherheit. Sehr wohl wird bei der Anwendung der beiden genannten Entscheidungsregeln unter Unsicherheit aber unterstellt, dass wir die Folgen der Alternativenwahl kennen. Die Entscheidung unter Unsicherheit meint also hier nur, dass man nicht weiß, welche Situation relevant ist, die Auswirkungen der Alternativenwahl in diesen verschiedenen Situationen ist aber bekannt, d. h. *diese* Kenntnis wird unterstellt. Nebenbei bemerkt wird ja auch unterstellt, welche Situationen (hier Armut oder Reichtum) überhaupt relevant sind. Es gibt also neben der Unsicherheit der Konsequenzen, um die es uns hier geht, auch so etwas wie eine Situationsunsicherheit. Zudem gibt es noch eine weitere Unsicherheit, die sich darauf bezieht, ob es dem Entscheider gelingt, die von ihm ins Auge gefassten Alternativen im Zweifel auch zu verwirklichen. Und es gibt die Unsicherheit in der Bewertung möglicher Konsequenzen, worauf im Kapitel über Präferenzen etwas näher eingegangen wurde. Und schließlich sind auch die unterstellten Wahrscheinlichkeiten oft alles andere als sicher. Meistens sind nämlich die Vorstellungen, die man sich von den vorliegenden Wahrscheinlichkeitsverteilungen macht – und unbeschadet von der Tatsache, dass Wahrscheinlichkeiten mathematisch exakt definierbare Größen sind – alles andere als klar; oft sind die Entscheider allenfalls in der Lage, zwischen einer hohen, einer geringen oder einer mittleren Wahrscheinlichkeit zu unterscheiden, wie immer sie eine derartige Abgrenzung genau vornehmen mögen. Mit exakten Wahrschein-

lichkeitsangaben bzw. mit einer genauen Beschreibung von Wahrscheinlichkeitsverteilungen hält sich der normale Entscheider jedenfalls – zu
Recht – lieber zurück, zumal es selbst in den fortgeschrittenen Wissenschaften nur sehr selten möglich ist (und dann nur für sehr eng einge-
grenzte Situationen), derartige Werte anzugeben.

Unwissen über die Folgen des Handelns kann zweifellos erhebliche
Trübsal mit sich bringen, es ist aber nicht unbedingt die schlimmste Form
der Unwissenheit. Wesentlich nachhaltiger wirkt die schlichte *Unkenntnis
über die Verhaltensalternativen, die einem zur Verfügung stehen.* Vor Erfin-
dung des Rades war der Transport eben mühsamer als danach; wer nicht
weiß, wie man aus Mehl und Eiern einen Kuchen backen kann, muss
Mehlbrei essen; wer über die bessere Strategie verfügt, um seine Vorzüge
ins rechte Licht zu rücken, wird sich gegen Mitbewerber (z. B. um ein
politisches Amt) durchsetzen. Vor der Frage „Was tun?" steht daher immer
die Frage: „Was kann man überhaupt alles tun?" Wer sich mit konventionellen Lösungen zufrieden gibt, wer nur Handlungen in Erwägung zieht,
die ihm überkommene Vorschriften, andere Personen oder seine Lebens-
routinen und Denkgewohnheiten vorgeben, dem wird entgehen, dass es
ein besseres Leben geben kann. Die normative Entscheidungstheorie geht
nun merkwürdigerweise davon aus, dass der Alternativenraum vollständig
bekannt ist. Angesichts der Vielgestaltigkeit der wirklichen Welt ist das
natürlich ein sehr verkürzter Zugang und auch unverständlich, weil sich
der Wert einer normativen Theorie des Entscheidens nicht zuletzt darin
erweist, welchen Rat sie für die Ermittlung und Erforschung der vorhandenen und möglichen Alternativen zu geben in der Lage ist. Nicht selten
vermitteln Ausführungen zur normativen Entscheidungstheorie den Eindruck, als ginge es bei Entscheidungen, bzw. bei der Wahl einer Alternative, lediglich darum, auf einen roten oder einen blauen Knopf zu drücken.
In dieser primitiven Form bieten sich Alternativen allerdings selten dar,
tatsächlich sind Alternativen normalerweise mehr oder weniger komplexe
Verhaltenspläne, die unter anderem auch Vorstellungen darüber enthalten,
wie man sich auf unerwartete Entwicklungen einzustellen hat. Das macht
es nicht unbedingt leicht, eine klar ausgearbeitete Alternative zu entwickeln, denn schließlich liegt es ja im Wesen unerwarteter Entwicklungen, dass sich ihr Auftreten nicht genau abschätzen lässt.

Schließlich muss noch eine dritte Entscheidungsunsicherheit angeführt werden, eine Form von Unsicherheit, die nicht jedem sofort plausibel erscheinen wird, deren Bedeutung sich aber kaum überschätzen lässt,

nämlich die *Unsicherheit über das eigene Wollen*, d. h. über die Motive, die einen bewegen, die Ziele, die man verfolgt bzw. die Werte, die unser Verhalten lenken. Für Entscheidungstheoretiker konkretisieren sich die mit diesen Begriffen bezeichneten Phänomene in den individuellen Präferenzen. So bevorzugt Hans vielleicht eine ruhige und ausgeglichene, Franz dagegen eine unternehmenslustige und temperamentvolle Partnerin. Kann man Zweifel an seinen Präferenzen haben? Nicht wenige Entscheidungstheoretiker können sich das nicht vorstellen, für sie offenbaren sich die Präferenzen eines Menschen spätestens und eindeutig im schließlich ausgeführten Verhalten. So mag Maria lange und „unentschlossen" zwischen Franz und Hans hin und her schwanken, schließlich wird sie sich dann doch für einen der beiden oder aber für keinen der beiden entscheiden und damit ihre Präferenzen zum Ausdruck bringen, ja: auch die Zeit des vorgeblichen Schwankens ist Ausdruck ihrer Präferenz, denn offenbar bevorzugt sie während dieser Zeit, sich eben gerade nicht festzulegen und zu binden. Unsere Alltagserfahrung wird diese Argumentation allerdings schwerlich bestätigen. Jeder kennt Situationen, in denen er sich seiner Ziele nicht sicher war und in denen er sich damit abgemüht hat, seinen Willen zu bilden. Auch kommt es nicht selten vor, dass man feststellen muss, dass eine Entscheidung falsch war, obwohl man mit ihr doch eigentlich genau das erreicht hat, was man sich von ihr versprach (z. B. eine geruhsame Urlaubszeit, die einen plötzlich langweilt, weil man dann doch lieber eine stimulierende Urlaubszeit verleben würde). Besonders vertrackt ist, dass man häufig falsche oder unklare Vorstellungen über seine *künftigen* Präferenzen hat (sofern man darüber überhaupt nachdenkt). Dabei kommt es gerade auf die zukünftigen und nicht auf die gegenwärtigen Präferenzen an, weil wir Entscheidungen zwar immer im Heute treffen, die Ergebnisse dieser Entscheidungen – um die es uns ja geht – aber normalerweise in der Zukunft liegen und wir die Früchte der Entscheidungen daher auch erst in der Zukunft ernten.

Festgehalten sei, dass sich die Sicherheit bzw. Unsicherheit einer Entscheidungssituation oft als nur schwer entwirrbare Gemengelage darstellt. So kann es z. B. sein, dass jemand immerhin eine ungefähre Vorstellung über die Wahrscheinlichkeit des Eintretens einer bestimmten Situation hat, aber unsicher ist, welche Verhaltensalternativen ihm zur Verfügung stehen und ob er in der Lage ist, diese auch auszuführen. Gleichzeitig weiß er vielleicht über manche Verhaltenskonsequenzen Bescheid, andere sind ihm dagegen unklar. Möglicherweise befürchtet er auch (mehr oder weniger vage) bestimmte Nebenfolgen seines Handelns, nimmt sie aber dann doch in Kauf, weil ihm die Hauptfolgen wichtiger sind.

Festgehalten sei außerdem, dass die bislang betrachteten Unsicherheitsursachen sich ausschließlich auf die Kernkonzepte der Entscheidungstheorie beziehen, es geht also um Unsicherheiten bezüglich der verfügbaren Alternativen, der zum Zuge kommenden Präferenzen und bezüglich der Verhaltenskonsequenzen alternativer Entscheidungen. Zwar ist das Unsicherheitskonzept damit innerhalb der Entscheidungstheorie vollständig bestimmt, tatsächlich ist man aber nicht gezwungen, nur die entscheidungstheoretische Brille aufzusetzen, wenn es darum geht, das Unsicherheitsphänomen zu verstehen. Betrachtet man die Unsicherheit aus der Perspektive anderer theoretischer Ansätze, dann kommen weitere Unsicherheitsformen in den Blick.

3.1.2 Sinnunsicherheiten

Menschen handeln selten als kühle Strategen und ihr Denken erreicht normalerweise keine sonderliche Tiefe, sie sind eher Kurzfristoptimierer und Oberflächendenker. Im wörtlichen Sinne entscheidend ist für sie nicht, ob ihr Handeln optimal ist, sondern ob es für sie Sinn macht, wobei, dies sei, um Missverständnissen vorzubeugen, angemerkt, auch das Sinnbedürfnis nicht immer eine sonderliche Tiefe erreichen muss.

Viele Entscheidungen des täglichen Lebens werden gar nicht als Entscheidungen im engeren Sinne wahrgenommen, sondern aus einer gewissen Routine heraus getroffen, weil die Entscheidungssituationen vertraut sind und man daher auf vorderhand bewährte Lösungen zurückgreift, ohne diese immer wieder neu durchdenken zu müssen. Wie sollte man beispielsweise mit seinem launischen Chef umgehen? Man kann versuchen, ihn zu besänftigen, man kann ernsthaft auf seine je spezifischen Launen eingehen, man kann diese einfach ignorieren usw. Jeder Mitarbeiter hat diesbezüglich seine eigene Strategie. Allerdings ist kaum eine Situation genau wie eine andere, so dass man immer wieder prüfen muss, ob die verfügbaren Strategien und Handlungsprogramme zu der jeweiligen Situation passen. Dabei sind Abweichungen durchaus die Regel, was aber nicht notwendigerweise zu Verunsicherungen führt, denn normalerweise gelingt es leicht, auch diese Abweichungen in ein passendes Muster einzuordnen. Wer es gewohnt ist, die Launen des Chefs zu ignorieren, wird durchaus bemerken, wenn sich in dessen schlechte Laune eine Spur mehr Aggression mischt als sonst. Deswegen wird unser Mitarbeiter seine Verhaltensstrategie aber nicht gleich aufgeben, sondern nach Anhaltspunkten Ausschau halten, die ihm bei der Beurteilung helfen, ob sich das Verhalten des Vorgesetzten noch im Rahmen des Launenhaften bewegt und daher als durchaus normal gelten kann. Leicht wegerklärt ist die erhöhte Aggressivität beispielsweise wenn man weiß, dass der Chef zurzeit unter besonderem Druck steht, weil z. B. gerade ein Revisor durch die Abteilungen zieht.

Entscheidungshandeln gleicht in weiten Bereichen einem Verhaltenstypus, den man am besten mit dem Begriff „Orientierungshandeln" kennzeichnet. Vom reinen Routinehandeln unterscheidet sich das Orientierungshandeln dadurch, dass – wie beschrieben – die Situationsdefinition nicht völlig klar ist, sondern erst noch hergestellt werden muss und dass das gewohnte Verhalten eine gewisse Modifikation erfährt. Im angeführten Beispiel könnte unser Mitarbeiter z. B. seine Ignoranz weniger sichtbar zu Markte tragen, um den gesteigerten Aggressionspegel des Chefs nicht noch weiter in die Höhe zu treiben. Andererseits unterscheidet sich das Orientierungshandeln auch von einem „echten" Entscheidungshandeln deutlich, es geht beim Orientierungshandeln weder um eine gründliche Analyse der Situation noch um eine gewissenhafte Ausarbeitung eines Verhaltensplanes. Auch geht es nicht darum, welches Verhalten den höchsten Nutzen bringt. Im Vordergrund stehen, worauf insbesondere JAMES MARCH (1988) hingewiesen hat, vielmehr die folgenden Fragen: „Welches Verhalten ist der gegebenen Situation angemessen? Wie sollte eine Person wie ich handeln? Was wird von mir erwartet?" Das jeweils gewählte Handeln orientiert sich an der Beantwortung dieser Fragen. Unsicherheit entsteht, wenn auf diese Fragen keine Antworten bereitstehen oder, etwas anders ausgedrückt, wenn die Handlungssituation keinem Sinnkontext zugeordnet werden kann.

Bedeutsam sind vor allem drei Formen der Unsicherheit: Sinnlosigkeit, Mehrdeutigkeit und Undeutlichkeit. *Undeutlichkeit* dürfte die größte empirische Bedeutung haben. Wie bereits ausgeführt sind strenggenommen alle Situationen zunächst undeutlich, weil es keine völlig identischen Situationen gibt und jedes Handeln eine Situationsdefinition voraussetzt. Sehr wohl unterscheiden sich Handlungssituationen jedoch dem Grade nach in ihrer Klarheit, was Entscheidungen mehr oder weniger unsicher macht. Ein Auszubildender, der noch etwas verträumt durch die Firma geht und plötzlich und ohne Vorwarnung von unserem oben bereits erwähnten launischen Vorgesetzten hart angegangen wird (und zwar für einen recht bedeutungslosen Vorfall), muss sich darauf erst einen Reim machen. Unser ebenfalls bereits erwähnter routinierter Kollege weiß dagegen, dass man den Wutausbruch nicht ernst nehmen muss, weil sich in ihm lediglich wieder einmal die überschießende Emotionalität des Vorgesetzten entlädt. *Undeutlichkeit* meint, dass dem Handelnden kein überzeugendes Deutungsmuster zur Verfügung steht; bei *Mehrdeutigkeit* ist das genau anders herum: hier stehen dem Handelnden zu viele Deutungsmuster zur Verfügung, d. h. er weiß nicht, welches dieser Deutungsmuster, die alle gleichermaßen infrage zu kommen scheinen, der Situation am ehesten angemessen ist. In unserem Beispiel hat der Auszubildende vielleicht doch einen bedenklichen Fehler gemacht, auf den der Vorgesetzte unvermutet gestoßen ist, vielleicht gibt es aber gar keinen konkreten Grund für den Ärger des Vorgesetzten und er stört sich nur an der offen zur Schau getragenen mentalen Abwesenheit seines Lehrlings, möglicherweise ist das Vorgesetztenverhalten aber auch lediglich Ausdruck des rauen Verkehrstons in der Arbeitswelt, an den sich unser Berufsneuling erst noch gewöhnen muss.

Mehrdeutigkeit lässt sich normalerweise leichter auflösen als Undeutlichkeit, weil die handelnde Person schon über Deutungsmuster verfügt, die ihr Zugang zu einer genaueren Bestimmung der Situation liefern. Undeutlichkeit gerät im Extremfall zu *Sinnlosigkeit* und zwar dann, wenn der Handelnde keinerlei Anhaltspunkte für eine verständliche Deutung findet, wenn verschiedene Dinge nicht zusammenpassen, sodass sich kein stimmiges gesamthaftes Bild von der Handlungssituation ergeben will, wenn das Geschehen bizarr, unwirklich oder fremd erscheint.

3.1.3 Unsicherheit als Persönlichkeitseigenschaft

Aus der Alltagserfahrung wissen wir, dass sich Menschen beträchtlich darin unterscheiden, wie sie mit Unbestimmtheit und Unsicherheit umgehen (können). Daher verwundert es nicht, dass sich auch die Persönlichkeitspsychologie mit dieser Thematik befasst und eine ganze Reihe von Konzepten entwickelt hat, die das Unsicherheitsempfinden und -handeln zum Gegenstand haben. Ein Beispiel ist die „emotionale Stabilität", die von den meisten Persönlichkeitstheorien als eine Eigenschaft angesehen wird, die das Verhalten von Menschen grundlegend prägt. Danach brauchen manche Personen einen starken äußeren Halt und vermeiden daher soweit wie möglich Situationen, die zu ihrer Verunsicherung führen können, während sich andere Personen von Unsicherheiten nicht so leicht „verunsichern" lassen. Andere unsicherheitsrelevante Persönlichkeitseigenschaften sind Besorgtheit, Ängstlichkeit, (unrealistischer) Optimismus, Selbstbewusstsein, Impulsivität und Nachdenklichkeit. Bei der Reaktion auf Unsicherheit sind emotionale, motivationale, kognitive und handlungsbezogene Facetten eng miteinander verschlungen. Dies zeigt sich bereits an den Schwierigkeiten, die der Umgang mit unsicheren Informationen bereitet. Statt eine unklare Situation in Ruhe zu analysieren, werden viele Personen leicht ungeduldig, wenn sie etwas nicht durchschauen und fühlen sich generell nicht wohl, wenn sie mit Ungewissheiten konfrontiert werden. Personen, die diesbezüglich besonders wenig belastbar sind, zeichnen sich durch eine geringe Unsicherheits- oder *Ambiguitätstoleranz* aus (FRENKEL-BRUNSWIK 1948). Für das Entstehen von Intoleranz gegenüber Ambiguität sind häufig emotionale Gründe verantwortlich. Daneben fördern bestimmte Denkstile oder auch Fähigkeitsdefizite ein übertriebenes Abwehrverhalten gegenüber Unsicherheit. Nicht selten liegt diesem Verhalten auch eine Ichschwäche bzw. ein überstarkes Bedürfnis, bedrängende Regungen zu unterdrücken, zugrunde. In der vielbeachteten Abhandlung von ROKEACH (1960) beispielsweise wird unflexibles, eindimensionales und dogmatisches Denken und Handeln als Bemühen um emotionale und gedankliche Sicherheit beschrieben und auf eine rigide Persönlichkeitsstruktur zurückgeführt. Personen, die sich durch einen „geschlossenen" Geist auszeichnen fällt es – im Gegensatz zu Personen mit einem „offenen" Geist – schwer, Unbestimmtheit zu ertragen und damit konstruktiv umzugehen. Zentral angesprochen wird der Umgang mit Sicherheit auch mit Konzepten wie der *Freude am Denken* (CACIOPPO/PETTY/MORRIS 1983), dem *Bedürfnis nach Wissen* (der „epistemischen Motivation", FISKE 1992; KRUGLANSKI 2004) und in Theorien, die sich mit dem Bedürfnis nach valider Information (TROPE 1986) oder nach bestätigender Information (SWANN 1990) befassen. Dass die Informationssuche und Informationsverarbeitung nicht frei von „sachfremden" Motivationen sind, betont ja auch ganz generell die Theorie der kognitiven Dissonanz von FESTINGER (1957). In dieser Theorie gewinnt das Streben nach gedanklicher Ordnung geradezu den Status eines Fundamentalbedürfnisses.

Eine interessante Differenzierung zwischen unsicherheits- und *sicherheitsorientierten Personen* findet man bei SORRENTINO UND RONEY (2000).

Das wesentliche Unterscheidungsmerkmal ist dabei nicht, wie bei Rokeach, die „Rigidität" des Denkens, sondern ein je spezifisches Erkenntnisinteresse. Unsicherheitsorientierte sind danach vor allem am Erkenntnisprozess interessiert, insbesondere geht es ihnen darum, ein Verständnis
von sich selbst und ihrem Handlungsumfeld zu gewinnen. Sicherheitsorientierte haben dagegen vorrangig Interesse an Klarheit über sich und
ihr Umfeld. Weder die eine noch die andere Orientierung führt als solche
zu einem elaborierten Informationsverhalten. Es kommt vielmehr ganz
auf die Situation an, in der sich die Person befindet, das heißt am leis-
tungsfähigsten ist eine Person immer dann, wenn die Situation zu ihrer
Orientierung passt. In unsicheren Situationen verstärkt die Unsicherheits-
orientierung, in sicheren Situationen verstärkt dagegen die Sicherheitsorientierung die Handlungsbereitschaft. Gemeint ist mit der Handlungsbereitschaft sowohl eine ambitionierte Informationssuche als auch eine
gesteigerte Handlungsmotivation. Sicherheitsorientierte sind also nicht
notorische Denkvermeider. In Situationen, die nur von geringer Unsicherheit geprägt sind (sichere Situationen können durchaus komplizierte
oder auch komplexe Situationen sein), bemühen sie sich durchaus um
eine fundierte Informationssammlung und Informationsverarbeitung.
Umgekehrt zeigen Unsicherheitsorientierte in eher sicheren Situationen
weniger elaboriertes Informationsverhalten. Was die Handlungsseite angeht, hat die (Un-)Sicherheitsorientierung nur eine aktivierende, aber keine richtungsbestimmende Wirkung, d. h. Sicherheitsorientierte schenken
sicheren Situationen eine größere Aufmerksamkeit, Unsicherheitsorientierte dagegen werden stärker durch unsichere Situationen angesprochen.
Das letztlich daraus resultierende Verhalten wird allerdings von der jeweiligen Motivlage bestimmt. Unsicherheitsorientierte Personen werden z. B.
selbst in unsicheren Situationen keine besonderen Leistungsanstrengun-
gen zeigen, wenn sie gleichzeitig von der Furcht vor Misserfolg beseelt
sind. Die Sicherheitsorientierung bestimmt also lediglich die Aktivierung,
die Stärke der Zuwendung oder Abwendung von der Situation wird dagegen von dem emotionalen Gewinn bestimmt, den die Motivbefriedi-
gung verspricht.

　　Eine wesentliche Grunddisposition menschlichen Handelns ist die
Kontrollüberzeugung. Damit ist eine *generalisierte* Erwartung gemeint, die
zunächst immer zum Zuge kommt, und gegebenenfalls durch *spezifische,*
auf die konkrete Handlungssituation bezogene Erwartungen ergänzt oder
ersetzt wird. Rotter, von dem dieses Konzept stammt, unterscheidet zwi-

schen internaler und externaler Kontrolle. Personen, die dazu neigen, „externale" Ursachen für das Geschehen verantwortlich zu machen, glauben, dass sie auf die Ergebnisse ihres Handelns selbst nur wenig Einfluss haben. Anders beurteilen dies Personen, die internale Ursachen „attribuieren", sie gehen davon aus, dass sie das Geschehen sehr stark selbst beeinflussen können. Zwar ist die Kontrollüberzeugung primär ein kognitives Konzept, schließlich geht es bei Erwartungen zunächst einfach um mehr oder weniger realistische, sozusagen „leidenschaftslose" Beschreibungen der Realität. Tatsächlich wird aber jemand, der eine nur sehr schwach ausgeprägte Kontrollüberzeugung hat, diese Einschätzung auch häufig mit einem Gefühl der Machtlosigkeit verknüpfen, an dem er wiederum mehr (aufbegehrend) oder weniger (fatalistisch) leiden kann. Eng verwandt mit dem Rotterschen Konzept ist das Konstrukt der *Selbstwirksamkeit* (BANDURA 1986). Gemeint ist damit die Zuversicht in die eigenen Fähigkeiten. Der bloße Besitz von Fähigkeiten ist keine hinreichende Bedingung für den erwünschten Handlungserfolg, es kommt mindestens im selben Maße ebenso darauf an, die jeweiligen Fähigkeiten auch zu aktivieren, d.h. die notwendige Motivation aufzubringen, die geistigen Ressourcen zu mobilisieren und die richtigen Handlungsschritte zu ergreifen. Die Kontrollüberzeugung richtet sich also auf die Überzeugung, über die notwendigen Fähigkeiten zu verfügen und diese auch einsetzen zu können. Damit kommt der Kontrollüberzeugung vor allem eine starke motivationale Bedeutung zu, denn von zwei Personen mit gleichen Fähigkeiten wird die Person wirkungsvoller agieren, die von ihren Fähigkeiten stärker überzeugt ist.

Stabile Kontrollüberzeugungen gründen in positiven Erfahrungen, wobei allerdings „leichte" Erfolge kaum zählen, es kommt vielmehr auf die erfolgreiche Bewältigung anspruchsvoller Aufgaben an und auch darauf, dass man Rückschläge erlebt und dabei erfährt, dass diese durch eigene nicht nachlassende Anstrengungen überwunden werden können. Maßgeblichen Anteil am Herausbilden der Kontrollüberzeugungen haben auch die Beobachtungen, die jemandem zugänglich sind. Menschen orientieren sich an „Modellen" und übernehmen deren mehr oder weniger erfolgreiche Strategien. Außerdem vergleichen sie sich mit Menschen in ähnlichen Positionen und entwickeln hieraus, sofern der Vergleich für sie positiv ausfällt, auch eine erhöhte Kontrollerwartung. Wichtig ist außerdem, ob man bei seiner Aufgabenbewältigung Unterstützung erhält. Dabei geht es nicht darum, ob man ganz allgemein gelobt wird und mit Wohlwollen rechnen kann, sondern darauf, dass man eine realistische Ermuti-

gung erhält und dass man von seinem sozialen Umfeld anspruchsvolle
Aufgaben übertragen bekommt, deren Bewältigung einem Erfolgserlebnis-
se verschaffen. Ebenso wichtig ist allerdings, dass man nicht mit Aufgaben
konfrontiert wird, für die man noch nicht die notwendige Reife entwickelt
hat, weil sich damit unvermeidlich unproduktive Misserfolgserlebnisse
einstellen werden. Kontrollüberzeugungen wirken sich äußerst positiv auf
das Verhalten aus. Erwähnt wurde bereits die Steigerung der Motivationskraft, die sich in einem großen Leistungswillen niederschlägt, sowie in
einer besseren Ausdauer und in der Gelassenheit gegenüber Rückschlägen
und Niederlagen. Entsprechend leiden Personen mit einer hohen Selbst-
wirksamkeitswahrnehmung weniger unter Stress, sie neigen seltener zu
Resignation und Depression, malen sich eher positive als negative Zu-
kunftsbilder aus und sind damit auch eher proaktiv. Wie empirische Studien zeigen, stärkt Selbstwirksamkeit außerdem das analytische Denken.

3.1.4 Zusammenfassung

Neben den angeführten Konzepten finden sich in der Literatur sehr viele
weitere Beschreibungen von Unsicherheitsphänomenen. Die Vielfalt und
Vielschichtigkeit von Unsicherheit spiegelt sich nicht nur in der wissenschaftlichen Beschäftigung mit dieser Thematik, sondern bereits im Bedeu-
tungsspektrum, das die Sprache für Begriffe wie Sicherheit, Unsicherheit
und Ungewissheit bereithält (vgl. z. B. das Grimm'sche Wörterbuch). Einen
Eindruck hiervon geben folgende Begriffe, die in verschiedenen Verwen-
dungszusammenhängen das Adjektiv „unsicher" zum Ausdruck bringen:
fehlerhaft, gefährlich, schädlich, unbrauchbar, ungeschützt, beunruhigt,
unschlüssig, zögerlich, unwissend, ungenau, unpünktlich, unzuverlässig,
ehrlos, sprunghaft, moralisch bedenklich, schwach im Glauben, willensschwach, ungefestigt, ungebahnt, trügerisch, prekär, ungesichert, unbegründet, schwankend, zweideutig, spekulativ, haltlos, zweifelhaft, unklar,
unentschieden, gewissenlos, verlegen, wankelmütig, unbeständig, unstet,
unfähig, mutlos, undeutlich, unbekannt, unbestimmt, bedeutungsarm,
unberechenbar, unvorhersehbar, offen, zaghaft, ziellos.
    In Tabelle 3.1 sind einige der oben angesprochenen Konstrukte zur
Beschreibung der Unsicherheit nochmals zusammengestellt. Mit ihrer
Hilfe ist es zwar nicht möglich, die konkrete Vielgestaltigkeit des Unsicher-
heitsphänomens umfassend zu beschreiben, sie haben sich dessen unge-

Tab. 3.1: Formen der Unsicherheit

Form der Unsicherheit	Erläuterung	Beispiel: Verschlechterung der Schulnoten des Kindes
Informations-mangel	Fehlendes Wissen über Zustände und Ereignisse sowie über Zusammenhänge und Kausalitäten.	Lassen die Leistungen überall nach, sind es „nur" die schriftlichen oder auch die mündlichen Leistungen?
Risiko	Mehr oder weniger deutliche Wahrscheinlichkeitsvorstellungen.	Wie groß ist die Gefahr, dass bei Erhöhung des Leistungsdrucks durch die Eltern das Kind erst recht die Motivation verliert?
Präferenz-unsicherheit	Unkenntnis der eigenen (vor allem zukünftigen) Präferenzen.	Sind Schulleistungen wirklich so wichtig, wie die Lehrer anmahnen?
Undeutlichkeit	Unpräzises Wissen, „opake" Situation, schlecht definierte Ziele, unfokussierte Aufmerksamkeit.	Geht es um Noten oder um Leistung? Schwanken Leistungen nicht ohnehin, übertreibt der Ehepartner nicht?
Mehrdeutigkeit	Unterschiedliche Deutungsmöglichkeiten einer gegebenen Situation.	Liegt der Leistungsrückgang an mangelnden Fähigkeiten, an Faulheit, an uninspiriertem Unterricht, an den falschen Freunden?
Sinnlosigkeit	Die Entscheidungssituation hat keinen Bezug zu konkreten Erfahrungen bzw. zum Weltbild des Entscheiders.	Angesichts des Fleißes, der großen Fähigkeiten und dem starken Bemühen des Kindes machen die schlechten Noten überhaupt keinen Sinn.
Fehlende Ambiguitätstoleranz	Unsicherheit und Unklarheit sind schwer zu ertragen.	Wir müssen unbedingt und ohne Aufschub klärende Gespräche mit dem Kind, den Lehrern, den Schulkameraden führen.
Fehlende Selbstwirksamkeit	Pessimismus hinsichtlich der eigenen Fähigkeit, den Gang der Dinge zu beeinflussen.	Man hat als Eltern ohnehin keinen Einfluss auf die Kinder.
Unsicherheits-orientierung	Freude bei der Bemühung, etwas zu verstehen zu lernen.	Es wird interessant sein, herauszufinden, woran die Notenverschlechterung liegt.

achtet als brauchbare Konzepte für eine theoretisch fundierte Beschreibung der Entscheidung unter Unsicherheit bewährt.

3.2 Unsicherheitsverhalten

Welche Möglichkeiten haben Menschen, mit Unsicherheit umzugehen,
welche dieser Möglichkeiten ergreifen sie? Und warum? Auf einige Antworten zu diesen Fragen wird im Folgenden eingegangen.

Die am nächsten liegende Lösung der Unsicherheitsproblematik besteht zweifellos darin, *Unsicherheit zu beseitigen.* Entsprechende Versuche
(z. B. durch Informationssuche, durch Bemühungen, sich bestimmte
Kenntnisse und Fähigkeiten anzueignen, die einem dabei helfen, ein besseres Verständnis der Situation zu gewinnen usw.) sind aber nicht notwendigerweise erfolgreich und werden häufig auch gar nicht unternommen.
Gründe dafür kann man sich leicht denken, sie reichen von fehlenden
Mitteln, um die Unsicherheit zu beseitigen (keine Informationsquellen,
keine Zeit, mangelnde Fähigkeiten usw.) über persönliche Trägheit (Vermeiden der Mühen der Informationsbeschaffung, Scheu vor dem Kraft-
aufwand, der notwendig ist, um die Güte von Informationen zu prüfen
usw.) bis hin zu taktischen Erwägungen etwa derart, dass Unkenntnis im
Zweifel doch vor Strafe schützt (z. B. dann, wenn man überzeugend vorbringen kann, für fehlende Informationen nicht verantwortlich zu sein).
Wenn man aber keine Versuche unternimmt, die Unsicherheit zu beseitigen oder zumindest zu reduzieren, wie kann man dann mit der Unsicherheit umgehen? Man kann sie beispielsweise einfach *ignorieren.* Das geschieht laufend, wenngleich in unterschiedlichen Formen, unter anderem
dadurch, dass man unsichere Informationen schlicht in sichere Informationen umdeutet (zwar weiß man nichts Genaues, aber umso gewisser ist
der Glaube). Das ist aus moralischer Sicht häufig fragwürdig, aber intellektuelle Redlichkeit ist eben eine Tugend, und Tugenden werden bekanntlich zwar geschätzt, aber nicht so häufig auch gelebt. Eine andere Form der
Ignoranz besteht darin, bestimmten (fehlenden) Informationen die Relevanz abzusprechen, ein Vorgehen, das die Entscheidungsfindung sehr ver-
einfachen kann, aber dann doch auch zu der Frage führt, ob Ignoranz
vernünftig ist. Diese Frage stellt sich zumindest dann, wenn man davon
ausgeht, dass weniger Unsicherheit dazu führt, dass die Entscheidungs-

grundlage stabiler wird. Paradoxerweise existiert hier aber gar kein Widerspruch, denn die Hauptfunktion von Ignoranz besteht eben genau darin, nämlich Sicherheit zu vermitteln. Die Sicherheit, die sich aus Ignoranz herleitet, ergibt sich natürlich nicht aus einer objektiven Verbesserung der Voraussetzungen für eine gute Entscheidung, sondern aus der Festigung der emotionalen Sicherheit. Ignoranz beugt Verwirrungen vor, sie ist geeignet, Auffassungen zu schützen, die einem wichtig sind, und sie kann einen vor Informationen bewahren, die das Bild, das man von sich selbst hat, infrage stellen. Eine weitere auf Abwehr gerichtete Methode mit Unsicherheit umzugehen besteht in der *Verdrängung*. Verdrängung ist eine unvollkommene Form der Ignoranz. Zwar laufen beide Methoden auf dasselbe hinaus, beide Male geht es darum, den Tatbestand auszublenden, dass man auf unsicheren Grundlagen agiert, bei der Ignoranz gelingt dies aber besser, das Ärgernis gerät vollständig aus dem Blickfeld und man hat damit nichts mehr zu tun. Bei der Verdrängung muss dagegen, wie es ja der Wortsinn schon sagt, psychische Energie aufgebracht werden, um die unerwünschte Information aus dem Bewusstsein zu drängen und, da sich diese immer wieder Geltung verschaffen will, auch draußen zu halten.

Es gibt aber nicht nur negative Formen des Umgangs mit Unsicherheit. Man kann Unsicherheit auch *akzeptieren* – selbst wenn man sie nicht beseitigen kann. In diesem Fall stellt man sich gewissermaßen seiner Schwäche – und kann dann das Beste daraus machen. Dazu gehört, sich mental auf überraschende Entwicklungen einzustellen, etwa dadurch, dass man mögliche Entwicklungen in Gedanken durchspielt. Außerdem ist es ratsam, die sich dann tatsächlich ergebenden Entwicklungen genau zu beobachten. Daneben kann man Ressourcen bereitstellen (Zeit, Hilfsmittel, soziale Unterstützung), auf die man im Bedarfsfall zugreifen kann und schließlich sollte man selbst behutsam vorgehen, weil es so möglich wird, die Reaktionen des Umfeldes auf das eigene Handeln frühzeitig abzuschätzen.

3.2.1 Korrespondenzverhalten

In einer empirischen Studie gehen Lipshitz und Strauss (1997) der Frage nach, ob das Unsicherheitsverhalten von der Form der Unsicherheit abhängt. Die Teilnehmer an dieser Studie wurden darum gebeten, eine ausführliche Beschreibung einer konkreten durch Unsicherheit geprägten

Entscheidung aus ihrem Berufsalltag anzufertigen. Die Auswertung der Fallschilderungen erfolgte mit Hilfe eines Schemas, das 16 Formen der Unsicherheit sowie 12 Bewältigungstaktiken (d. h. Formen des Umgangs mit der Unsicherheit) umfasste. Die Analyse der gewonnenen Daten richtete sich auf die Gegenüberstellung der Unsicherheitssituationen und der Reaktionsweisen. Zu diesem Zweck wurden die ermittelten Unsicherheits- und Bewältigungsformen zu Gruppen zusammengefasst. Die wesentlichen Ergebnisse zeigt Tabelle 3.2.

Auf Situationen, die sie nicht richtig durchschauten („Verständnismangel"), reagierten die von Lipshitz und Strauss befragten Personen am häufigsten durch Suche nach zusätzlichen Informationen (zum Beispiel indem sie Dritte um Rat baten). Dieses Vorgehen wäre eigentlich auch (und vor allem) in Situationen zu erwarten gewesen, deren Unsicherheitspotenzial primär aus Informationsmangel entstand. Tatsächlich war hier die häufigste Reaktion aber das „Durchdenken" der Situation. Gemeint ist damit das Anfertigen mentaler Modelle von der Handlungssituation mit Hilfe der aktuell verfügbaren Informationen. Dabei wird – so Lipshitz und Strauss – den besser gesicherten Informationen ein größeres Gewicht beigemessen als den unsichereren Informationen, außerdem werden beim Durchdenken der Situation die jeweiligen Annahmen des Modells modifiziert, wenn man dabei auf neue Überlegungen stößt, beispielsweise wenn man feststellt, dass die verschiedenen Modellannahmen nicht miteinander vereinbar sind. Die dritte Unsicherheitssituation ist die des Entscheidungskonflikts, der im Wesentlichen durch Unsicherheit darüber gekennzeichnet ist, welche der verfügbaren Verhaltensalternativen die besseren Ergebnisse erbringt. Dass in dieser Situation das Abwägen von Pro- und Kontra-Argumenten eine besondere Bedeutung gewinnt, ist sicher nicht allzu überraschend.

Tabelle 3.2 gibt die Ergebnisse von LIPSHITZ/STRAUSS (1997) in vereinfachter und schematisierter Form wieder. Genannt sind nur die jeweils häufigsten Verhaltensweisen beim Umgang mit Unsicherheit. Tatsächlich finden sich aber in jeder der Unsicherheitssituationen auch die anderen Bewältigungsstrategien, d. h. auch beim Entscheidungskonflikt findet man (wenn auch relativ wenige) Personen, die primär z. B. auf zusätzliche Informationsbeschaffung setzen. Außerdem führen Lipshitz und Strauss zwei weitere Verhaltensstrategien an. Da ist zum einen das „vorbeugende Verhalten", womit – ähnlich wie oben beschrieben – die Vorbereitung auf möglicherweise notwendig werdende spezifische Reaktionsweisen gemeint

Tab. 3.2: Unsicherheitsformen und Reaktionsweisen

	Verständnis-mangel	Informations-mangel	Entscheidungs-konflikt
Informationen suchen	x		
Durchdenken		x	
Abwägen			x

ist. Dieses Verhaltensmuster findet man in allen der drei angeführten Unsicherheitssituationen relativ häufig. Sehr selten wird dagegen über das zweite noch zu erwähnende Verhaltensmuster der „Verdrängung" berichtet.

Lipshitz und Strauss nehmen ihre Ergebnisse zum Anlass, um eine komplexe Heuristik zu beschreiben, die Menschen bei ihrem Umgang mit der Unsicherheit angeblich verwenden. Als unzutreffend erscheint ihnen die von ihnen sogenannte R.Q.P.-Heuristik, die sie wie folgt beschreiben: „*Reduziere* Unsicherheit durch eine gewissenhafte Informationssuche, [...] *quantifiziere* die verbleibende Unsicherheit, *packe* das Ergebnis in ein formales Schema, das die Unsicherheit als eines der Auswahlkriterien für die verfügbaren Handlungsalternativen enthält" (LIPSHITZ/STRAUSS 1997, S. 152). Die R.A.W.F.S.-Heuristik, die sie der R.Q.P. kontrastierend gegenüberstellen, enthält die Elemente Unsicherheitsreduktion, womit vor allem die weitere Informationssuche gemeint ist (reduction), Durchdenken (assumption based reasoning), Abwägen (weighing pros and cons), vorbeugendes Verhalten (forestalling) und Verdrängung (suppression). Ausgangspunkt des Unsicherheitsverhaltens einer Person ist – so Lipshitz und Strauss – die Beantwortung der Frage, ob die Situation eindeutig ist. Falls dies der Fall sein sollte, prüft die Person, ob sie über eine hinreichend befriedigende Handlungsalternative verfügt, die sie dann auch ergreift. Falls keine befriedigende Handlungsalternative verfügbar ist, werden auch weniger befriedigende Handlungsalternativen betrachtet und es erfolgt eine Abwägung von deren Vorzügen und Nachteilen. Die bessere Alternative wird dann verwirklicht. Zeichnet sich jedoch keine eindeutig beste Alternative ab, kommt es zur Verdrängung der Unsicherheit oder zu vorbeugendem Verhalten oder zur Suche nach neuen Alternativen. Falls die erste der oben angeführten Prüfungen (ob die Situation eindeutig ist) negativ ausfällt, wird ein anderer Verhaltenspfad eingeschlagen. Geprüft wird in diesem Fall, ob zusätzliche Informationen verfügbar sind, die dann auch benutzt werden. Können keine zusätzlichen Informationen gewonnen werden, gibt man sich mit dem Durchdenken der Situation bzw. mit einem vorbeugenden Verhalten zufrieden. Man begnügt sich dann im Weiteren z. B. bei der Prüfung der verfügbaren Alternativen mit dem eingeschränkten Verständnis der Problemsituation, das man aus diesen vorbereitenden Schritten gewonnen hat.

Ob sich das menschliche Unsicherheitsverhalten tatsächlich in dieser Weise abspielt, sei dahingestellt. Zwei Dinge fallen an dem geschilderten Verhaltensprozess auf. Zum ersten unterstellen Lipshitz und Strauss ein einigermaßen rationales Vorgehen. Zwar geht es, anders als in der normativen Entscheidungstheorie, nicht gleich um die Prüfung der Alternativen. Diesem Analyseschritt vorgelagert ist vielmehr die Einschätzung der Handlungssituation, aber auch diesbezüglich erfolgt eine (subjektiv) rationale Beurteilung, d. h. es wird abgewogen, ob sich eine zusätzliche Beschaffung von Informationen lohnt oder ob man mit einem eingeschränkten Verständnis der Handlungssituation leben kann. Anschließend werden dann die Handlungsalternativen näher geprüft. Auch hier gibt es einen gewissen Unterschied zur normativen Entscheidungstheorie (bzw. der von ihr implizierten R.Q.P.-Heuristik), weil Personen, die die R.A.W.F.S.-Heuristik anwenden, nicht auf die Maximierung ihres Nutzens aus sind, sondern nur eine zufriedenstellende Lösung anstreben. Dessen ungeachtet geht es auch bei der Verwendung der R.A.W.F.S.-Heuristik um eine einigermaßen systematische Abschätzung der jeweiligen Vor- und Nachteile der Alternativen, so wie es das entscheidungstheoretische Grundkonzept ebenfalls vorsieht. Zum zweiten fällt der geringe Stellenwert ins Auge, den Lipshitz und Strauss den weniger rationalen Verhaltensweisen zuschreiben. Die Verdrängung der Unsicherheit ist innerhalb der beschriebenen Modellvorstellung lediglich eine Auffangalternative, sie kommt erst dann zum Zuge, wenn alle anderen Vorgehensweisen ausgereizt sind. Lipshitz und Strauss folgen damit, wie sie sagen, einem optimistischen Menschenbild. Ob Menschen tatsächlich so selten die Ausweichstrategien wählen, kann bezweifelt werden, möglicherweise ist der empirische Befund der Studie auf die natürliche Neigung der befragten Personen zurückzuführen, die eigene Irrationalität zu verleugnen. Die Autoren führen denn auch selbst aus, dass die Verdrängung der Unsicherheit häufiger anzutreffen sein dürfte, als ihre empirischen Ergebnisse zeigen. Verdrängung sei insbesondere dann zu erwarten, wenn die Unsicherheit ein beträchtliches Ausmaß erreicht.

3.2.2 Unsicherheitsstress

Unsicherheit ist ein starker Stressor. Das sieht man schon daran, dass Unsicherheit und Angst oft ein unzertrennliches Paar bilden. Auch in Sprichwörtern kommt das Bedrängende der Unsicherheit zu Wort, man denke nur an die merkwürdige Behauptung, ein Ende mit Schrecken sei besser als ein Schrecken ohne Ende. Man kann trotz dieser offenbaren Verknüpfung von Unsicherheit und Stress mit gutem Grund bezweifeln, dass Unsicherheit wirklich stressverursachend ist, denn worin könnte überhaupt eine konkret von ihr ausgehende Belastung bestehen? Man kann vorbringen, dass das Streben nach Sicherheit keinen festen Ort hat, dass Unsicherheit eine thematische Bindung braucht, um überhaupt ins Spiel zu kommen. Wie soll man sich denn ein frei umherstreunendes Sicherheitsstreben vorstellen und wie sollte sich aus einem derart diffusen Phänomen eine eigenständige und greifbare Verhaltenswirkung ergeben? Anders gesagt: Unsicherheit ist immer die Unsicherheit eines „Etwas" und es ist deswegen allenfalls dieses Etwas, das als Stressursache infrage kommt. Es ist – so die naheliegende Folgerung – nicht die Unsicherheit, sondern die Antizipation der Möglichkeit, dass sich etwas Negatives ereignen könnte, die den vermeintlichen Unsicherheitsstress hervorruft. Instruktiv sind diesbezüglich verschiedene Experimente, die sich mit der Frage befassen, ob sich der *Grad der Ungewissheit* über ein bevorstehendes unangenehmes Ereignis auf das Stressniveau auswirkt. In einem der Experimente wird den Versuchsteilnehmern mitgeteilt, sie würden demnächst einen Elektroschock erhalten, jedenfalls sei die Wahrscheinlichkeit dafür sehr hoch, nämlich 95 %. Eine zweite Gruppe bekommt die Ankündigung, der Elektroschock werde mit einer 50 %igen Wahrscheinlichkeit verabreicht und bei einer dritten Gruppe wird eine 5 %ige Wahrscheinlichkeit angekündigt. Man sollte meinen, dass die Beinahe-Gewissheit, einen Schock verpasst zu bekommen, am meisten Stressreaktionen auslöst und die eigentlich vernachlässigbare Wahrscheinlichkeit keine sonderlichen Gefühlsregungen erzeugt. Das Gegenteil ist der Fall: Gemessen an Indikatoren wie dem Wechsel der elektrischen Hautleitfähigkeit und der Pulsfrequenz erweist

sich die 5 %-Gruppe als deutlich am stärksten belastet (vgl. z. B. MONAT/
AVERILL/LAZARUS 1972). Die Psychologik verdrängt offenbar die rationale
Logik, die objektiv gesehen günstigere Situation, d. h. die Situation, in der
die Wahrscheinlichkeit einer „Bestrafung" deutlich geringer ist, erweist
sich als psychologisch ungünstiger als die Situation, in der das negative
Ereignis fast mit Sicherheit eintritt. Danach kommt es also nicht nur auf
die Belohnungs- bzw. Bestrafungserwartung an, das Ausmaß der Unsicherheit macht einen Unterschied, womit sich die Unsicherheit dann
doch als eine eigenständige Stressdeterminante erweist.

Dass dem so ist, weiß man aus dem Alltag, in dem Ungewissheit nicht
einfach zur Kenntnis genommen, sondern nicht selten als quälend erfahren wird, auch kennt jeder das Unbehagen, das Verwirrung auslösen
kann oder das leere Gefühl, das mit Ratlosigkeit verbunden ist. Entsprechend hat jede der im vorangegangenen Abschnitt behandelten Unsicherheitsformen ihre je eigene emotionale Unterfütterung. Unsicherheit im
Sinne fehlenden Wissens („Informationsmangel") bewegt uns in anderer
Weise als Unsicherheit im Sinne eines unzureichenden Begreifens („Ver-
stehensproblematik"). Nichtverstehen-Können erzeugt häufig vielschich-
tige und ins Diffuse gleitende emotionale Befindlichkeiten. Wer sich schon
einmal damit abgeplagt hat, über eine nur halb verstandene Sache (eine
mathematische Ableitung, eine verworrene Datenlage, den unerwarteten
„Schachzug" eines Kontrahenten usw.) mehr Klarheit zu gewinnen, kennt
die vielfältigen Formen von mentalem Stress, die Verstehensprobleme mit
sich bringen können: man unternimmt immer wieder neue Anläufe, um
zu einer Lösung zu gelangen, man verzettelt sich in Nebenaspekten, die
Gedanken kreisen immer wieder um denselben Lösungsansatz, den man
eigentlich schon als untauglich erkannt hat, man entschließt sich – um
endlich Ruhe zu haben – eine bestimmte Lösung für richtig zu halten,
gleichwohl „weiß" man, dass damit irgendetwas nicht stimmt. Statt sich
um wichtigere Angelegenheiten zu kümmern, kommt man dann doch
wieder auf das Problem zurück, nur um weitere erfolglose gedankliche
Schleifen zu drehen, um schließlich irgendwann zu einem Abschluss zu
kommen, sei er nun befriedigend oder auch nicht. Im Zuge dieser Vorgänge gibt es vielfach Anlässe, an den eigenen Fähigkeiten zu zweifeln („Mit
dieser Ableitung kommt doch eigentlich schon jeder mittelmäßige Schüler
zurecht!") – mit entsprechender Beeinträchtigung des Selbstbildes – und
manche sich im Zuge der Klärungsversuche auftuende Ungewissheiten
sind „ansteckend" („Wenn die Ableitung an dieser Stelle nicht stimmt, gibt

es dann nicht schon einen Fehler an einer früheren Stelle?"), was die Problemlage natürlich zusätzlich verkompliziert und nicht etwa entlastet. Überhaupt kann der Versuch, eine Situation, ein Problem, ein Geschehen besser verstehen zu wollen manche Überraschung hervorbringen, etwa wenn durch das Gewahrwerden von inhaltlichen Widersprüchen liebgewordene Anschauungen in Gefahr geraten oder wenn aufkommende Zweifel an der Glaubwürdigkeit einer Person einen dazu nötigen, über das Gefüge seiner sozialen Beziehungen neu nachzudenken. Angesichts derartiger Belastungen muss man sich nicht wundern, wenn es manchem primär drum zu tun ist, sich auf derartige Unsicherheit möglichst erst gar nicht einzulassen und sei es um den Preis der Realitätsverleugnung.

Während die Beschäftigung mit Verständnisproblemen in manche Untiefen und Strudel führen kann, präsentieren sich Wissensprobleme meist als wesentlich einfacher. Man kann fehlende Informationen wie ein Gut behandeln, das es zu beschaffen gilt und muss sich – soweit die Information irgendwo verfügbar ist – daher nicht selbst mit seiner Produktion herumschlagen. Außerdem kann man den „Preis" kalkulieren, den man für seine Beschaffung zu zahlen bereit ist, was einen einigermaßen rationalen Umgang mit fehlenden Informationen ermöglicht. Der Preis hat manchmal eine rein monetäre Gestalt (etwa in Form von Beschaffungskosten), manchmal drückt er sich in der aufgewendeten Zeit aus, die benötigt wird, um an die fehlende Information heranzukommen und manchmal besteht er in psychologischer Währung, zum Beispiel in Form geduldigen Abwartens, bis eine sehnlich erhoffte Nachricht endlich eintrifft. Diese „Informationskosten" können beträchtliche Ausmaße annehmen und damit durchaus auch zu erheblichen Belastungen führen. Die emotionale Seite macht allerdings weniger Schwierigkeiten, sie hat jedenfalls eine klare Kontur, denn während mit Verständnisproblemen eine zunehmende Verunsicherung einhergehen kann, ist der primäre Affekt fehlender Informationen der Ärger, ein recht schlichtes Gefühl, das sich mit dem Verlangen verknüpft, den Mangelzustand möglichst rasch und ohne Umstände „zu beseitigen".

Zu einer abgerundeten Einschätzung der Stresswirkungen von Unsicherheit gehört die Feststellung, dass Unsicherheit nicht nur und nicht immer als belastend empfunden wird. Menschen suchen mitunter den Kitzel des Neuen, Ungewohnten, Fremden, sie lassen sich gern überraschen, sie wollen bewusst nicht viel über ihre Entscheidungen nachdenken, sondern vertrauen darauf, dass ihnen das Geschick schon irgendwie gewogen sein wird usw. Die Frage, die sich hieran anschließt, ist natürlich, welche Umstände und welche persönlichen Voraussetzungen Unsicherheit und Ungewissheit zu einer Belastung werden lassen. Diese Frage lässt sich am besten im Rahmen einer allgemeinen Handlungstheorie beantworten, worauf im vorliegenden Buch später eingegangen wird. Angemerkt sei schließlich auch, dass Ungewissheitsstress offenbar nur mit negativ bewerteten Geschehnissen verbunden ist, Ungewissheiten mit einem positiven Hintergrund, also sozusagen „positive, gleichwohl ungewisse Erwartungen" (Beispiele hierfür sind Wunschvorstellungen oder Hoffnungen) erzeugen keinen Stress, sie wirken vielmehr stressvermindernd.

3.2.3 Unsicherheitsdefekte

Setzt ein Arzt bei der Erläuterung seiner Diagnose eine unentschlossene Miene auf, dann sollte er nicht erwarten, dass ihn seine Patienten deswegen für einen besonnenen und nachdenklichen Menschen halten, viel häufiger weckt seine Unentschiedenheit Zweifel an seiner fachlichen Kompetenz. Dabei sollte Unsicherheit kein Makel sein. Im Gegenteil, das Eingeständnis, dass man sich seiner Sache nicht ganz sicher ist, ist nachgerade die Voraussetzung dafür, dass man sie neu durchdenkt und damit eventuell verbessert. Dieses Eingeständnis fällt dummerweise nicht leicht, weder gegenüber Dritten noch gegenüber sich selbst. Menschen streben nicht unbedingt nach tatsächlicher Sicherheit, was sie aber wollen, ist das Gefühl der Sicherheit, zumal in bedrohlichen Situationen und bei Entscheidungen, bei denen viel auf dem Spiel steht. Es ist daher nicht erstaunlich, dass sicheres Auftreten häufig als Ausdruck von Stärke gilt, obwohl es oft nur erhebliche Schwächen verbirgt. Darin steckt ein gewisses Paradox: je unsicherer die Lage ist, desto mehr Sicherheit wird zur Schau getragen. Die dahinter steckende Absicht ist klar und der (zweifelhafte) Erfolg wird manchmal auch erreicht: es geht um die Rückgewinnung von subjektiver Sicherheit und seien deren Grundlagen noch so illusorisch. Nun ist trotziges Beharren auf vermeintlicher Sicherheit nur eine von vielen unergiebigen bis schädlichen Verhaltenstendenzen, deren Ursachen in substanziellen Unsicherheiten zu suchen sind. Im strengen Sinne kann man sogar sagen, dass sämtliche Entscheidungsdefekte in Unbestimmtheit und Ungewissheit gründen, denn schließlich sind es ja die beschränkten Einsichten, die für fehlerträchtige Entscheidungen verantwortlich sind. Im

Folgenden werden einige Irrationalitäten, die primär mit dem Unsicherheits*gefühl* zusammenhängen, dargestellt.

Informationsfehldosierung

Manchmal denkt man etwas resigniert: „Es kann alles falsch sein". Das gilt selbst für eine zunächst so einleuchtende Maxime wie die, dass man sich möglichst umfassend Klarheit über eine Handlungssituation verschaffen sollte und zwar umso mehr, je komplexer das Problem ist, mit dem man es zu tun hat. Bekanntlich tun sich Menschen im Umgang mit komplexen Problemen schwer und zwar einfach deswegen, weil man die relevanten Wirkungszusammenhänge nicht vollständig überblickt. Was also wäre besser, als dem durch ein Überdenken der Problematik und durch zusätzliche Informationssammlung abzuhelfen? Tatsächlich ist dies normalerweise auch die richtige Strategie und zwar selbst dann – oder vielmehr gerade dann – wenn ein hoher Entscheidungsdruck vorliegt und eigentlich nicht viel Zeit zum Nachdenken bleibt. Man sollte lieber die Nachteile, die aus einer verzögerten Handlung entstehen, tragen, als in einen kurzsichtigen oder gar blinden Aktionismus zu verfallen, denn die Nachteile einer verzögerten Entscheidung erweisen sich meist als wesentlich erträglicher als die Folgekosten, die dadurch entstehen, dass man auf der Grundlage eines wenig durchdachten Ansatzes oder gar aufgrund intuitiver Anmutungen an den Anforderungen der Situation vorbei handelt. Dietrich Dörner hat sich in instruktiven Studien mit dem fehlerbehafteten Umgang mit komplexen Problemen beschäftigt und kommt im Wesentlichen zu derselben Auffassung, es ist danach allemal sinnvoll, sich ein verlässliches Bild von der Handlungssituation zu verschaffen, sich also gründlich zu informieren, bevor man eine Entscheidung trifft. Allerdings gibt es auch Befunde, die dieser Einsicht zu widersprechen scheinen. So stellt sich in dem Dörnerschen Lohausen-Experiment (es geht hierbei um die Simulation von Entscheidungen zur Lenkung der Geschicke einer Stadtgemeinde) heraus, dass die Versuchspersonen, die sich besonders intensiv mit der Klärung von Zusammenhängen beschäftigen, im Durchschnitt schlechtere Entscheidungen treffen als jene Probanden, die weniger reflektierend agieren, also eine nicht sonderlich informationsgetränkte Entscheidungsfreude zeigen.

Dörner führt die einander widerstreitenden Befunde auf den jeweils

gegebenen Zeitdruck zurück. Die Zusammenhänge sind aber genau anders
herum zu verstehen, als man landläufig vermutet: Zeitdruck verführt zwar
dazu, rasch und ohne tiefgreifende Recherchen zu entscheiden, diese In-
formierungsscheu ist aber eigentlich nicht zu entschuldigen, denn sie führt
zu schlechteren Entscheidungen als wenn man sich trotz des Handlungs-
druckes Zeit für die Informationssuche und -aufbereitung nimmt. Umgekehrt verführt ein großes Zeitpolster dazu, sich in der Analyse zu verlieren
und die Notwendigkeit, trotz verbleibender Unsicherheiten zu einer Entscheidung zu kommen, herunterzuspielen.

> „Die ‚schlechten‘ Versuchspersonen reagierten [in der Zeitdruck-Situa-
> tion] mit Informationsverweigerung und Aktionismus, wohingegen sie
> auf den geringen Zeitdruck der Lohhausen-Situation mit exzessiver In-
> formationssammlung, einer sich daraus verstärkenden Unsicherheit,
> weiterer Informationssammlung und Entscheidungsvermeidung rea-
> gierten." (DÖRNER 1989, S. 152 f.)

Dörner spricht von einer positiven Rückkopplung zwischen Informationssammlung und Unsicherheitserhöhung. Gemeint ist damit, dass zusätzliche Informationen die Unsicherheit (genauer wohl: das Unsicherheits-
gefühl) verstärken können, was den Wunsch nach weiteren Informationen
anstachelt, wodurch sich die Unsicherheit noch mehr verstärkt usw. Am
Ende dieses sich aufschaukelnden Prozesses stehen oft unberechenbare
„Ausbrüche", man trifft z. B. die nächstbeste Entscheidung, nur um den
zunehmenden Handlungsdruck abzuschütteln, oder man begnügt sich
mit der Lösung von unwichtigen Detailproblemen. Es kann auch sein, dass
man sich völlig aus der Entscheidungsarena verabschiedet, sich gegen jed-
wede weitere Information abschottet und konsequenterweise auch die Folgen seiner Handlungen bzw. Unterlassungen ignoriert usw. Informationen
sind also nicht nur hilfreich, sie können auch belastend sein, und sei es
allein dadurch, dass sie einem vor Augen führen, wie wenig man wirklich
verstanden hat. Etwas bissig schreibt Dörner:

> „Je mehr man weiß, desto mehr weiß man auch, was man nicht weiß. Es
> ist wohl nicht von ungefähr, dass sich unter den Politikern so wenig
> Wissenschaftler finden." (Ebd., S. 145)

Abb. 3.1: Falscher Umgang mit Unsicherheit in komplexen Situationen

Nun mag es in der Tat so sein, dass zwischen Information und Unsicherheit positive Rückkopplungen entstehen, dessen ungeachtet ist es in aller Regel besser, wenn man seine Entscheidungen auf einer möglichst breiten Informationsbasis trifft. Außerdem gibt es keine Zwangsläufigkeit, die einen zu einem übertriebenen Umgang mit Informationen zwingt, d. h. in der Abwägung der Frage, ob es sich lohnt, sich um zusätzliche Informationen zu bemühen, kann man durchaus rationale Gesichtspunkte zur Geltung bringen. Gleichwohl gibt es die Versuchung, situationsbedingt das Falsche zu tun, weil Zeitdruck die Notwendigkeit gründlicher Analyse bagatellisiert, Zeitsouveränität dagegen Raum für Weitschweifigkeit schafft.

Man ist den beiden Gefahren aber nicht wirklich „ausgeliefert", d. h. man kann und sollte sich darum bemühen, die angemessene Balance zwischen Analyse und Aktion zu finden.

Abergläubische Praktiken

Unsicherheit ist eine ergiebige Quelle des Aberglaubens. Der banale Grund mag darin liegen, dass Menschen mit Unsicherheit schlecht leben können und daher, statt die Unsicherheit „auszuhalten", lieber an irgendetwas glauben, sofern es ihnen nur Sicherheit verspricht. Die etwas weniger banalen Gründe speisen sich aus dem mit der Unsicherheit verknüpften Kontrollverlust. Abergläubische Praktiken sind gewissermaßen Mittel, um verlorene Handlungskontrolle zurückzugewinnen. Sehr ambitioniert – und erheblich irrational – ist dabei das Unterfangen, durch bestimmte Gedanken und Riten „primäre Kontrolle" ausüben zu wollen. Dahinter steckt die magische Vorstellung, man könne durch das Befolgen bestimmter ritueller Handlungen den Geschehensablauf tatsächlich und „materiell" beeinflussen. Etwas bescheidener und etwas weniger (gleichwohl immer noch erheblich) irrational ist es, durch sein abergläubisches Tun „sekundäre Kontrolle" gewinnen zu wollen. Bei der sekundären Kontrolle geht es nicht um eine unmittelbare Beeinflussung der Wirklichkeit, sondern um einen psychologischen Effekt, nämlich um die Rückgewinnung des Gefühls, etwas bewirken zu können. In einem gewissen Sinn lässt sich diese Art abergläubischer Praxis nachvollziehen, weil sie darauf gerichtet ist, dem Gefühl der Macht- oder Hilflosigkeit zu entrinnen. Von einem logischen Standpunkt her betrachtet wirkt diese reduzierte Form abergläubischer Praxis allerdings etwas scheinheilig, denn wenn man nicht an einen wie immer gearteten realen Effekt seiner Praktiken, also nicht an eine durch sie mögliche primäre Kontrolle glaubt, was begründet dann den Glauben daran, dass sie auf einen selbst eine Wirkung haben können? Tatsächlich ist die Situation noch verworrener, weil nicht wenige Menschen, die abergläubische Handlungen vollführen, nicht einmal das glauben, also weder von einer materiellen noch von einer mentalen Wirkung ihrer Praktiken ausgehen. Einen interessanten Erklärungsversuch dieses Aberglaubens ohne Wirkungsvermutung liefert Colin Campbell. Ihm zufolge geht es bei dieser Form des Aberglaubens nicht um eine unmittelbare Zweck-Mittel-Beziehung, sondern um eine symbolische Selbstvergewisserung, man bestätigt sich gewissermaßen, auch in hoffnungslosen Lagen noch handlungsfähig zu sein (CAMPBELL 1996).

Wie auch immer, die Neigung abergläubische Vorstellungen zu hegen, steigt, je größer die Not ist und je geringer der eigene Einfluss ist, das Geschehen zu beeinflussen. Insofern ist Aberglauben keine Eigenheit nur bestimmter Personen oder bestimmter „rückständiger" Gesellschaften. So berichtet beispielsweise Bronislaw Malinowski in seiner berühmten Studie zwar von erheblichem Aberglauben des Südseevolks der Trobriander, gleichwohl war deren Alltag nicht von Aberglauben durchsetzt, sondern beruhte normalerweise auf rationalen, wohlbekannten und technisch gut beherrschten Praktiken. Exemplarisch zeigte sich diese scheinbare Widersprüchlichkeit beim Fischfang, soweit es nämlich um das unspektakuläre Fischen in der Lagune ging, wurde auf den Einsatz magischer Praktiken völlig verzichtet, das ungleich gefährlichere Fischen in der Tiefsee wurde dagegen von umfangreichen Zeremonien begleitet (MALINOWSKI 1922; 1954).

Es ist sicher kein Zufall, dass Ausbrüche des Massenwahns (Hexenglaube, Endzeitphantasien, Religionskriege) normalerweise in Zeiten der Verunsicherung geschehen. Ähnliches gilt für die einzelne Person: niemals ist sie anfälliger für Aberglauben als in Zeiten der Bedrängnis: wem die Ärzte keine Hilfe mehr gewähren, der sucht Hilfe auch mit Mitteln, die er als Gesunder allenfalls verspottet hat, wer in höchster Lebensgefahr schwebt, fleht um höheren Beistand, und wer sich von allen und allem verlassen fühlt, wer sein Leben als einziger Misserfolg erfährt, wer die Welt nicht mehr versteht, nimmt Zuflucht zu den abenteuerlichsten Heilsgeschichten. Aber natürlich muss das nicht so sein, Unsicherheit und Verunsicherung veranlassen nicht alle Menschen, Zuflucht durch Realitätsflucht zu suchen. Auch wenn es schwer sein mag, nicht wenigen Menschen gelingt es, selbst existentielle Ungewissheit zu ertragen ohne sich mithilfe des Aberglaubens beruhigen zu müssen (wobei die Anmerkung gestattet sei, dass es andere und wirksamere Mittel als den Aberglauben gibt, um verlorene Verhaltenssicherheit zurückzugewinnen).

Unsicherheit ist also keine hinreichende Bedingung des Aberglaubens, sie ist im Übrigen auch keine notwendige Bedingung, denn worin sollte beispielsweise die Unsicherheit von Spitzensportlern gründen, Personen, die sich – sozusagen definitionsgemäß – durch eine außerordentliche Kompetenz auszeichnen? Gleichwohl sind gerade in dieser Personengruppe abergläubische Rituale häufig anzutreffen. Begründet liegt dies aber weniger im Bemühen der Sportler, mögliche Zweifel an den eigenen Fähigkeiten einzudämmen, es geht ihnen wohl eher um eine Art Beschwörung des Geschicks, vergleichbar etwa mit den alten Germanen, die den Wettergott beschworen, ihnen die Ernte nicht zu verhageln. Ein weiterer Grund für die Ausübung abergläubischer Praktiken ergibt sich aus dem Tatbestand, dass diese häufig in überkommene Traditionen eingebettet sind und mit diesen sozusagen gewohnheitsmäßig mitgeschleppt werden. Die nicht selten gemeinschaftlich vollzogene Ritualpraxis vermittelt ein „gutes Gefühl": eine Motivationsquelle, die ja nicht wenige der Verhaltensweisen, die ohne sonderlich tiefgründige Gedankenarbeit ablaufen, versorgt und damit auch gedankenlosen Aberglauben trägt. Wenn zur Jagd geblasen wird und wenn sich Fussballer beim Elfmeterschießen zu Umarmungsketten formieren, wenn Brautjungfern der Braut aufwarten und die Brautleute mit Reis beworfen werden, wenn Priester vor der Schlacht die Kanonen segnen und wenn vor dem Sturmangriff die Nationalhymne gesungen wird, dann sind das alles harmlose und nicht so harmlose Rituale, die man nicht unterlassen darf, auch wenn sie keine wirkliche inhaltliche Funktion haben.

Eine nicht unbedeutende Problematik liegt darin, dass sich abergläubisches Tun und Trachten normalerweise nicht in seiner bloßen Gestalt zeigt, sondern in Glaubenssysteme eingebunden ist, die sich als Gemengelage von Werthaltungen, Postulaten und Maximen, Überzeugungen,

Denkstilen, Wissen und Halbwissen präsentieren und in denen begründeter Glaube und haltloser Aberglaube manchmal fast untrennbar miteinander verschmelzen. Das macht die Analyse des Aberglaubens gleichzeitig
schwierig und interessant.

Festgehalten sei, bezogen auf unsere eigentliche Thematik – und ähnlich wie im vorangegangenen Abschnitt – dass Unsicherheit zwar das
rationale Verhalten bedrohen kann, aber nicht muss, es gibt keinen Deter-
minismus, der aus dem Sicherheitsverlangen der Menschen blanke Irrationalität erzeugt.

Rechtbehalten

Haben sich Menschen erst einmal mitunter mühsam eine Meinung gebil-
det, dann geben sie sie nur ungern wieder auf. Diskutiert wird dieses Phänomen unter dem Begriff Bestätigungstendenz („confirmation bias", WA-
SON 1960), womit das unangemessene Auspolstern von Überzeugungen
bezeichnet werden soll. Das entscheidende Wort ist hierbei „unangemessen", weil es durchaus „angemessen" ist, seine Überzeugungen nicht
schutzlos jedem mehr oder weniger zufällig auftauchenden Gegenargu-
ment auszusetzen. Es ist im Gegenteil geradezu unvernünftig, eine gut
begründete Auffassung so ohne weiteres über Bord zu werfen, nur weil es
auch Überlegungen gibt, die Zweifel an dieser Auffassung begründen
könnten. Leider wird diese Überlegung aber häufig überstrapaziert, und
die Schwierigkeit, die Qualität von Argumenten oder auch von empirischen Befunden abschließend beurteilen zu können, wird gern benutzt,
um ein Beharren auf eigentlich unhaltbare Überzeugungen als vernünftig
hinzustellen. Dies gilt zum Beispiel auch und nicht zuletzt in der Wissenschaft, die sich ja eigentlich um die Verbesserung des Wissens bemühen
sollte, dabei jedoch nicht selten ebenfalls in manchmal geradezu doktrinär
verteidigten Vorstellungen verharrt. Der erste Philosoph der Neuzeit, der
Wissenschaftler und „Wissenschaftstheoretiker" Francis Bacon beschrieb
die fatale Bestätigungstendenz bereits im 17. Jahrhundert:

> „Der menschliche Verstand zieht in das, was einmal sein Wohlgefallen
> erregt hat [...] auch alles andere mit hinein, damit es jenes bestätige und
> mit ihm übereinstimme. Und wenn auch die Bedeutung und Anzahl der
> entgegengesetzten Fälle größer ist, so beachtet er sie nicht, oder verach-

tet sie, schafft sie durch Haarspalterei beiseite und verwirft sie, nicht ohne schwerwiegendes und verderbliches Vorurteil, nur damit dadurch das Ansehen jener alten fehlerhaften Beziehungen unangetastet bleibe." (BACON 1620; 1990, S. 107)

Ein Beispiel aus der neueren Wissenschaftsgeschichte betrifft eine Theorie, die die moderne Physik – paradoxerweise trotz empirisch zunächst zweifelhafter Befunde – revolutionierte. Im Jahr 1919 unternahmen britische Forscher eine Expedition nach Westafrika, um anlässlich einer Sonnenfinsternis die Einsteinsche Gravitationstheorie zu prüfen. Die Messung galt als grandiose Bestätigung der Theorie. Einstein kommentierte die Nachricht über diesen Befund mit der trockenen Bemerkung, er habe nichts anderes erwartet. Tatsächlich stellte sich nachträglich heraus, dass der Messfehler mindestens ebenso groß war wie der gemessene Effekt: „Die Messung des Britischen Teams war reines Glück oder ein Beispiel dafür, dass man das gewünschte Ergebnis auch ermittelt, ein nicht seltenes Vorkommnis in der Wissenschaft" (HAWKING 1988, S. 32).

Bestätigungseffekte kennt vermutlich jeder aus seiner Alltagserfahrung. Ein Beispiel ist die Neigung vieler Menschen, Befindlichkeitsstörungen mit der Wetterlage in Zusammenhang zu bringen und sich über die Haltlosigkeit dieser Behauptung – trotz zahlreicher Gelegenheiten – nicht empirisch belehren zu lassen. Ähnlich schreibt man oft einer favorisierten medizinischen Behandlung große Wirkungskraft zu, ohne diese wirklich zu prüfen. Stattdessen begnügt man sich mit dem Augenschein, wonach es einem in Folge der Behandlung doch ganz offensichtlich besser geht und beachtet dabei nicht, dass sich eine Besserung oft ganz von selbst („spontan") einstellt. Die Wirksamkeit der Bestätigungsneigung wurde selbst im Gerichtssaal nachgewiesen. Wie Studien zeigen, bilden sich die Prozessbeteiligten schon sehr früh ihr Urteil, das sie dann im Zuge des Prozessverlaufs nur selten revidieren. Erklären lässt sich dieser fatale Tatbestand durch einen Einstellungseffekt: Die Festlegung auf ein Urteil führt dazu, dass man die Geschehnisse im Verhandlungsverlauf nicht mehr neutral betrachtet, sondern vor allem auf Anhaltspunkte achtet, die das eigene Urteil bestätigen. In eine ähnliche Richtung weisen Studien, die zeigen, dass die jeweilige Einstellung zur Todesstrafe durch Ergebnisse empirischer Untersuchungen über die abschreckende Wirkung der Todesstrafe nicht nur nicht korrigiert, sondern sogar noch *verstärkt* wird. Erklären lässt sich dies dadurch, dass die interpretationsbedürftige Befundlage sowohl von den Befürwortern als auch von den Gegnern der Todesstrafe jeweils im Sinne ihrer vorgeprägten Auffassung ausgelegt wird. Der Bestätigungseffekt zeigt sich auch im ökonomischen Bereich, zum Beispiel bei der Markentreue. Einen schönen Eindruck von der Irrationalität, die sich hier einstellen kann, vermittelt ein Studienergebnis der Verhaltensforscher Wittink und Guah, wonach loyale Mercedeskäufer im Durchschnitt $ 7.410 mehr bei der Anschaffung ihres neuen Mercedes zahlten als Personen, die von anderen Marken zu Mercedes wechselten (zitiert nach BELSKY/GILOVIC 1999).

Und um auf die Wissenschaft zurückzukommen, gerade hier, in diesem von ihrem Anspruch her „kritischen" Unternehmen, finden sich zahllose Beispiele für Protagonisten, die an ihren offensichtlich defekten Theorien festhalten. Nicht nur die Alltagswelt, sondern auch die Fachwelt hatte nicht unerhebliche Mühen, umwälzende Einsichten der Naturwissenschaften (Abkehr vom geozentrischen Weltbild, Darwins Evolutionstheorie, Mikrobentheorie, Atommodelle usw.) zu akzeptieren. Selbst die Größen der Wissenschaftsgeschichte haben sich hartnäckig gegen Theorien verwendet, deren einziger Makel darin bestand, dass sie ihren eigenen Auffassungen entgegenstanden (Galilei gegen Kepler, Huygens gegen Newton, Einstein gegen Heisenberg usw., vgl. u. a. BARBER 1961; NICKERSON 1998). Was für die Naturwissenschaften gilt, trifft noch wesentlich stärker auf die Humanwissenschaften zu, man denke nur an die traurige Geschichte der Psychoanalyse mit ihren Glaubenskämpfen.

Wissenschaftler übersehen geflissentlich nicht selten selbst *die* empirische Evidenz, die sie selbst ermittelt haben – sofern diese gegen ihre eigenen Hypothesen spricht. Von Michael Faraday beispielsweise wird berichtet, dass er ganz bewusst und ohne schlechtes Gewissen nur auf die Ergebnisse geachtet hat, die seinen Vorstellungen entgegenkamen. Und dass die Bestätigungstendenz nicht einmal vor den Institutionen haltmacht, die eigentlich dazu gedacht sind, dem kritischen Geist der Wissenschaft Gehör zu verschaffen, sieht man an den neuerdings so sehr propagierten Review-Verfahren, die den Wert einer Studie davon abhängig machen, ob sie ein strenges Begutachtungsverfahren durchlaufen haben („je strenger, desto besser, d. h. desto angesehener"). Wie kaum anders zu erwarten war, zeigen einschlägige Studien, dass sich die Gutachter bei der Beurteilung der eingereichten Beiträge nicht unbedingt von deren objektiver Qualität, sondern ganz erheblich von ihren eigenen Vorlieben leiten lassen (MAHONEY 1977).

Das Grundmuster der Bestätigungstendenz besteht darin, dass man Informationen, die die eigene Auffassung stützen, besonders beachtet und höher gewichtet als Informationen, die der eigenen Auffassung entgegenstehen, diese wird man eher meiden und in ihrer Bedeutung herunterspielen. Eine interessante Variante der Bestätigungstendenz besteht darin, nur eine einzige Hypothese (nämlich die eigene) überhaupt in Betracht zu ziehen, das nimmt anderen Auffassungen von vornherein jede Chance, zur Geltung zu kommen. Wer beispielsweise glaubt, sein Kind sei unbegabt, wird ihm keine besondere Förderung zukommen lassen, ein Verhalten, das zwangsläufig dazu führt, das das (Vor-)Urteil bestätigt wird.

Eine andere Form der Bestätigungstendenz ergibt sich aus der Neigung des Menschen, bevorzugt auf „positive" Fälle zu achten (diese Neigung wird häufig als „positivity bias" bezeichnet). Dahinter steht meist keine verquere Absicht, vermutlich ist dies die natürliche Art, wie Menschen ihre Vermutungen prüfen: sie schauen nicht primär danach, was gegen die eigenen Hypothesen spricht, sondern suchen nach „Anwendungsfällen" für ihre Hypothesen und schließen, wenn sie welche finden, auf die Brauchbarkeit und implizit auf die Bewährung ihrer Hypothesen. Wenn man beispielsweise Ärger mit einem technischen Gerät hat („Der Beamer zeigt das Computerbild nicht"), wird man zunächst die eine oder andere vage Idee über die mögliche Ursache entwickeln („Der Beamer muss vor dem Computer angeschaltet werden"), erweist sich eine aufgrund dieser Überlegungen ergriffene Maßnahme als erfolgreich (Einhalten einer bestimmten Reihenfolge in der Gerätebedienung) wird man normalerweise kaum den Ehrgeiz entwickeln, nach einer wie immer gearteten besseren Theorie zu suchen. In der Erkenntnistheorie wird ein derartiges Verhalten als induktives Vorgehen bezeichnet. Psychologisch gesehen hat es tatsächlich etliche Vorzüge, was seine Leistungsfähigkeit für den Erwerb fundierter Kenntnisse angeht, kann es sich mit einem deduktiven (und strengen) Prüfverhalten allerdings nicht messen.

Eine sehr starke Form der Bestätigungstendenz ergibt sich aus dem Streben, die eigenen Auffassungen gegen mögliche Widerlegungen zu immunisieren. Man wird dies besonders bei Überzeugungen tun, die einem besonders wichtig sind, z.B. weil sie sich eng mit dem eigenen Selbstverständnis verbinden. Eine der vielen Möglichkeiten der Immunisierung besteht darin, mögliche Einwände zu antizipieren und durch präparierte Gegeneinwände zu entkräften, eine Vorgehensweise, die von praktisch allen Ideologiegemeinschaften bei der Kaderschulung systematisch eingeübt wird. Eine abgeschwächte Variante der Immunisierungsstrategie ist die Assimilationsstrategie, sie ist darauf ausgerichtet, widerspenstige, mit den eigenen Auffassungen nicht voll verträgliche Informationen soweit „anzupassen", bis sie sich in die präferierte Vorstellungswelt einfügen.

Zu guter Letzt sei die vielleicht radikalste Variante der Bestätigungstendenz erwähnt. Sie lässt sich am besten durch die Maxime „Schau wonach du schaust!" beschreiben. Wer mit kriminalistischem Eifer nach Fällen sucht, die die eigenen Anschauungen beschädigen, wird eigentlich fast immer erfolgreich sein, umgekehrt kann man sich gegen Widerlegungen der eigenen Anschauungen schützen, indem man schlichtweg auf kritisches Nachdenken oder Recherchen verzichtet. Um noch mindestens eine Größenordnung wirkungsvoller sind Strategien, die darauf ausgerichtet sind, schon im Vorfeld jeder Gelegenheit auszuweichen, die einen mit kritischen Einwänden konfrontieren könnte. Man treibt sich lieber nicht in den Gefilden ungesicherter Erfahrungen herum, und schon gar nicht empfiehlt sich die schlechte Gesellschaft zynischer Sophisten. Am besten gedeihen eigene Anschauungen in einem von allen externen Einflüssen abgeschotteten Meinungsbiotop, zu dem nur Gleichgesinnte Zugang erhalten, in dem nur kanonische Schriften gelesen werden und in dem die Gesinnung mehr zählt als Wissen. Die Strategie dieser gewissermaßen „ökologischen" Kritikvermeidung wird perfekt durch die oben angeführte Immunisierungsstrategie ergänzt, insbesondere wenn autorisierte Lehrer, Schriftausleger und Heilsagenten professionelle Hilfe bei der Bewältigung verstörender Erfahrungen und fremden Gedankenguts bieten.

Die vielfach belegte und nicht selten starke Neigung zur Bewahrung überkommener Vorstellungen passt nicht zum Bild eines aufgeklärten, der Erkenntnis zugewandten Menschen. Den gibt es schließlich auch, und es ist daher nicht angebracht, das Rechthaben- und Rechtbehaltenwollen als Beleg für ein durch und durch von Verunsicherungsangst korrumpiertes Denken auszuspielen. Ergiebiger ist es, die Bestätigungsneigung zu hinterfragen und darüber nachzudenken, warum sie manchmal äußerst veränderungsresistent ist.

Die Forschung bringt hierfür eine ganze Reihe von Ursachen ins Spiel. Diese sind sowohl im Bereich menschlicher Antriebe als auch in den Eigenheiten menschlichen Denkens verankert (HAGER/WEISSMANN 1991; NICKERSON 1998; BÖRDLEIN 2000). Ein gewissermaßen existentieller Grund für die Bestätigungstendenz findet sich, wenn Menschen ein starkes

Glaubensverlangen entwickeln. Glauben gibt Halt und Zuversicht, ist Inspiration und Ratgeber, Spiegel des Selbstverständnisses und Richtlinie des Handelns. Das setzt man nicht leicht aufs Spiel, im Gegenteil, statt die eigenen Glaubensüberzeugungen im Lichte der empirischen Fakten zu würdigen, werden die empirischen Fakten im Lichte der Glaubensüberzeugungen betrachtet, was leicht dazu führen kann, dass man nur das sieht, was man auch sehen will. Je zentraler ein Glaubensinhalt, desto hartnäckiger wird man an ihm festhalten, umso mehr wird man ihn mit einem Schutzwall von Hilfsargumenten umgeben und mit apologetischen Winkelzügen verteidigen.

Eine weitere Ursache für starke Bestätigungstendenzen resultiert aus dem Konsistenzstreben, das menschliches Denken zu eigen ist. Konsistenz in den eigenen Überzeugungen ist ja eigentlich ein grundlegendes Charakteristikum rationalen Denkens, ein übermäßiges Verlangen danach aber schädlich, weil es die Neigung fördert, unpassende Informationen „passend zu machen", und zwar nicht selten auf Kosten einer realistischen Betrachtung der wahren Verhältnisse.

Ein weiterer „Grund" für das Festhalten an wenig überzeugenden Auffassungen ergibt sich aus einem mitunter kruden Pragmatismus: Für nicht wenige Menschen sind die Folgen ihres Handelns allemal wichtiger als die Wahrheit der Auffassungen, die ihr Handeln begründen. Warum auch sollte man eine bewährte Praxis, die einem immer Vorteile gebracht hat, aufgeben? Einer neuen Einsicht zu folgen, hat immer etwas von einem Experiment, das auch scheitern kann. Womöglich wird man auch noch zur Rechenschaft gezogen, erstens dafür, überhaupt die vorgesehenen Wege verlassen zu haben und zweitens für die daraus eventuell resultierenden unerwünschten Folgen.

Manchmal liegen die Ursachen für die Bestätigungstendenz schlichtweg im Banalen, etwa in der Einfallslosigkeit. Wenn man sich nicht konkret vorstellen kann, wie ein Ereignis aussehen könnte, das der eigenen Auffassung entgegensteht, oder wenn man nicht weiß, wie man selbst einen Gegenbeweis führen könnte, wird man auch keinen Grund sehen, seine Auffassung aufzugeben. Und manchmal verhindert die Logik der infrage stehenden Überzeugung, dass negative Fälle überhaupt in den Blick geraten. Beispiele hierfür liefern Aussagen wie „Alle Sünden kommen früher oder später ans Licht" oder „Das Abendland wird untergehen". Man wird zwar jeden positiven Fall (ein bisher verborgenes Vergehen wird entdeckt, das Fernsehprogramm wird immer dekadenter), der einem bekannt wird, auch im Sinne der eigenen Auffassung verbuchen, der eigenen Auffassung widersprechende Fälle können dagegen nicht als solche gewertet werden (sie können sich ja noch als passende Fälle entpuppen), liefern also auch keinen Grund dafür, seine Auffassung zu korrigieren.

Wie oben bereits ausgeführt, greifen die angeführten Erklärungsansätze nicht in jedem Fall und nicht in jeweils gleichem Maße. So wird jemand, der zu einem kritischen Geist erzogen wurde, zwar ebenso wie jeder andere auch tiefverwurzelte Überzeugungen entwickeln, er wird sich Einwänden gegenüber aber wesentlich weniger verschließen als jemand, der in dogmatischen Vorstellungen verfangen ist. Wie wichtig die Gesellschaft für das Denken ist, zeigt sich an einer weiteren Determinante der Bestätigungstendenz, nämlich an den Vorteilen, die das Rechthaben erbringt, denn tatsächlich wird in unserer Gesellschaft nicht belohnt, besonders kritisch zu sein, wesentlich ertragreicher ist es, Recht zu behalten. Wer seine Meinungen revidiert, gilt schnell als wankelmütig. Weil viele Streitpunkte keine eindeutige Lösung haben, setzt sich oft der durch, der am beharrlichsten seinen Standpunkt vertritt. Wer plausible und dauerhafte Auffassungen vertritt, verbreitet eine positivere Ausstrahlung als jemand, der immer das Haar in der Suppe sucht. Oft sind mit einer bestimmten Lehre auch bestimmte Symbole und Metaphern verbunden, die der Lehre eine emotionale Verankerung geben und deren Preisgabe eine erhebliche Verunsicherung zur Folge hätte. Es ist kein Zufall, dass Ideologen stark daran interessiert sind, ihre Botschaften mit einer kulturell hochgeschätzten Symbolik zu verknüpfen.

Abschließend sei noch eine Eigenschaft von Überzeugungen genannt, die zwar einigermaßen trivial erscheinen mag, dessen ungeachtet aber wohl als die wichtigste Determinante der Bestätigungsneigung zu gelten hat, nämlich die Schwierigkeit, der Überzeugung überhaupt mit Gegenargumenten beizukommen. Überzeugungssysteme erweisen sich nicht selten als äußerst resistent gegen Widerlegungsversuche. Manchen dieser Überzeugungssysteme ist es ein Leichtes, jedes kritische Argument ins Leere laufen zu lassen. Zur Stärkung der Beweglichkeit in der Abwehr von Kritik steht ein breites Arsenal von Mitteln zur Verfügung, beispielsweise die Verwendung von mehrdeutigen Begriffen, tautologischen Argumenten, Metaphorik, Analogien und Geschichten. Gern wird auch mit nicht näher spezifizierten Hintergrundannahmen operiert, die dann bei passender Gelegenheit ins Spiel gebracht werden, man vermeidet es, sich auf Geltungsbedingungen festzulegen, man arbeitet mit moralischen Appellen, flieht in die Unauslotbarkeit der Statistik und reklamiert auch gern ein ganz eigenes Erkenntnisverfahren. Besonders beliebt ist ein genereller Vorbehalt gegenüber einer „positivistischen" Methodik, die an den eigentlichen, tieferen Fragen des menschlichen Handelns mit Notwendigkeit scheitere. Hinter dem Bemühen, sich gegen jede Kritik abzuschotten, steht oft ein besonderer Erkenntnisanspruch, beispielsweise die Vorstellung, mit einer entsprechend ausgearbeiteten Theorie ließen sich im Idealfall alle Fragen beantworten. Tatsächlich sind Theorien, mit denen sich alles erklären lässt, aber wertlos, denn sie haben – eben weil mit ihnen „alles" und damit auch das jeweilige Gegenteil erklärt werden kann – keinen Informationsgehalt. Dessen ungeachtet erfreuen sie sich großer Beliebtheit. Das hat die beschriebenen Gründe, die allerdings nicht von allen als bedenklich eingestuft werden. Wie bei vielen anderen Entscheidungsdefekten wird auch bezüglich der Bestätigungstendenz nicht selten argumentiert, sie habe durchaus ihre funktional positiven Seiten, etwa in der Wissenschaft, weil sie ein konservatives Element einbringe und ein vorzeitiges Aufgeben solider Hypothesen verhindere. Mehr auf der lebenspraktischen Seite wird gern das Beispiel der Puritaner bemüht, die die Neu England Staaten gründeten und angesichts auch übermächtiger Beschwernisse keinerlei Zweifel an ihren Vorhaben aufkommen ließen und keinen Dissens duldeten, aber gerade deshalb in der Lage waren, einen neuen Staat aufzubauen. Derartige Argumente zur Rechtfertigung wenig rationalen Verhaltens sind allerdings kaum überzeugend (vgl. MARTIN 2011), sie illustrieren nur ein weiteres Mal vor allem eines, nämlich die menschliche Begabung, offensichtliche Schwächen in Stärken umzudeuten.

3.2.4 Zusammenfassung

Die normative Entscheidungstheorie empfiehlt, mit dem Problem der Unsicherheit rational umzugehen. Manchmal muss man sein Unwissen eben akzeptieren und gemäß der Entscheidungsregeln unter Unsicherheit das Beste daraus machen. Wo Aussicht auf eine Verbesserung der Erkenntnissituation besteht, soll man dagegen kühl kalkulieren, welche Wirkungen es hätte, wenn man mehr oder Genaueres wüsste. Unsicherheit bzw. deren Beseitigung durch Informationsbeschaffung ist innerhalb der Entscheidungstheorie eben auch nur ein Entscheidungsproblem. In dieser Betrachtung steckt etwas Bestechendes, aber zugleich auch etwas Unsinniges. Be-

stechend ist die Idee, Informationen oder Wissen wie ein Gut zu betrachten, dessen Nutzen nicht immer sonderlich hoch ist. Widersinnig ist die
Idee, weil eine rationale Entscheidung darüber, ob man Wissen erwerben
will, dieses Wissen (das man durch Informationsbeschaffung ja erst noch
gewinnen muss) bereits voraussetzt. Wissen ist keine Ware, die man in sein
Entscheidungspaket noch dazupacken oder im Zweifel auch weglassen
kann, denn – wie wohl jeder weiß – kann zusätzliches Wissen ein Entscheidungsproblem völlig auf den Kopf stellen, im Lichte neuer Erkenntnisse
(also erst *nachdem* zusätzliche Informationen gewonnen wurden) ist dann
häufig nichts so, wie es einem vorher erschien.

Es ist eigentlich nicht erstaunlich, dass sich Menschen im Umgang mit
Unsicherheit und Ungewissheit schwer tun, denn schließlich gründet das
Verhalten ja auf bestimmten Annahmen über die Beschaffenheit der gegebenen realen Verhältnisse. Erweisen sich diese Annahmen als fragwürdig,
dann bewegt man sich im wörtlichen Sinn auf unsicherem (Entschei-
dungs-)Grund. Dass man dies als erfreulich erlebt, wird man nicht behaupten können und daraus resultiert denn auch die eine oder andere
Hilflosigkeitsreaktion. Auch das heftige Bemühen darum, einen sicheren
Standpunkt zu gewinnen, lässt sich hieraus erklären. Und dass bei der
Befriedigung des Sicherheitsbedürfnisses auch Realitätsverluste in Kauf
genommen werden, hängt damit zusammen, dass die Ergebnisse des Handelns selbst wieder zum Gegenstand von Interpretationen werden. Die
(nicht selten irrigen) Vorstellungen, die einer Entscheidung zugrundelie-
gen, kommen also auch bei der Analyse und Beurteilung der Handlungskonsequenzen zum Zuge, sie sind damit Verursacher und Richter in eige-
ner Sache, ein Tatbestand, der ihre kritische Überwindung nicht eben
befördert.

4 Definition der Situation

„Frau Mutter, heute habe ich Euch nicht geschrieben, habt Ihr es bemerkt? Ich denke nicht an Euch, also existiert Ihr nicht. Mein Leben ist ein Mittel, Euch nicht existieren zu lassen. Ab und an denke ich mir: Heute denke ich nicht an meine Mutter. Auf diese Art räche ich mich."
Tiziano Scarpa, Stabat mater, S. 24

Handlungen finden immer im Kontext statt. Diese Aussage hat einen doppelten und einen tieferen Sinn. Der doppelte Sinn – und damit ein doppeltes Problem – ergibt sich aus der Kontextgebundenheit des Handelns deswegen, weil der Handelnde erstens den Zusammenhang, in dem seine Handlung steht, zu allererst bestimmen muss und weil er zweitens dafür sorgen muss, dass seine Handlung dem gegebenen Handlungskontext auch gerecht wird. Sehr einfach liegt der Fall, wenn es nur zwei Situationen gibt und hierfür jeweils auch nur zwei Handlungsweisen in Betracht kommen. Angenommen, man begegnet auf einer Wanderung einem Fremden. Soll man sich auf ein freundliches oder ein feindliches Zusammentreffen einstellen? Für den zuletzt genannten Fall: Soll man sich zur Flucht bereit machen oder zur Gegenwehr? Und im ersten Fall: Soll man ein Gespräch beginnen oder achtlos weitergehen? Je nachdem, wie man die Situation definiert, geht die Handlungsplanung offensichtlich ganz unterschiedliche Wege. Außerdem kann eine unangemessene Einschätzung der Handlungssituation unter Umständen geradezu fatale Folgen haben. Der Clou unseres Beispiels liegt aber in einem anderen Punkt, nämlich in seiner Schlichtheit. Die meisten Probleme, mit denen es Menschen zu tun haben, sind natürlich nicht so einfach und sie lassen sich auch nicht so schablonenhaft angehen, wie das unser Beispiel suggeriert.

Und damit ist der tiefere Sinn des Kontextbezugs des Handelns angesprochen. Interessanterweise deutet ja selbst unser einfaches Beispiel schon an, dass die meisten Entscheidungen etwas komplexer sind, als sie zunächst scheinen. Um sich für eine der beiden Verhaltensalternativen entscheiden zu können, sollte unser Wanderer beispielsweise schon noch et-

was mehr über die Situation wissen. Im bedrohlichen Fall braucht er zumindest einen Anhaltspunkt, der ihm sagt, ob Flucht möglich und sinnvoll
und/oder ob Kampfbereitschaft glaubhaft und aussichtsreich ist. Aber
auch schon um die gegebene Situation überhaupt einschätzen zu können,
muss er mehr wissen, als dass ihm eine Person entgegenkommt, so wäre es
beispielsweise äußerst hilfreich, wenn er wüsste, ob ein bestimmter Ge-
sichtsausdruck oder ob die Haltung der Person etwas über deren Absichten aussagt oder auch nicht. Unter Umständen wird er der Person überhaupt keine Beachtung schenken, z. B. weil Begegnungen der geschilderten
Art ganz „normal" sind oder weil er in seine Gedanken vertieft ist. Und ist
man entsprechend „vorgestimmt", dann wird man eher eine Gefahr wit-
tern als wenn man einigermaßen unbedarft seines Weges geht. Wer z. B.
konkret vor Wegelagerern gewarnt wurde, wird die Situation anders einschätzen als jemand, der ganz von der Erfahrung der Gastlichkeit der Ein-
heimischen erfüllt ist; wenn es dämmert macht man sich andere Gedanken
als in der hellen Mittagssonne, ist man betrübt oder fühlt man sich ganz
allgemein nicht wohl, dann ist man empfänglicher für Bedrohungssignale,
als wenn all dies nicht der Fall ist usw. Trotz aller Komplikationen, die wir
an unsere Begegnungssituation herantragen können: Es bleibt eine recht
einfache Situation und als solche zeigt sie nur, dass die Dinge, mit denen
wir es in der Realität zu tun bekommen, sich meist als wesentlich komplexer darstellen. Eigentlich ist es so gut wie unmöglich, eine Situation
vollständig zu durchleuchten. Es fehlt ganz einfach an Informationen,
und selbst wenn diese prinzipiell zugänglich sind, hat man normalerweise
weder Zeit noch Mittel, sie sich zu beschaffen. Aber was viel wichtiger ist,
oft weiß man gar nicht, welche Informationen überhaupt wichtig sind und
was am wichtigsten ist, man weiß oft gar nicht, welche Situation vorliegt,
d. h. wie eine adäquate Beschreibung der Situation aussehen könnte. Anders ausgedrückt: Die Definition der Situation liegt nicht auf der Hand,
man muss sie sich erst erarbeiten – was mitunter sehr mühevoll sein kann.
    Diese Diagnose steht ganz offensichtlich nicht im Einklang mit der
alltäglichen Erfahrung, die uns die Definition der Situation häufig geradezu aufdrängt: Wenn das Bankkonto leer ist, wenn uns ein Kollege mit Spott
überzieht, wenn ein Unwetter heranzieht, dann wissen wir (normalerweise) ganz gut, was das bedeutet, dass wir uns also kein neues Auto leisten
können, dass wir mit dem Kollegen nicht rechnen können, dass wir auf
den vorgesehenen Spaziergang lieber verzichten. Als der Wald von Dunby
anrückte, erkannte Macbeth sofort, welche Stunde geschlagen hatte und

von Caesar weiß man, dass er kam, sah und siegte. Allerdings: sicher und wirklich klar ist nichts, die Trugbilder der Hexen von Birnam vermochte Macbeth – obwohl er lange über sie nachsann – keineswegs zu durchschauen und Caesar hütete sich nicht vor den Iden des März, obwohl er vor ihnen gewarnt wurde.

4.1 Strukturen und Prozesse

Doch ganz unabhängig davon, ob sich die Definition der Situation aufdrängt oder ob wir sie uns erst mühsam erarbeiten müssen, sie nimmt in unserem Handeln eine Schlüsselstellung ein. Wir sind in Handlungssituationen nie vollständig präsent und nur das, was präsent ist [die konkrete Situation und unsere Definition der Situation] kann auch unser Handeln bestimmen. Es ist noch nie so gewesen, dass sich Welt und Person begegnen, es treffen immer nur Weltausschnitte und Personenausschnitte aufeinander. Und beide Seiten sind in Bewegung: Personen, Worte, Informationen, Räume und Gegenstände, Licht und Atmosphäre bestimmen die „Welt", Gedanken, Anmutungen, Gefühle, Stimmungen, Einstellungen und Erwartungen bestimmen uns selbst. Die Bewegung dieser Elemente ist geprägt von Zufälligkeiten, Regulierungen und Gesetzmäßigkeiten, und zwar auf beiden Seiten. Wer an unserer Entscheidungsfindung mitwirkt, zu welchen Informationen wir Zugang haben usw. ergibt sich manchmal völlig ungesteuert (wir kommen im Gespräch mit einem unverhofften Besucher zufällig auf ein Thema, an dem wir gerade arbeiten), mitunter gibt es hierzu Vorschriften (die z. B. festlegen, wer einem Entscheidungsgremium angehört und mit wem wir es dann bei der Entscheidungsfindung zu tun haben) und wir unterliegen sozialpsychologischen Einflüssen (wir beraten uns vornehmlich mit Personen, die ähnlich denken wie wir selbst). Jede Situation ist ein nicht immer einfach zu durchschauendes Gemisch von zufälligen, selbst geschaffenen und unentrinnbaren Vorgängen. Dies gilt auch für die andere Seite: für die Geschehnisse innerhalb der Person. Welche Gedanken man sich zu einem neu auftauchenden Problem macht, hängt stark davon ab, womit man sich zufällig ohnehin gerade beschäftigt (hat man sich den ganzen Tag mit bockigen Kollegen herumschlagen müssen, sieht man in der Nachlässigkeit des Sohnes bei den Hausaufgaben leicht ebenfalls ein Disziplinproblem aufscheinen), das Denken folgt bestimmten Denkfiguren oder Denkroutinen, die wir uns angeeignet haben („Löse zuerst die einfacheren Teilaufgaben, ehe du dich an die schwierigeren machst!") und die wir auch wieder aufgeben könnten und eben auch psychologischen Gesetzmäßigkeiten, denen wir uns nicht entziehen können („Bedrohliche Informationen finden eine größere Aufmerksamkeit als neutrale Informationen").

Welche Elemente in eine konkrete Situation eindringen und welche Elemente wir bewusst oder unbewusst einschleusen, ist Ergebnis von dynamischen Denk- und Empfindungsprozessen, wobei das Ergebnis nicht zuletzt von zufälligen Ausgangskonstellationen bestimmt wird. Die motivationalen, kognitiven und emotionalen Prozesse selbst, die das Handeln bestimmen, können allerdings nicht als zufällig gelten, das psychische Geschehen wird vielmehr durch Vorgaben kanalisiert, die in der psychischen Ausstattung des Menschen verankert sind. Hierzu zählen z. B. Kapazitätsbeschränkungen, Steuerungsinstanzen und tief verankerte Handlungsprogramme, worauf im Folgenden etwas näher eingegangen werden soll.

4.1.1 Situationsdefinition als Wahlhandlung

Dass man selbst psychologische Prozesse wie die Definition der Situation als Entscheidungsproblem konzipieren kann, zeigt das Konzept der Definition der Situation, das von Hartmut Esser in Weiterführung und Präzisierung der Gedanken z. B. von Alfred Schütz entwickelt wurde (ESSER 1996; 2001). Nun geht es bei der Definition der Situation ja eigentlich gar nicht um ein Handeln, sondern um ein Erkennen: Welche Rolle können hierbei Entscheidungen dann überhaupt spielen? Nach Esser spielen sie nicht nur eine Neben-, sondern sogar eine Hauptrolle. Man „wählt" oder „selektiert" diejenige Situationsdefinition, die den größten *Handlungs*nutzen verspricht. Genauer gesagt geht es bei der Definition der Situation um zwei Sachverhalte, zum einen dann doch um eine Erkenntnis und zum andern um eine Wahl. Der erste Aspekt, der Erkenntnisprozess, wird innerhalb der Esserschen Konzeption als Mustererkennungsproblem gesehen. Danach prüft man aus dem Arsenal verfügbarer innerer Modelle, inwieweit diese zur gegebenen Handlungssituation passen. Der Fit (oder das Matching „m") lässt sich in einer Maßzahl ausdrücken, die zwischen null (keinerlei Fit) und eins (vollständiger Fit) schwankt. Die Maßzahl bestimmt also die „Geltung" der Situationsdefinition. Wenn beispielsweise der Vertriebsleiter aufgeregt berichtet, dass ein wichtiger Kunde einen Folgeauftrag nicht verlängern will, dann wird der Geschäftsführer das vielleicht mit dem Etikett „Business as Usual" versehen und sich gelassen anderen Dingen widmen. Er wird dies dann tun, wenn es eben normal ist, dass immer wieder Kunden abspringen. Die Definition „Business as Usual" erreicht auf den beschriebenen Fall angewandt einen nahe bei Eins liegenden Wert. Wenn der Vorgang allerdings ungewöhnlich ist, weil die Kunden, um die es geht, sehr treue und wichtige Kunden sind oder weil man bezüglich des infrage stehenden Produkts eine Monopolstellung innehat, dann „stimmt etwas nicht" und die Definition des „Business as Usual" passt nicht mehr. In derartigen Fällen erreicht der Modellfit also nur niedrige Werte. Das zweite Element ist der Nutzen der jeweiligen Situationsdefinition, d. h. der sogenannte „Modell-Nutzen". Er bestimmt sich aus den Konsequenzen, die entstehen, wenn man sich in seinem Handeln an diesem inneren Modell, d. h. der jeweiligen Situationsdefinition, orientiert. Wenn man also zum Alltagsgeschäft übergeht, dann entsteht daraus (neben dem positiven Nutzen, den das Weiterverfolgen der bisherigen Verhaltenslinie erbringt) unter Umständen ein großer Schaden, weil man wichtige Entwicklungen ignoriert und nicht rechtzeitig günstigere Handlungsalternativen (z. B. eine andere Preispolitik) ergreift. Wenn man andererseits einer alternativen Situationsdefinition folgt, dann kann auch dies sowohl nützlich als auch schädlich sein. Wenn man also in unserem Beispiel eine Absatzkrise diagnostiziert, kann man damit erhebliche Unruhe auslösen, man veranstaltet vielleicht viele unnötige, konfliktreiche und unproduktive Sitzungen, man verärgert die Kunden durch penetrantes Auftreten usw.

Beides zusammen nun, also die Modell-Geltung „m" und der Modell-Nutzen „U", bestimmen den erwarteten Nutzen der Definition der Situation. Die beiden Größen werden im Übrigen – so Esser – multiplikativ verknüpft. Bei der Selektion der Definition der Situation werden außerdem nur zwei Alternativen gegenübergestellt: die jeweils gegebene Situationsdefinition und eine alternative Situationsdefinition. In unserem Beispiel also die Definition „Business as Usual" und die Definition „Absatzkrise".

(1) $EU_i = m \cdot U_i$,
(2) $EU_j = (1-m) \cdot U_j$

oder mit Zahlenbeispielen:

(1a) Erwarteter Nutzen der Definition „Business as Usual" =
     0,8 · 4 = 3,2.
(2a) Erwarteter Nutzen der Definition „Absatzkrise" = 0,2 · 8 = 1,6.

Im gegebenen Beispiel wird also die Definition U_i „Business as Usual"
gewählt und dies, obwohl die Abschätzung der Konsequenzen deutlich
für die Definition U_j „Absatzkrise" spricht und zwar einfach deswegen,
weil die Situationsdefinition „Business as Usual" weitgehend als richtig
(m = 0,8) und die alternative Definition „Absatzkrise" entsprechend als
wenig passend (1 – m = 0,2) angesehen wird.

Damit ist allerdings noch nicht alles zur Definition der Situation gesagt. Die Essersche Theorie geht nämlich des Weiteren davon aus, dass
man meistens relativ unreflektiert die sich spontan aufdrängende Situationsdefinition übernimmt und nur unter besonderen Umständen überhaupt über alternativ mögliche Definitionen nachdenkt. Anders ausgedrückt: man handelt meistens im „automatisch-spontanen" Modus.
Der Geschäftsführer in unserem Beispielsfall wird also im Rahmen seiner
„Business as Usual" Definition handeln und keinen Anlass sehen, darüber
nachzudenken, ob vielleicht eine andere Definition (z. B. „Absatzkrise",
„Verkäuferversagen", „Preisprobleme" usw.) angemessener wäre. Aber er
kann natürlich auch in den Modus des reflexiv-kalkulierenden Überlegens
geraten. Wovon hängt das ab? Nach Esser lässt sich diese Frage ebenfalls
wieder entscheidungstheoretisch beantworten. Gegenübergestellt werden
in diesem Fall die beiden Handlungsmodi: automatisch handeln oder reflektierend handeln? Der Nutzen des Routinehandelns lässt sich recht einfach bestimmen, er ergibt sich trivialerweise aus der bereits oben angeführten Formel (1), weil in dieser ja schon diese Nutzenabschätzung des
Routinehandelns abgebildet ist. Die Bestimmung des Nutzens des reflektierenden Modus ist ein wenig komplizierter, wenngleich – was die Grund-
überlegung angeht – dann doch sehr einfach. Zum einen müssen nämlich
noch die Kosten bedacht werden, die das Nachdenken verursacht. Diese
mindern naturgemäß den Wert des reflektierenden Modus. Worin diese
Kosten bestehen können, bleibt in der Theorie unbestimmt, das ist letztlich eine Frage der subjektiven Wertschätzung und kann Elemente wie die
mentale Belastung bzw. umgekehrt auch die Freude am Denken (das wäre
dann so etwas wie ein „negativer" Kostenfaktor) umfassen oder schlicht-

weg auch die Zeit, die man anderweitig besser verwenden könnte. Zum anderen kommt es darauf an, ob das Nachdenken überhaupt Erfolg verspricht. Diese Erwartung wird als Wahrscheinlichkeit über den Nutzen einer alternativen Situationsdefinition ausgedrückt, der darüber hinaus auch an dieser Stelle mit dem Match, der Passung von Situation und Situationsdefinition zu gewichten ist. Wir erhalten daher die beiden folgenden Erwartungsnutzen:

(3) $EU (as) = m \cdot U_i$,

(4) $EU (rc) = [p \cdot (1-m) \cdot U_j] + [(1-p) \cdot m \cdot U_i] - C$

oder, wieder mit Zahlenbeispielen:

(3a) Erwarteter Nutzen des automatisch-spontanen Modus (as)
    $= 0,8 \cdot 4 = 3,2$

(4a) Erwarteter Nutzen des rational-kalkulativen Modus (rc)
    $= (0,6 \cdot 0,2 \cdot 8) + (0,4 \cdot 0,8 \cdot 4) - 2 = 0,24$

Unser Geschäftsführer geht also mit einer Wahrscheinlichkeit von $p = 0,6$ davon aus, dass es ihm durch Wechsel in den rational-kalkulativen Modus gelingt, zu einer anderen Situationsdefinition zu gelangen. Der mögliche Fit einer derartigen Situationsdefinition beträgt – so seine Einschätzung – $m = 0,2$. Der Nutzen, den diese Situationsdefinition verspricht, ist – wie oben bereits beschrieben – relativ hoch (er ist mit $u = 8$ tatsächlich doppelt so hoch wie der Nutzen der gegebenen Definition $u = 4$). Dennoch ergibt sich, aufgrund der Gewichtung mit dem schlechten Fit ($m = 1 - 0,8 = 0,2$) und der nicht besonders hohen Wahrscheinlichkeit ($p = 0,6$), nur ein erster Teilnutzen von $u = 0,96$ für den rational-kalkulativen Modus. Dieser Teilnutzen ist durch zwei weitere Elemente zu ergänzen: Der Gesamtnutzen des rational-kalkulativen Modus ist höher als der gerade angeführte Teilnutzen, weil selbst dann, wenn die Beurteilung der alternativen Situationsdefinition enttäuschend ausfällt, ja immer noch der Nutzen bleibt, der sich aus der gegebenen Situationsdefinition ergibt: Die Reflektion wird den Nutzen dieser Definition ja nicht mindern. Allerdings vermindert sich der Gesamtnutzen des rational-kalkulativen Modus durch die Reflexionskosten. Insgesamt ergibt sich in unserem Zahlenbeispiel damit ein Nutzenwert von lediglich 0,24 für den rational-kalkulativen Modus, was dazu führt, dass der automatisch-spontane Modus nicht aufgegeben wird.

Mithilfe dieses recht überschaubaren begrifflichen Instrumentariums gelingt es Esser, einige interessante Konstrukte zu definieren:

- Das Reframing-Motiv, also der Anreiz, zu einer neuen Situationsdefinition zu gelangen, lässt sich als Quotient des Nutzens der neuen gegenüber der gegebenen Situationsdefinition bestimmen (U_j/U_i). In unserem Beispielfall ist das Motiv relativ stark ($U_j/U_i = 8/4 = 2$).

- Die Reframing-Schwelle ist definiert als Verhältnis des Fit der gegebenen Situationsdefinition zu der alternativen Situationsdefinition. Im Beispielsfall beträgt dieser Wert $m/(1 - m) = 0{,}8/0{,}2 = 4$. Damit es zu einem Wechsel der Situationsdefinition kommt, muss das Reframing-Motiv größer sein als die Reframing-Schwelle.

- Das Reflexions-Motiv wird definiert als Differenz zwischen dem möglichen Nutzen der alternativen Situationsdefinition und dem Nutzen der gegebenen Definition, jeweils gewichtet mit dem Modellfit, im Beispiel also $U_j - m \cdot U_i = 0{,}2 \cdot 8 - 0{,}8 \cdot 4 = -1{,}6$.

- Die Reflexions-Schwelle bezeichnet den Übergang vom automatischen zum reflektierten Modus. Sie ist umso höher, je höher die Reflexionskosten sind und je weniger wahrscheinlich es ist, eine alternative Definition zu finden. Formal bestimmt ist sie durch den Quotienten der Reflexionskosten durch die Erfolgswahrscheinlichkeit (die „Reflexionsopportunitäten"). In unserem Beispiel ist die Reflexionsschwelle mit $C/p = 2/0{,}6 = 3{,}3$ deutlich höher als das ohnehin schon negative Reflexionsmotiv.

An den angeführten Parametern kann man leicht erkennen, unter welchen Umständen die jeweils gegebene Situationsdefinition unempfindlich gegenüber Änderungen ist. Die „Salienz" bezeichnet das Ausmaß, in dem sich die gegebene Definition aufdrängt, sie bestimmt sich aus dem Abstand zwischen der Übergangsschwelle und dem Anreizvorteil der neuen Definition. Ähnlich lässt sich bestimmen, unter welchen Umständen der automatisch-spontane Definitionsmodus beibehalten wird. Esser nennt die Neigung, bei der gegebenen Situationsdefinition zu verharren, in Anlehnung an den Ausdruck „Auferlegung" bei Alfred Schütz „Imposition" des Framings. Ist der Wert p, der die „Reflexionsopportunitäten" kennzeichnet, gering, d. h. bestehen nur geringe Aussichten, eine alternative Situationsdefinition zu finden, dann wird man nicht in den Reflexionsmodus wechseln, selbst wenn die anderen Parameterwerte hoch sind. Ähnlich wirken der Reflexionsaufwand C und ein geringes Reflexions-Motiv.

Aus einer etwas größeren Entfernung betrachtet mögen diese Schluss-folgerungen einigermaßen trivial klingen, denn dass man sich nicht für eine neue Situationsdefinition interessiert, wenn schwer greifbar ist, wie man zu ihr gelangen kann, ist schließlich keine sonderlich aufregende Er-kenntnis. Dennoch hat die geschilderte Betrachtung der Situationsdefi-nition ihre Vorteile, sie liefert jedenfalls eine klare Begrifflichkeit und ein logisch konsistentes Aussagensystem. Das ist nicht wenig. Ob damit auch die Wirklichkeit abgebildet wird, sei zunächst dahingestellt. Bevor hierauf eingegangen wird, sei noch auf die Weiterführung des geschilderten An-satzes hingewiesen, die notwendig ist, um von der Situationsdefinition bis zum konkreten Verhalten vorzudringen. Die Grundargumentation ist in Abbildung 4.1 wiedergegeben.

Danach ist die Bestimmung der Definition der Situation nur der erste Schritt. Diese bildet gewissermaßen nur den Verhaltensrahmen, innerhalb dessen verschiedene Handlungsprogramme denkbar sind. Entsprechend muss es auch zu einer Auswahl zwischen diesen „Skripts" kommen. Während Situationsdefinitionen (oder „Frames") vereinfachende gedank-liche Modelle von typischen Situationen sind, geht es bei Skripts um Handlungsabläufe innerhalb einer gegebenen Situationsdefinition. Der Skriptbegriff ist dabei weit gefasst, er umfasst ebenso relativ festgefügte Verhaltenssequenzen wie auch einfach Normen, Konventionen oder Ver-haltensrichtlinien. Damit formuliert ein Skript – ebenso wie ein Frame – nur „offene Beschränkungen", d. h. es determiniert das Verhalten nicht vollständig, sondern muss erst noch konkret ausgefüllt werden. Entspre-chend ergibt sich aus der Selektion von Frames und Skripts noch kein konkretes Verhalten, dieses ist (innerhalb der Vorselektion durch Frames und Skripts) selbst noch auszuwählen oder zu „selektieren". Wir wollen hierauf nicht näher eingehen, weil diese Wahl von der Grundlogik her gesehen der beschriebenen Auswahl von Frames gleicht (zu einer ausführ-lichen Beschreibung vgl. Kroneberg 2005).

Die geschilderte Frame-Selektionstheorie von Esser ist von Kritik nicht verschont worden. Ein wichtiger Punkt betrifft die Modus-Selektion, die – obwohl es hierbei ja um die Frage geht, ob man sich rational-kalku-lierend um eine alternative Situationsdefinition bemühen soll – offenbar ein rational-kalkulierendes Verhalten voraussetzt: Man muss nach Glei-chung (4) die alternative Situationsdefinition bereits kennen, um darüber entscheiden zu können, ob man sie näher ins Auge fassen will. Einen etwas komplizierten Vorschlag zur Behebung dieses Defizits findet man bei Kro-

NEBERG (2005), worauf an dieser Stelle nicht näher eingegangen werden kann. Festgehalten sei lediglich, dass die Kronebergsche Lösung nicht sonderlich überzeugend ausfällt, da auch sie mit Erwartungen über die Wirkung des alternativen Frames hantiert (und zwar über die Kosten, die auftreten würden, falls dieser Frame sich als falsch erwiese), die näher abzuschätzen erst möglich ist, wenn man sich bereits im reflektierenden Modus befindet. Doch eigentlich ist eine Modifikation der Modusselektion auch gar nicht nötig. Man muss lediglich zwei Dinge auseinanderhalten, nämlich die Situationseinschätzung vor der Reflexion und die Situationseinschätzung nach der Reflexion. Das ist nicht dasselbe. Wenn die Einschätzung vor einer systematischen Reflektion „negativ" ausfällt, wenn man also zu dem Schluss kommt, dass sich die nähere Erwägung einer alternativen Definition nicht lohnt, dann bleibt es auch bei dieser Einschätzung, einfach weil man sich nicht näher mit der Alternative befasst. Würde man dies tun, könnte sich durchaus herausstellen, dass die zweite intensivere Betrachtung zu einem anderen Ergebnis kommt als die erste Betrachtung, die auf eine Abschätzung des richtigen Modus zielt und deren Ergebnis man als Sondierungsdefinition bezeichnen kann. Aber eine Abschätzung nicht nur der gegebenen, sondern auch der mehr oder weniger vage imaginierten Alternativen wird immer stattfinden, ansonsten ließe sich auch kaum „entscheidungstheoretisch" argumentieren, wie dies Esser beabsichtigt, für den die Wert-Erwartungstheorie die allgemeine Logik der Selektion abbildet (ESSER 2001, S. 259). Formal lässt sich die Variante der Sondierungsdefinition einfach dadurch gewinnen, dass man die Erwartungsgrößen in den Gleichungen (3) und (4) mit einem Sternchen versieht, um sie von den Erwartungsgrößen in den Gleichungen (1) und (2) zu unterscheiden.

Von größerer Bedeutung ist die Kritik an der Frame-Selektionstheorie, die bezweifelt, dass es sinnvoll ist, die Rational-Choice-Logik nach innen zu wenden, d. h. zu versuchen, mit ihrer Hilfe auch psychologische Prozesse abbilden zu wollen (OPP 2004). Rein logisch ist dies natürlich möglich. Nach der Auswahl der Situationsdefinition und der Auswahl des Skripts kann man auch die Auswahl von einzelnen Verhaltensakten als Entscheidungsproblem darstellen, selbst die Auswahl einzelner Gedanken wäre dann als „rational choice" beschreibbar. Den tatsächlichen Vorgängen des Denkens und auch der Definition der Situation wird man damit aber nicht gerecht. Dagegen spricht schon der Tatbestand, dass Einsichten – also auch Situationsdefinitionen – nicht durch Entscheidungen entste-

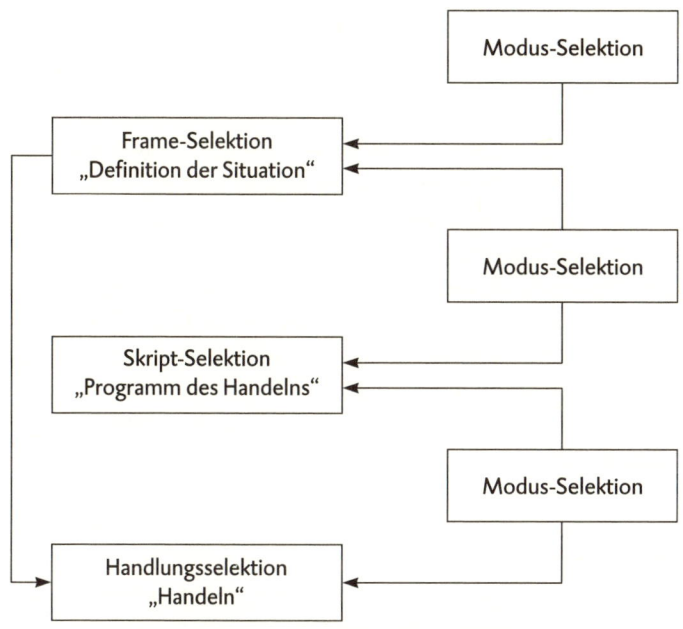

Abb. 4.1: Definition der Situation als Wahlhandlung
(KRONEBERG 2005, S. 348; vgl. auch ESSER 2001, S. 268)

hen (vgl. hierzu die Anmerkungen zur pragmatischen Handlungstheorie in Kapitel 6) oder die einfache Tatsache, dass man nicht darüber entscheiden kann, eine Überzeugung zu haben oder nicht zu haben (WILLIAMS 1978). Tatsächlich erheben Esser und Kroneberg auch gar nicht – oder nur sehr bedingt – den Anspruch, dass die Denkprozesse und damit die Abschätzung, welche Situationsdefinition zu wählen ist, den Gedankenverknüpfungen folgen (oder gar den angeführten mathematischen Transformationen), die von der Entscheidungstheorie beschrieben werden. Doch warum sollte die entscheidungstheoretische Modellierung dann überhaupt sinnvoll sein? Der Hinweis, es seien Vereinfachungsgründe, ist nicht überzeugend, weil er an der Sache vorbeigeht und nur die Folgefrage provoziert, welche psychischen Vorgänge denn damit vereinfacht dargestellt werden. Auch die Idee, letztlich zähle das Vorhersageergebnis und die genauen psychischen Prozesse seien unerheblich, ist recht dünn, denn mit einer Als-ob-Psychologie gewinnt man keine tieferen Einsichten.

Am ehesten nachvollziehbar ist das Argument, dass die angeführten entscheidungstheoretischen Überlegungen in bestimmten Situationen tatsächlich zum Zuge kommen. Welche Handlungssituationen sind dies? Es sind dies die Situationen, die die Frame-Selektionstheorie von Anfang an im Auge hat, Situationen, in denen bereits klar konturierte Situationsdefinitionen – oder deren Prototypen – existieren und die dem Handelnden auch durchaus präsent sind. Und in diesen Situationen kann es dann auch zu Wahlhandlungen kommen, in denen die Überlegungen eine Rolle spielen, die die Frame-Selektionstheorie nennt: Wie gut passen unterschiedliche Situationsdefinitionen zu der gegebenen Situation? Welche Folgen hat es, wenn man die eine oder die andere Situationsdefinition zum Ausgangspunkt seines Handelns macht? Lohnt es sich, sich mit diesen Fragen intensiver auseinanderzusetzen? Kann man sich dies, angesichts möglicherweise beträchtlicher Alternativkosten erlauben, wenn man also die Zeit und die Energie bedenkt, die man in die Situationsdefinition stecken muss und die dann für andere (vielleicht drängende) andere Handlungserfordernisse nicht zur Verfügung stehen? Und wie wahrscheinlich ist, dass diese Überlegungen zutreffen? Dass die Verknüpfungen in dem Sinne greifen, wie es die angeführten Gleichungen suggerieren, wird man nicht ernsthaft glauben wollen. Aber die Handlungs*tendenzen* werden in diesen Gleichungen durchaus sichtbar gemacht, man wird z. B. keine aussichtslosen Bemühungen unternehmen, die Situation besser verstehen zu wollen, wenn die Aussichten, zu besseren Einsichten zu gelangen, gering sind. Aber an welchem Punkt genau die Reflexionsschwelle liegt, wird man nicht mit Sicherheit sagen können, auch ist fraglich, wie festgefügt die unterstellten Beziehungen sind, da Erwartungen und Wahrscheinlichkeitsschätzungen durchaus fragil sind (Kapitel 3).

Beispiele für Situationen, in denen die Frame-Selektionstheorie – wenngleich nur in der angedeutet abgeschwächten Form – Geltung beanspruchen kann, finden sich leicht. In Verhandlungen schätzt man beispielsweise ab, wie vertrauenswürdig der Interaktionspartner ist und stellt sich darauf ein, gegenüber dem lernunwilligen Zögling nimmt man einmal die Rolle des gestrengen Erziehers und ein andermal die des verständnisvollen Dulders ein – je nachdem, was angesichts der jeweiligen Befindlichkeit des hoffnungsstiftenden Sprösslings angebracht erscheint, und in einer Besprechung überlegt man sich, ob es besser ist, sich zurückzuhalten oder sich einzumischen. Das letzte Beispiel ist auch insoweit instruktiv als es zeigt, dass Vorsätze und Situationsdefinitionen nicht immer hinreichen, um das Handeln zu bestimmen, die eigene Persönlichkeit kann einem leicht einen Streich spielen, und man befindet sich, trotz der Einsicht, besser den Mund zu halten, plötzlich doch wieder im Brennpunkt der Auseinandersetzung. Die Beispiele zeigen außerdem, dass sich die Frame-Selektionstheorie vor allem auf Situationen bezieht, in denen man tatsächlich zwischen verschiedenen „Exemplaren" wählen kann, in denen die Frames gewissermaßen wie Konfektionsware zur Verfügung stehen. Man wählt den (einigermaßen) passenden Anzug, der einem bestimmten Anlass entspricht. Doch damit ist es oft nicht getan, um das eigene Auftreten erfolgreich zu gestalten.

4.1.2 Situationsdefinition als Konstruktion

Sehr häufig kann man nicht zwischen verschiedenen Situationsdefinitionen wählen, man muss sie sich vielmehr erst erarbeiten. Und selbst in vermeintlich einfachen Auswahlsituationen (Liegt eine Kooperations- oder eine Wettbewerbssituation vor? Setzt man zum Überholen an oder nicht?) ist es immer notwendig, die Situationsdefinition zu konkretisieren, auf die gegebenen Bedingungen abzustimmen und gegebenenfalls zu modifizieren. Im sogenannten Informationsverarbeitungsansatz werden entsprechende Prozesse näher betrachtet (NEWELL/SIMON 1972; KIRSCH 1971; DÖRNER 1999). Dieser Ansatz liefert in gewissem Sinne den natürlichen Überbau der entscheidungstheoretischen Betrachtung, weil er das psychische System beschreibt, in dem entscheidungsrelevante Überlegungen überhaupt erst zum Zuge kommen können. Entscheidungen sind in diesem Ansatz das Ergebnis von Informationsverarbeitungsprozessen und dienen letztlich der Regulation des Organismus, richten sich also auf die Befriedigung von dessen Bedürfnissen, sie dienen der Handlungssteuerung und können zur Weiterentwicklung der psychischen Ausstattung beitragen. Die *Definition der Situation* nimmt innerhalb dieses quasi-kybernetischen Systems eine wichtige Stellung ein. Sie bildet sich gewissermaßen aus der Summe der Entscheidungsprämissen. Entscheidungsprämissen sind alle im Umfeld einer konkreten Entscheidung auftauchenden Informationen, die – wie der Name sagt – zu Prämissen dieser Entscheidung gerinnen. Im Einzelnen sind dies beschreibende und wertende Informationen, in fragmentarischer oder auch in gebündelter Form, also beispielsweise bestimmte Wissenselemente, Erwartungen, aktualisierte

Werthaltungen, Einstellungen, Zielsetzungen und Anspruchshaltungen. Eine besondere Bedeutung haben kognitive Modelle, also gewissermaßen „Abbildungen" der Situationsbedingungen und der gegebenen Wirkkräfte, sowie die Problemdefinition, Lösungshypothesen, Programme und Heuristiken zur Handhabung der vorliegenden Probleme und schließlich auch Ausführungsprogramme für die in Erwägung gezogenen Handlungsalternativen. Zu beachten ist, dass mit der *Definition des Problems* etwas anderes gemeint ist, als mit der Definition der Situation. Die Problemdefinition ist lediglich ein – wenngleich wichtiger – Bestandteil der Situationsdefinition. Probleme legen möglichen Lösungen Beschränkungen auf, die Problemdefinition ist also die Festlegung derartiger Beschränkungen. Die meisten Menschen sind beispielsweise beständig mit dem Problem konfrontiert, für ein hinreichendes Einkommen Sorge zu tragen; während es manchen nun gleichgültig sein mag, wie sie an dieses Einkommen gelangen, ist es für andere durchaus wichtig, dass sie es legal erwerben, dass sie etwas Sinnvolles tun, möglichst wenig Aufwand damit haben oder bei der Arbeit ihre Persönlichkeit entfalten können usw. Problemdefinitionen können sehr eng ausfallen, unter Umständen so eng, dass sich hierfür kaum Lösungen finden lassen (etwa bei der Suche nach dem „idealen" Ehepartner) und auch die Erarbeitung von Lösungen fast unmöglich ist (das Einliterauto mit einem leistungsstarken Motor), sie können aber auch viele offene Beschränkungen (ein durchschnittliches Gebrauchsauto) enthalten, die sozusagen nach Belieben geschlossen werden können. Wie gesagt, sind Problemdefinitionen nicht dasselbe wie Situationsdefinitionen, sie sind lediglich wichtige Bestandteile derselben, die Definition der Situation kann in gewisser Weise als Reservoir betrachtet werden, das Wahrnehmungen, Wissenselemente und Programme bereitstellt, um Probleme überhaupt erst zu definieren und entsprechend dann auch anzugehen. Situationsdefinitionen können sehr reichhaltig sein, und zwar so reichhaltig, dass sie die Speicher- und Bearbeitungsfähigkeit einer Person übersteigen, woraus folgt, dass die Bestandteile der Definition der Situation einer Person nicht bewusst und unmittelbar präsent sind. Die Elemente einer Situationsdefinition können sich gewissermaßen im Hintergrund halten, müssen aber im Bedarfsfall leicht aktivierbar sein, sonst macht es keinen Sinn, sie als Bestandteil einer Situationsdefinition zu betrachten, schließlich sind Entscheidungsprämissen ja dadurch definiert, dass sie einen unmittelbaren Einfluss auf die Entscheidung haben. Doch diesbezüglich gibt es sicher Abstufungen und es gibt entsprechend verschiedene Grade der

Zugänglichkeit, was zeigt, dass es nicht immer leicht ist, genau abzugrenzen, was nun noch zur Definition der Situation gehört und was – in einer gegebenen Handlungssituation – außer Betracht bleibt, obwohl es für die Person – z. B. für ihr Selbst, siehe Kapitel 6 – von erheblicher Bedeutung sein kann. Im Übrigen macht der Informationsverarbeitungsansatz keine präzisen Aussagen über die Mechanismen, die dafür verantwortlich sind, ob ein Informationselement Zugang zur Definition der Situation erhält. Dies ist eine Angelegenheit fachspezifischer Forschung. Der Informationsverarbeitungsansatz liefert insofern lediglich einen theoretischen Bezugsrahmen, der geeignet ist, Grundelemente psychischer Strukturen und Prozesse zu beschreiben und damit eine gewisse Ordnung in die Analyse des komplexen psychischen Geschehens zu bringen. Abbildung 4.2 zeigt ein derartiges Ordnungsschema, das sich in ähnlicher Form auch in sehr vielen anderen Quellen findet. Die hier gewählte Darstellung hat den Vorteil, dass sie beispielhaft zeigt, an welchen Stellen „Irrationalitäten" in die – auch im Informationsansatz – eigentlich rational angelegte Erarbeitung von Situationsdefinitionen und Problemlösungen eindringen können.

In dem Schaubild von Wickens und Flach wird vor allem auf die Gedächtnisstruktur abgestellt. Gängig ist die Unterscheidung in ein Lang- und ein Kurzzeitgedächtnis (ANDERSON 1990; REASON 2009; ENDSLEY 1995). Das Langzeitgedächtnis wird im Informationsverarbeitungsansatz häufig auch mit der Persönlichkeit gleichgesetzt, mit all dem, was wir als unsere Erfahrung bezeichnen, was unsere Eigenheiten, Denkgewohnheiten und Wahrnehmungsmuster ausmacht. Im Arbeitsgedächtnis erfolgt die eigentliche Informationsverarbeitung. Hierbei geht es dann auch um die Definition der Situation, die Definition des Problems und die Ausarbeitung von Handlungsprogrammen.

Welche große Bedeutung der Definition der Situation zukommt, kann man daran erkennen, dass sie nicht nur darüber bestimmt, was überhaupt in den Blick genommen wird, welche Überlegungen hinsichtlich einer Entscheidung also überhaupt zum Zuge kommen können, sondern auch daran, dass sie ganz maßgeblich selbst unsere Wahrnehmung prägt. Nicht alles, was für uns wichtig wäre, nehmen wir auch wahr, im Gegenteil, häufig wird der Blick auf Unwesentliches gelenkt, wichtige Signale werden übersehen oder gar als irrelevant betrachtet. Das liegt daran, dass wir nur das sehen und bedenken, was uns unser Problembewusstsein auch nahelegt. Dass die Welt, so wie sie ist, nicht in ihrer vermeintlich offenkundigen Gestalt in unser Bewusstsein dringt, ist im Schaubild auch durch die

Schwelle gekennzeichnet, die die Signale der Umwelt überschreiten müssen, um ins Bewusstsein dringen zu können. Die Informationen, die die Umwelt bietet, haben nicht alle die gleiche Chance, wahrgenommen zu werden, die Chancen verbessern sich, wenn eine Information auffällig („salient") ist (EAGLY/CHAIKEN 1993), wenn sie sich von anderen Informationen abhebt, weil sie z. B. ungewöhnlich ist oder Schlüsselreize enthält, auf die hin die Wahrnehmung gewissermaßen programmiert ist. Aber nicht nur im Hinblick auf Informationen, die man durch unmittelbare Anschauung gewinnt, auch bei Informationen, die durch Dritte oder durch Medien vermittelt werden, kommt es auf *Anschaulichkeit* an, darauf, ob sie lebendig dargeboten werden, auf konkrete Geschehnisse eingehen und an die Erfahrungswelt des Rezipienten anknüpfen. Angemerkt sei, dass der Auffälligkeitseffekt – obwohl er im Schaubild an der Grenze zwischen Innen- und Außenwelt angeführt ist – auch im Binnenverhältnis der Innenwelt gilt, also auch wirksam ist, wenn es darum geht, welche Informationen aus dem Langzeitgedächtnis abgerufen werden. Denn auch die Informationen in unserem Gedächtnis unterscheiden sich in ihrer Anschaulichkeit und verfügen damit über unterschiedliche Voraussetzungen, wahrgenommen und in die Definition der Situation aufgenommen zu werden. In einem allgemeineren Sinn geht es darum auch bei der sogenannten *Verfügbarkeitsheuristik*. Zur Anwendung kommen vor allem Informationen, die leicht erinnert bzw. konstruiert werden können, anders ausgedrückt: Informationen, auf die der Entscheider einen unmittelbaren Zugriff hat, werden bei der Urteilsbildung eher berücksichtigt als Informationen, die nicht unmittelbar zugänglich sind (TVERSKY/KAHNEMAN 1973; TAYLOR 1982). Die Definition der Situation selbst erfolgt ebenfalls nicht objektiv, sondern entsteht aus dem Zusammenspiel all der Informationsfragmente, die im Handlungsstrom mitgeführt werden. Im obigen Schaubild angeführt sind zwei Beeinträchtigungen. Die *Als-ob-Heuristik* ist dadurch gekennzeichnet, dass sie das Gewicht, das den unterschiedlichen Informationen eigentlich zukommt, vernachlässigt, es werden also alle Informationen als gleich wichtig betrachtet, was leicht zu einer völligen Fehleinschätzung der Situation führen kann, denn schließlich sind nicht alle Informationen gleichermaßen relevant, und sie sind auch nicht alle im selben Maße zuverlässig (JOHNSON u. a. 1973). Ärzte, Flugzeugführer, Soldaten sind (ebenso wie die Angehörigen vieler anderer Berufe) nun einmal sehr stark darauf angewiesen, unterscheiden zu können, was nur eine Nebensymptomatik (wenn überhaupt) ist und was der Aufklärung über die

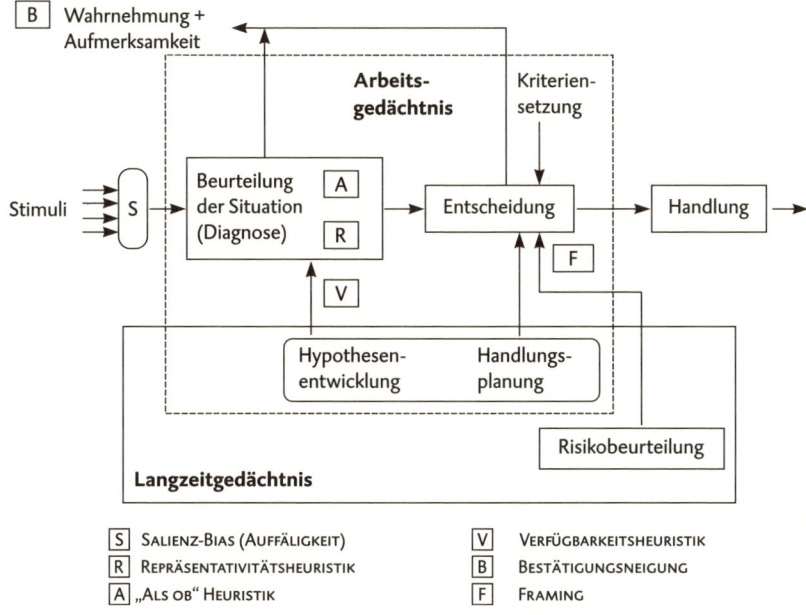

Abb. 4.2: Die kognitive Grundstruktur der Informationsverarbeitung
(WICKENS/FLACH 1988, S. 128)

tatsächliche Lage wirklich dienlich ist. Die Als-ob-Heuristik dürfte vor
allem in Situationen zum Zuge kommen, in denen die mentale Belastung
sehr hoch ist, in denen also wenige kognitive Ressourcen zur Verfügung
stehen, um eine differenzierte Sicht der Dinge zu entwickeln. Eine zweite
Beeinträchtigung der Situationseinschätzung ergibt sich aus der Anwendung der *Repräsentativitätsheuristik*. Eine rationale Analyse verlangt eine
systematische Betrachtung aller entscheidungsrelevanten Merkmale, die
Repräsentativitätsheuristik lenkt dagegen den Blick auf ausgewählte präg-
nante Merkmale, die einem bestimmten prototypischen Bild entsprechen
(TVERSKY/KAHNEMAN 1982). So lassen sich beispielsweise trotz aller
Schulung Beobachter in einem Assessment Center leicht davon beeindrucken, ob jemand den Habitus eines selbstbewussten und gleichzeitig nachdenklichen Aspiranten zur Schau stellt, ohne hinreichend zu beachten,
welche Qualität seine inhaltlichen Beiträge tatsächlich besitzen. Einer der
bedeutsamsten Entscheidungsdefekte ist der sogenannte *Framing-Effekt*.
Wie der Name vermuten lässt, geht es dabei um einen essentiellen Punkt

der Situationsdefinition, nämlich um die Verengung der Sicht auf mehr oder weniger ausgewählte Situationsaspekte (die Wahl eines „Frame", s. o.) und deren Einfluss auf die Entscheidungsfindung. Allerdings kreist die Diskussion des Framing-Effekts sehr oft um einen engeren Aspekt und zwar darum, ob man sich risikofreudig oder risikoscheu verhält, was – so TVERSKY UND KAHNEMAN (1981) – davon bestimmt wird, ob man sich im Verlust- oder Gewinnbereich befindet. Tatsächlich ist das Framing aber ein allgemeineres Phänomen, wofür beispielhaft das „Emphasis-Framing" angeführt sei, man kann es oft in Wahlkämpfen beobachten und es zeigt sich darin, dass die Themen, die die jeweils aktuellen Diskussionen beherrschen (z. B. die wirtschaftliche Lage) auch die Beurteilungskriterien bestimmen, die bei der Stimmabgabe für diese oder jene Partei herangezogen werden (in dem genannten Beispiel die „Wirtschaftskompetenz"), obgleich für eine erfolgreiche Regierung noch ganz andere und wichtigere Aspekte zählen können (DRUCKMAN 2001).

Schließlich wird im Schaubild 4.2 noch die Bestätigungsneigung angeführt. Damit ist die Tendenz gemeint, vor allem die Informationen zu beachten, die unsere Auffassungen bestätigen und Informationen zu meiden oder kleinzureden, die unsere Ansichten infrage stellen (HAMMOND/KEENEY/RAIFFA 2006). Bei Gerichtsverhandlungen bilden sich viele Geschworene beispielsweise schon recht früh ein Urteil, was dazu führt, dass die folgenden Geschehnisse im Verhandlungsablauf einseitig und im Sinne der vorgefassten Meinung interpretiert werden. Ein anderes Beispiel ist das verbreitete Urteil von Sozialarbeitern, es bestehe ein Zusammenhang zwischen sozial unangepasstem Verhalten und geringem Selbstbewusstsein. Die empirischen Studien, die zeigen, dass es diesbezüglich tatsächlich keinen Zusammenhang gibt, werden häufig als bloße Zahlen abgetan. Erklären kann man diese Ignoranz damit, dass Sozialarbeiter eben sehr häufig mit Personen zu tun haben, die beide Merkmale aufweisen (DAWES 2001, S. 100). Aber auch in der Wissenschaft gibt es zahllose Beispiele dafür, dass Theoretiker zäh an ihren defekten Theorien festhalten. Die Lernbereitschaft ist also oft nicht sonderlich ausgeprägt, selbst in Bereichen, in denen es darum geht, die vorhandenen Hypothesen und Daten kritisch zu durchleuchten. Wichtiger ist den Menschen eben oft, dass sie ihr Welt- und ihr Selbstbild wahren, als dass sie sich dem Zweifel und der Unsicherheit aussetzen. Die Bestätigungsneigung verstärkt sich im Übrigen erheblich, wenn es um einmal getroffene Entscheidungen geht. Recht behalten wollen ist schon eine starke Motivation, einen Fehler nicht eingestehen wollen eine noch stärkere. Angemerkt sei an dieser Stelle, dass Abbildung 4.2 nur einzelne Exemplare aus einer langen Liste von Entscheidungsdefekten anführt (s. a. MARTIN 2011).

4.2 Handeln als Problemhandhabung

Im Lichte des Informationsverarbeitungsansatzes stellt sich menschliches Handeln als Bemühen dar, mit den Problemen zurechtzukommen, die sich aus dem Zusammenspiel psychischer Kräfte bilden, denen eine Person mehr oder weniger stark „ausgeliefert" ist, die sie aber manchmal auch (in einem bestimmten Umfang) selbst beeinflussen kann. Ihre Verankerung haben diese Kräfte in der biologischen Natur des Menschen und in seiner Persönlichkeit, sie entspringen aus den Anforderungen, die sich in den jeweiligen Handlungssituationen stellen und aus der psychologischen Verfassung, in der sich die handelnde Person befindet. Letztere bestimmt sich als Gemenge von Problemlagen, inneren Modellen, Gedanken, Handlungsentwürfen, Einstellungen, Beanspruchungen, Motivkonstellationen usw. Im Zentrum der Betrachtung des „Problemhandhabungsansatzes" steht das „Schicksal" von Problemen: Der Problemverlauf von ersten oft vagen Anmutungen über den Versuch, die Natur eines Problems zu erfassen und Bemühungen, zu einer genaueren Bestimmung zu gelangen, über die Anreicherung und Vereinfachung von Problemen, über deren Veränderung und Verwandlung bis hin zu Sublimierungen und Verdrängungsleistungen. Grundlegend für diese Betrachtungsweise ist die Einsicht, dass Menschen ihre Probleme nicht „lösen", sondern „handhaben" (MARTIN 1978; 1989; GILLE u. a. 1979; KIRSCH 1998). Wichtig sind außerdem die folgenden Überlegungen:

- Problemlagen entwickeln sich aus vorangegangenen Problemlagen. Will man verstehen, wie Personen mit einem Problem umgehen, dann darf man nicht nur dieses einzelne Problem, man muss vielmehr die Gesamt-Problemlage betrachten, also das ganze Tableau der vorliegenden Probleme, Handlungsentwürfe usw. und außerdem, wie der Umgang mit diesem einen Problem wiederum die Gesamtlage verändert.
- Handeln ist Prozesshandeln. Probleme werden selten in einem Zug erkannt und „beseitigt". Bis ein Problem von der Bildfläche verschwin-

det, hat es sich nicht selten erheblich verändert und ist im Wortsinne nicht wiederzuerkennen.

- Menschliches Handeln ist „epistemisch" unvollständiges Handeln, d. h. Menschen durchschauen weder die Einzelprobleme, noch die Gesamtlage vollständig, ihnen genügt meist ein „ungefähres" Bild, um handeln zu können.
- Menschliches Handeln ist auch „pragmatisch" unvollständiges Handeln. Menschen streben nicht nach perfekten, passgenauen Lösungen. Nicht nur Denken ist Probehandeln, auch das Handeln selbst erfolgt oft nur versuchsweise und vorläufig unter der Maßgabe es zu korrigieren, wenn es der empfundenen Problemlage nicht abhilft.
- Entscheidungen sind Mittel der Problemhandhabung, sie sind Versuche, sich selbst auf einen Verhaltenskurs zu setzen, der dazu beiträgt, mit den jeweils drängenden Problemen klarzukommen. Es gibt dabei keine eins zu eins Entsprechung von Problemen und Entscheidungen, Entscheidungen können sich gleichzeitig auf mehrere Probleme richten, ohne sie – wie eben erwähnt – adäquat treffen zu müssen.
- Ähnliches gilt für Ziele. Sie bringen das aktive Element des Handelns zum Ausdruck. Man setzt sich Ziele und damit unter Druck, sie auch zu erreichen, oder, anders ausgedrückt: man schafft sich ein Problem. Damit die damit verbundene Absicht auch Substanz gewinnt, sich also die zielinduzierte Problembehandlung gegenüber anderen konkurrierenden, auf Bearbeitung drängenden, Problemen durchsetzen kann, müssen Ziele unterfüttert, mit motivationaler Kraft ausgestattet werden – etwa durch die Verknüpfung mit einem Grundbedürfnis (z. B. durch eine öffentlich vorgetragene Verpflichtung, der man nicht entkommen kann, weil damit das Bedürfnis nach Wertschätzung und Anerkennung verletzt wird).
- Ganz zentral geht es in Theorien der Problemhandhabung außerdem um die Identifikation von Verhaltens-*Mechanismen*. Der Vorstellung von einem weitgehend selbstbestimmten Akteur, der sich seine eigenen Verhaltensregeln setzt, wird damit die Auffassung von der Vorbestimmtheit des Handelns entgegengesetzt, also die Auffassung, dass die Handlungsabläufe von Gesetzmäßigkeiten bestimmt werden, die niemand zu durchbrechen vermag.

Auf den letzten Punkt wird im übernächsten Abschnitt eingegangen, zunächst seien die wesentlichen Grundzüge einer Theorie der Problemhandhabung skizziert.

4.2.1 Die Dynamik der Problemhandhabung

Wie oben bereits beschrieben, nimmt die Definition der Situation für die Regulation des Handelns eine Schlüsselstellung ein. In ihr versammeln sich die handlungsrelevanten Kräfte, deren Zusammenwirken die Situationsdefinition nicht nur bestimmt, sondern auch fortlaufend verändert. Die Handhabung von Problemen ist daher ein dynamisches Geschehen, manche Probleme werden in die Situationsdefinition aufgenommen, andere werden zurückgewiesen, es bildet sich auf diese Weise ein „Pool" an Problemen, die alle mehr oder weniger intensiv Aufmerksamkeit beanspruchen und die ihnen denn auch in unterschiedlichem Maße zu Teil wird. Je nach Bearbeitungsstand tritt ein Problem in seiner Bedeutung zurück, es gilt als „gelöst" und verlässt damit den Problempool, oder es verliert einfach an Bedeutung, z. B. weil man merkt, dass man es falsch eingeschätzt hat, oder das Problem ein anderes Gesicht erhält und damit eine andere Behandlung verdient. Andere Probleme drängen sich vor und alte, vermeintlich „gelöste" Probleme kehren zurück, weil sich die Handlungen, die man zu ihrer Bewältigung initiiert hat, als nicht erfolgreich erweisen. Es sind aber nicht nur die Probleme selbst, die der geschilderten Dynamik unterliegen, auch die Hilfsmittel der Problembearbeitung sind in ständiger Bewegung und Veränderung begriffen. Die verfügbaren Informationen, inneren Modelle, Theorien, Bewertungsmaßstäbe, Regeln, Heuristiken, Problemlösungsroutinen usw., sprich, alle „relevanten" Wert-Wissens-Komplexe, die sich in der Definition der Situation versammeln, müssen erkundet, aufgerufen, eingesetzt und aufeinander bezogen werden. Die Problembehandlung bringt also eine ganze Reihe von nicht eben anspruchslosen Steuerungsaufgaben mit sich. In Abbildung 4.3 sind vereinfacht die wichtigsten dieser Aufgaben angeführt.

Die Pfeilrichtungen in dieser Abbildung sind bewusst gewählt, sie sollen zum Ausdruck bringen, dass sämtliche Aktivitäten vom Steuerungsgeschehen ausgehen: Informationen und Probleme dringen also nicht etwa von außen in die Person ein, sie werden vielmehr immer nur von innen in das System der Problembearbeitung hereingeholt. Zweifellos gibt es

Abb. 4.3: Basisfunktionen der Problemhandhabung

starke Situationen, in denen sich bestimmte Signale mit Wucht und Lärm melden, wenn hierfür aber kein psychisches Sensorium besteht oder wenn die Aufmerksamkeit von anderen Vorgängen belegt ist, dann existiert diese Realität für die Person gewissermaßen überhaupt nicht. Dass dies selten geschieht, dass also aufdringliche Signale nicht ignoriert werden, liegt daran, dass zur Verhaltensregulation auch die Aufmerksamkeitssteuerung gehört, eine Art Sicherungsverhalten, das sich nach außen, aber auch nach innen richtet und nach Indizien Ausschau hält, die zu einer Neubewertung der Situation Anlass geben. Die Aufmerksamkeit kann sich dabei auf ein grobes „Scanning" beschränken (Gibt es starke Veränderungen, Ungewohntes im Umfeld? Wie ist das körperliche und emotionale Wohlbefinden usw.?) oder aber gezielt nach speziellen Hinweisreizen Ausschau halten (Wie ist die Miene des Vorgesetzten zu deuten? Stammt der plötzliche Schmerz an der Hand von einem Insektenstich usw.?). Schon bei der Aufmerksamkeit geht es also um Definitionsprozesse, um Festlegungen in der Frage, ob man sich mit den identifizierten Problemen weiter beschäftigen sollte.

Ähnliches gilt für die Auslösung und Beobachtung konkreter Verhaltensweisen zur Problembewältigung. In dem Maße, in dem hierfür geeignete Mittel zur Verfügung stehen (Kenntnisse, objektive und psychische Zugänglichkeit zu den Geschehnissen, Beobachtungskapazitäten, psychische Energie usw.), werden die eingeleiteten Verhaltensweisen und Handlungsschritte daraufhin beobachtet, ob sie sich auch als geeignet erweisen, die Probleme zu lösen oder ob sie im Gegenteil eher neue Probleme erzeugen.

Auf die Notwendigkeit, sich die Mittel zur Problembearbeitung auch zu beschaffen, wurde schon weiter oben hingewiesen. Die damit verbundenen Tätigkeiten beschränken sich nicht auf das Abrufen von Kenntnissen, Heuristiken usw., sondern beinhalten mitunter beträchtliche Konstruktionsaufgaben. Wenn man zur Problemdefinition beispielsweise auf ein inneres Modell zugreift, dann passt das nur bedingt genau auf die Problemsituation, nicht selten sind daher Ergänzungen, Modifikationen und Anpassungen notwendig, die allerdings nicht zwangsläufig zu einer immer besseren Passung von Problem und Problemdefinition führen, sondern genauso auch eine Veränderung des Problems bewirken können – und nebenbei auch zu einem reicheren Erfahrungsschatz verhelfen, auf den bei zukünftigen Gelegenheiten zurückgegriffen werden kann.

Im Zentrum der Betrachtung von Problemhandhabungstheorien steht natürlich der Umgang mit Problemen. Unter einem Problem wird dabei in einem ganz allgemeinen Sinn eine Abweichung des jeweils gegebenen Istzustands von einem vorlaufenden Soll-Zustand des psychischen Systems verstanden. Die Sollzustände definieren sich ganz unterschiedlich, ein Ziel, das man nicht erreicht, ist ebenso ein Problem wie ein unbefriedigtes Bedürfnis oder eine kognitive Dissonanz. Die Anspannung, die entsteht, wenn man etwas nicht recht durchschaut, ist ein problematischer Zustand, ebenso wie ein unangenehmes Gefühl, das man gerne los wäre, eine starke Belastung oder auch beispielsweise das Bewusstsein, etwas falsch gemacht, gegen eine Norm verstoßen, jemanden enttäuscht zu haben usw. In Abbildung 4.4 sind die wichtigsten Aktivitäten angeführt, die bei der Problemhandhabung zum Zuge kommen.

Die Problembearbeitung beginnt bereits bei der Problemwahrnehmung. Am Anfang steht nicht selten ein bloß vages Empfinden, ein diffuser Spannungszustand, dessen Natur erst noch näher zu bestimmen ist. Nicht jede – mehr oder weniger vage spezifizierte – Problemwahrnehmung führt dazu, dass man sich auch mit ihr beschäftigt. Zur näheren Betrachtung werden also nur bestimmte Probleme zugelassen. Wird ein Problem akzeptiert, dann wird es in den aktuellen Problem-Pool aufgenommen. Je nach freier Kapazität und Dringlichkeit wird das Problem genauer analysiert, bearbeitet, transformiert und einer Lösung zugeführt. Dabei ist zu beachten, dass die Bearbeitung immer in Konkurrenz mit den anderen aktuellen Problemen erfolgt, unter Umständen rutscht ein Pro-

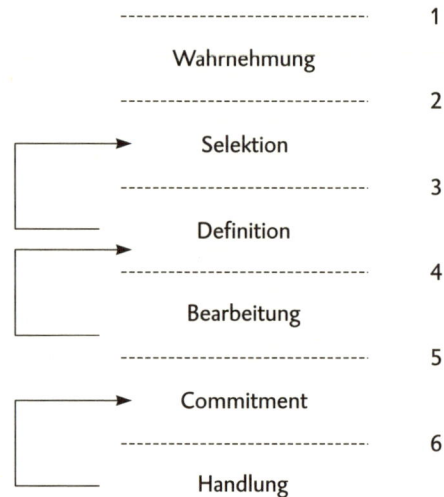

Abb. 4.4: Ablaufschema der Problemhandhabung

blem in der Bearbeitungspriorität nach hinten, weil sich andere Probleme vordrängen. Außerdem verändert sich die Prioritätsliste je nachdem, wie weit fortgeschritten eine Problembearbeitung ist. Wird schließlich eine brauchbar erscheinende Lösung gefunden und mit dem notwendigen Commitment versehen, werden entsprechende Handlungsprogramme erarbeitet und schließlich ausgeführt.

Inhaltlich ist zu klären, welche Prinzipien die Problembearbeitung steuern, jede der sechs in Abbildung 4.4 angeführten Bearbeitungsschwellen muss überschritten werden und es wäre zu klären, welche Prozesse hierfür verantwortlich sind. Gleiches gilt für die Rückkopplungen, die in der Abbildung beispielhaft angeführt sind, also beispielsweise bei der Frage, unter welchen Umständen Versuche zur Lösung eines Problems zu einer völligen Umwertung der Problemlage, d. h. zu einer gänzlich neuen Problemdefinition führen.

In Tabelle 4.1 findet sich eine Liste möglicher Verhaltensweisen, die als Versuche der Problemhandhabung gelten können. Wie man daran sieht, ist das Bemühen darum, den originären Anforderungen der Problemlage gerecht zu werden, nur eine von möglichen Handlungsstrategien. Man kann auch versuchen, problemerzeugenden Informationen aus dem Weg zu gehen. Ein Beispiel für eine derartige Vermeidungsstrategie ist „selec-

Tab. 4.1: Verhaltensstrategien

Nach innen gerichtete Strategien	Beispiele
Ausweichen	Verdrängen, Verschieben
Umdefinieren	Leugnen, kognitives Manipulieren
Umbewerten	Ändern der Überzeugungen/Werthaltungen
Problemlösen	Konventionelles, innovatives Problemlösen
Nach außen gerichtete Strategien	Beispiele
Ignoranz	Ignoranz, Flucht aus dem Feld
Strategischer Widerstand	Machtaufbau, Normierung
Taktischer Widerstand	Verhandlungen, soziale Manipulationen
Willfährigkeit	Passivität, proaktives Engagement

tive exposure", womit ein Verhalten bezeichnet wird, das darauf gerichtet ist, sich nur solchen Informationen auszusetzen, die geeignet sind, eine getroffene Entscheidung zu rechtfertigen (FESTINGER 1957) und damit Dissonanzen über eventuelle Fehlentscheidungen gar nicht erst zulässt. Ein ähnliches Motiv steckt in der Neigung, den Kontakt mit Personen zu meiden, die Eigenschaften aufweisen, die man an sich selbst nicht leiden mag (SCHIMEL u. a. 2000). Dabei ist natürlich zu beachten, dass sich Probleme nicht beliebig z. B. durch Definitions- oder Ausweichprozesse bewältigen lassen. Ob ein Problem gelöst wird, ob es sich auflöst und evtl. von selbst verschwindet, hängt davon ab, wie sich die Handlungssituation verändert und inwieweit die Situationsdefinition diese objektive Realität ignorieren kann, ohne vielleicht noch gravierendere Problemlagen zu erzeugen. Kurzfristig erfolgreiche Problemlösungsmuster können zu langfristig schwerwiegenden und kaum handhabbaren Problemen führen. Aber auch als subjektiv unlösbar erkannte Probleme müssen gehandhabt werden, hier bleiben dann oft nur Möglichkeiten wie Verdrängen, Verschieben oder Sublimieren, Möglichkeiten, die von der Hoffnung leben, dass sich die Lage von selbst bessert oder man Fähigkeiten entwickelt, die einem den Umgang mit den Problemen erleichtern. Manchmal können Scheinlösungen sogar zu einer Verbesserung der Problemlage beitragen,

ein Beispiel wäre die Flucht in eine Krankheit, die einen zwingt, eine
stressbeladene Situation hinter sich zu lassen.

4.2.2 Mechanismen der Problemhandhabung

Die Rational-Choice-Theorie rekurriert auf Überlegungen, auf Abwä-
gungsprozesse, auf eine Vorteils-Nachteils-Betrachtung bei der Auswahl
von Handlungsalternativen. Der zentrale Mechanismus, der gemäß dieser
Theorie zum Zuge kommt, ist die Nutzenmaximierung. Die Rational-
Choice-Theorie bietet damit ein zwiespältiges Bild. Einerseits setzt sie auf
die Gedankenkraft und den freien Willen des Individuums, andererseits
macht sie ihn zum Gefangenen eines etwas stupiden Prinzips. Die Theorie
der Problemhandhabung ist, was die Beschreibung von Verhaltensmechanismen angeht, wesentlich besser ausgestattet und sie kommt damit der
Realität des menschlichen Handelns um einiges näher als die Rational-
Choice-Theorie. Allerdings wird mit der Wirksamkeit von fest gefügten
Mechanismen der Raum selbstbestimmter Überlegungen – also all das,
was man mit dem Begriff „rational" verknüpft – wesentlich kleiner.

Ein elementarer Teilprozess ist die Problemauswahl: Welchem Problem soll man sich überhaupt zuwenden, welche Probleme soll man (zunächst) zurückstellen? In der Theorie von DÖRNER/REH/STÄUDEL (1983)
wird diese Frage unter dem Stichwort „Absichtsregulierung" behandelt.
Bestimmend für die Zuwendung zu einem Problem ist der Auswahldruck.
Dieser ergibt sich nach der folgenden Formel:

$$a_i = w_i \, (d_i + ag_i) \, e_i$$

Die aktuelle Dringlichkeit einer Absicht (d_i) wird mit einem Aktualitätsgewicht (ag_i) addiert und mit der Wichtigkeit (w_i) und der Erfolgswahrscheinlichkeit (e_i) multipliziert. Es sind also vier Größen, die die
Problemauswahl bestimmen. Hierzu gehören zwei gute Bekannte: die
Wahrscheinlichkeit, dass die Problembearbeitung zu einem Erfolg führt
und die Wichtigkeit des Problems. Unschwer erkennt man hierin die zentralen Variablen einer jeden Entscheidungstheorie: Werte und Erwartungen. Die Dynamik des Verhaltens gerät mit den beiden anderen Variablen
in den Blick. Das ist zum einen die *aktuelle* Dringlichkeit des Problems. Sie
bestimmt sich nach der *spezifischen* Dringlichkeit des Problems und der

(geschätzten) Zeit, die notwendig ist, um das Problem zu lösen. Die spezifische Dringlichkeit einer Absicht ergibt sich aus den Abweichungen des Istzustands vom Sollzustand, wobei es zum einen auf das Ausmaß der Abweichung ankommt, zum anderen aber auch auf die Geschwindigkeit und Beschleunigung der Abweichung. Schließlich ist noch das Aktualitätsgewicht zu ermitteln. Es bestimmt sich aus der allgemeineren Problemlage: Wenn man bei seinen Bemühungen auch bei anderen Problemen immer wieder auf das fragliche Problem verwiesen wird, dann gewinnt dies zusätzlich an Aktualität.

Die Mechanismen, die im Lichte dieser Betrachtung die Problemzuwendung bestimmen, sind unschwer zu erkennen. Kommt es beispielsweise zu einer plötzlichen und starken Zustandsverschlechterung, dann folgt hieraus fast unmittelbar auch eine entsprechende Zuwendung zu der damit verbundenen Problematik. Allerdings wird diese Zuwendung – dies folgt jedenfalls aus der angeführten Formel – durch eine Nutzenabschätzung gedämpft. Es ist schon interessant, dass auch hier das ökonomische Denkmodell zur Anwendung gebracht wird. Plausibel ist das nur bedingt. So ist davon auszugehen, dass für viele Probleme keinerlei Vorstellungen über die Wahrscheinlichkeit des Erfolgs verschiedener Problemlösungsstrategien bestehen, und wie man in diesem Fall Nutzenerwartungen berechnen will, bleibt einigermaßen unbestimmt. Wichtiger ist jedoch, dass, wie oben bereits angeführt wurde, auch Probleme gehandhabt werden müssen, für die keine Lösung in Sicht ist, für die die Wahrscheinlichkeit des Erfolgs also gegen Null geht. Gemäß der angeführten Formel werden diese Probleme gar nicht angegangen, was der Intuition und auch der Erfahrung widerspricht. Zwar kommt es zu keiner „Lösung", das mag erklären, warum diese Probleme bei Dörner u. a. bei der Absichtsregulierung nicht auftauchen: es geht in der Dörnerschen Konzeption nämlich nicht um Probleme – wie in unseren Überlegungen – sondern um Absichten und damit um Ziele. Diesbezüglich macht eine Nutzenabschätzung (wie genau auch immer) durchaus Sinn. Für die Problemregulierung ist dies allerdings ein zu sehr „intellektueller" Zugang, sie funktioniert wesentlich einfacher und kommt mit zwei sehr „groben" Mechanismen aus (MARTIN 1989, S. 280). Damit die Bearbeitung eines anderen als des aktuell im Zentrum stehenden Problems beginnen kann, muss hierzu überhaupt erst die Möglichkeit bestehen. Jede Problembearbeitung beansprucht eine bestimmte Aufmerksamkeit und ein Minimum an aufzuwendender Zeit; nur wenn sich ein Freiraum ergibt, sich aus der damit gegebenen Problembefangenheit zu lösen, kann eine Zuwendung zu einem anderen Problem erfolgen. Man wird dies aber nicht immer tun, die entscheidende Größe ist die *Problemdringlichkeit*, d. h. man wird sich demjenigen Problem aus dem Problempool zuwenden, das den größten Problemdruck erzeugt. Dieser Problemdruck ist wiederum eine Resultante aus Bearbeitungsstau und Zeitdruck. Wenn ein einigermaßen bedeutsames Problem lange Zeit im Problempool verweilt und dabei das Niveau der Problemspannung nicht sinkt, weil das Problem nicht weiter (erfolgreich) bearbeitet wird, und wenn außerdem die verfügbaren Zeiträume für seine Bearbeitung enger werden, dann wächst zwangsläufig auch der Druck, der auf Bearbeitung des infrage stehenden Problems drängt.

Zu beachten ist, dass die beiden angeführten Mechanismen primär von Gefühlsregungen initiiert werden und nicht etwa auf einer abwägenden Urteilsbildung. Zwar kommen hierbei auch Beurteilungen zum Zuge (z. B. über die verfügbare Zeit), diese werden aber nur verhaltenswirksam, wenn sie sich mit Empfindungen verknüpfen. Ähnliches gilt für den Zugang der einzelnen Probleme zum Problempool. Dies ist eine wichtige Frage (siehe die 2. Schwelle im Schaubild 4.4, der Übergang von der Wahrnehmung zur Selektion), weil Probleme, die es in den Problempool schaffen, anders behandelt werden als Probleme, die sozusagen „vor der Tür stehen" und allenfalls „anklopfen" können. Das Überschreiten der Schwelle wird im Wesentlichen durch zwei Größen bestimmt: zum einen durch das Problemausmaß, d. h. durch die Differenz zwischen dem Soll- und dem Istwert und zum andern durch die Wertladung. Die Wertladung bestimmt sich nach der Verankerung der infrage stehenden – und durch die gegebene problematische Situation gefährdeten – Bedürfnisse, Gewissheiten, Befindlichkeiten usw. Je enger diese psychischen Elemente mit dem eigenen Selbst verknüpft sind, desto größer ist die Wertladung des Problems. Der Mechanismus, der den Zugang zum Problem-Pool regelt, ist also denkbar einfach: Wird ein aus dem Produkt von Wertladung und Problemausmaß zu bestimmender Schwellenwert überschritten, dann erfolgt eine nähere Inspektion des infrage stehenden Problems und – wie oben beschrieben – seine Regulierung in Konkurrenz zu den anderen der im Problempool sich befindenden Probleme.

Ein besonders interessanter Mechanismus findet sich am Übergang 6 in Abbildung 4.4. Grundsätzlich wird jeder Problemhandhabungsprozess mit einem Commitment abgeschlossen, die Lösungshypothese wird in Verhalten übergeführt. Das Commitment gibt dem Problem gewissermaßen seinen Abschied, mit der Maßgabe, sich nicht mehr mit ihm beschäftigen zu wollen, jedenfalls nicht mehr in einem problematisierenden, allenfalls in einem abwickelnden Modus. Normalerweise ist das Commitment nur der letzte Ruck, um sich von der Problembeschäftigung zu lösen, manchmal bedarf es hierzu allerdings eines starken Willensaktes und das Commitment gewinnt dann den Charakter eines strategischen Zuges, um sich eines Problems zu entledigen. Hierzu kann eine öffentlich geäußerte Festlegung hilfreich sein, eine erneute Infragestellung der getroffenen Entscheidung wird gewissermaßen unmöglich gemacht. Wann kommt es zu diesem psychologischen Schachzug? Eine wichtige Vorbedingung, die das in Gang kommen des Commitment-Mechanismus befördert, erwächst aus der Erfahrung mit einer Reihe von vergeblichen Versuchen, sich von dem Problem zu befreien. In diesem Fall reicht es oft aus, dass der ohnehin schon starke Problemdruck nur um einen kleinen Betrag verstärkt wird, damit man sich für „irgendeine" Handlungsalternative stark macht. Begünstigt wird diese Tendenz noch zusätzlich, wenn sich keine der verfügbaren Alternativen klar heraushebt und – vielleicht die wichtigste Bedingung – wenn mit der Ausführung der Handlung große Kosten verbunden sind, gegen deren demoralisierende Wirkung man sich durch das Commitment wappnen muss. Eine Selbstverpflichtung ist also nicht zuletzt ein Mittel, um sich gegen nachträgliche Zweifel zu schützen, um Standhaftigkeit zu wahren und um sich damit Verhaltenssicherheit zu verschaffen – allerdings ohne Erfolgsgarantie, denn auch das stärkste Commitment wird scheitern, wenn die Probleme sich nicht auflösen lassen.

An dieser Stelle können nicht alle Mechanismen behandelt werden, die bei der Problemhandhabung zum Zuge kommen und ich will es daher bei den angeführten drei Beispielen belassen. Abschließend seien lediglich noch zwei Bemerkungen angefügt. Bei der ersten geht es um die Natur und die genaue Abgrenzung dessen, was man unter einem Problem zu verstehen hat, bei der zweiten um die Aufgaben, die gemeistert werden müssen, damit die Problemhandhabung gelingen kann.

Zum ersten Punkt: Probleme sind psychische Einheiten, die sich normalerweise aus vielen Teilproblemen zusammensetzen. Allerdings gibt es keine natürliche Ordnung dieser Einheiten, sie zergliedern sich also nicht etwa in Problematome, die Verbindungen bilden und sich zu langen (Problem-)Molekülketten zusammenfinden können. Angemessener ist es, von Problemkomplexen oder Problemclustern zu sprechen, von Problemen, die sich verklumpen und die sich daher nur nach je individueller Logik auflösen lassen. Eine spezielle Klasse von derartigen Problemclustern besteht aus Supraproblemen, womit Probleme gemeint sind, die einen einigermaßen deutlich abgegrenzten Lebenszusammenhang betreffen (die finanzielle Sicherung der Familie, die Organisation des Studiums usw.) und die insoweit auch eine gewisse inhaltliche Ordnung aufweisen. Dessen ungeachtet fällt es dem Individuum nicht immer leicht, die Struktur dieser Supraprobleme zu durchschauen, was die Problemlage nicht eben vereinfacht, weil eine mangelhafte Handhabung Auswirkungen auf die anderen in diesem Zusammenhang auftretenden Probleme hat. Im schlimmsten Fall kann es dazu kommen, dass das ganze Gerüst der für das Supraproblem maßgebenden Subprobleme, d.h. deren Verflechtung und deren Handhabung, infrage gestellt wird und neu überarbeitet werden muss. Die Objekte der Problemhandhabung sind manchmal aggregierte, manchmal elementare Probleme. Wie Probleme abgegrenzt, auf welchem Abstraktionsniveau sie behandelt werden, obliegt letztlich allein dem Bestimmungshandeln des Individuums. Die Suche nach Tinte während der Niederschrift eines Manuskripts hat einen anderen Horizont und eine andere Komplexität als der Entwurf des Manuskripts oder die Existenzsicherung der Familie. Trotz ihrer offenkundigen Nichtvergleichbarkeit können aggregierte und elementare Probleme das Individuum gleichzeitig und nebeneinander beschäftigen. Sie beanspruchen trotz ihres unterschiedlichen Komplexitätsgrades nicht unbedingt auch unterschiedlich umfangreiche Kapazitäten. Zwar können komplexe Probleme in bestimmten Zeiten fast die ganze Problembearbeitungskapazität beanspruchen, ist allerdings eine effiziente Strategie zum Umgang mit dem infrage stehenden Komplexproblem verfügbar, dann erfordert seine Behandlung kaum mehr Kapazität als die Beschäftigung mit einem einfachen Routineproblem. Man muss also auch die andere Seite in einer Problemsituation betrachten: Nicht nur Probleme, sondern auch die Mittel zur Problembewältigung können sehr unterschiedliche Auflösungsgrade aufweisen. Neben elementaren Operationen (z.B. „Hinzufügen konsonanter Informationen", „Prüfung einer Zweck-Mittel-Beziehung") kommen zusammengesetzte Operationsketten, Regeln, Programme, Heuristiken und Strategien der Problemhandhabung zur Anwendung. Neben themenspezifischen Handlungsstrategien wenden Menschen außerdem Metastrategien an, die sich nicht auf einzelne Probleme oder Problemkomplexe, sondern auf den Problemhandhabungsprozess selbst beziehen und damit indirekt auch den Durchlauf einzelner Probleme wesentlich verbessern können.

Nun zum zweiten Punkt. Obwohl unsere Schilderung nur sehr skizzenhaft erfolgen konnte, dürfte deutlich geworden sein, dass die Anforderungen an eine erfolgreiche Problemhandhabung nicht gering sind. Es müssen nicht unerhebliche Mengen an Informationen verarbeitet werden, es ist außerdem einige Intelligenz aufzubringen, um den Strom der Probleme in die richtigen Bahnen zu lenken. Nicht jedes Problem kann zugelassen werden, Probleme müssen in eine Rangfolge gebracht, „geparkt" und „verabschiedet" werden, Informationen müssen beschafft, abgewehrt, kombiniert und transformiert werden, Prozesse müssen abgeschirmt, beschleunigt, verzweigt und unterbrochen werden, Problemlösungen sind zu erarbeiten, mental zu erproben, zu modifizieren und anzuwenden. Die Anforderungen an das „Management" der Problemhandhabung kann man gut auch an den Dilemmata erkennen, mit denen es konfrontiert ist (vgl. ähnlich GOSCHKE 1996; SCHAUB 2001). Ein erstes Dilemma ergibt sich daraus, dass man einerseits sein Handeln gut vorbereiten und man dabei – andererseits – nicht das Handeln selbst vergessen sollte. Ein zweites Dilemma entsteht aus zwei widersprüchlichen Anforderungen, zum einen sollte man sich einem Problem voll zuwenden und Einflüsse abwehren, die einen von der Beschäftigung mit dem Problem abbringen können, zum anderen darf man nicht aus dem Auge verlieren, dass auch die übrigen Probleme Ansprüche auf Aufmerksamkeit haben. Ein drittes Dilemma betrifft die Notwendigkeit, Ankerpunkte in der Problembearbeitung zu finden und zu fixieren, damit man von dort aus weiter voranschreiten kann. Ebenso notwendig ist es aber, sich gerade nicht festzulegen, denn wenn man zu tieferen Einsichten gelangen will, dann empfiehlt es sich, nicht auf Gewissheit zu setzen, sondern die Verunsicherung zu suchen. Die genannten Dilemmata entstehen, weil man normalerweise nicht einschätzen kann, welche der gegensätzlichen Verhaltensweisen sich als die „richtigen" herausstellen werden. Im Zuge der Problemhandhabung müssen also „echte" Entscheidungen getroffen werden, man muss sich auf ein Verhalten festlegen, ohne dass man weiß, ob es nützlich ist, und dabei helfen einem keine Abwägungen und schon gar keine Berechnungen. Aber selbstverständlich ist es nur eine metaphorische Redeweise, in diesem Zusammenhang von Entscheidungen zu sprechen, es ist kein autonomer Akteur, der hier tätig ist, sondern es sind die Mechanismen der Problemhandhabung, die die notwendigen Festlegungen vornehmen.

4.3 Handeln im Kontext

Es sind nicht unsere Probleme, die uns beschäftigen, bestimmt werden wir davon, wie sich die Probleme anfühlen. Es gibt Zeiten, da lässt uns ein Problem völlig kalt, zu anderen Zeiten lässt es uns nicht los, manchmal suchen wir fieberhaft nach einer Lösung, ein andermal gemächlich und geordnet. Es ist der emotionale Kontext, der einem Problem seinen „Geschmack" gibt, der darüber bestimmt, ob wir uns einem Problem zuwenden oder ob wir ihm lieber aus dem Weg gehen, ob wir es mit Engagement angehen oder uns nur mit Widerstreben mit ihm befassen. Der psychologische Innenraum, in dem sich die Bearbeitung von Problemen abspielt, ist gewissermaßen von Emotionen durchdrungen, was die Anmutungsqualität und die Art und Weise, mit der Probleme angegangen werden, maßgeblich bestimmt. Nicht minder wichtig ist allerdings der äußere Kontext. Der soziale Außenraum, in dem ein Problem angesiedelt ist, bestimmt darüber, ob ein Problem überhaupt in den Blick genommen wird, wie es gedeutet wird, welche Arten des Umgangs mit ihm als denkbar gelten und welche Möglichkeiten zur Problembewältigung offen stehen.

4.3.1 Das Innere: Fühlen und Erleben

Es gibt kein emotionsfreies Denken und damit auch kein emotionsfreies Handeln. Noch die Beschäftigung mit den abstraktesten Problemen setzt eine bestimmte psychologische Gestimmtheit voraus. Wer beispielsweise einen komplizierten mathematischen Beweis nachvollziehen will, braucht hierzu gleichermaßen Anspannung und Gelöstheit, Zuversicht und Vorsicht. Emotionen sind hilfreich, wenn sie zum Problem passen, wenn es darum geht, viele Hindernisse zu überwinden, dann sollte man optimistisch sein; wenn man dazu neigt, sehr riskant zu agieren, dann ist es besser, Entscheidungen dann zu treffen, wenn man eher pessimistisch gestimmt ist. Enthusiasmus ist gut, wenn es darauf ankommt, andere Personen für ein Vorhaben zu gewinnen, eine Ärger-Stimmung kann Energie freisetzen, sie kann aber auch zu unbedachten Äußerungen Anlass geben usw. Über die Beziehung zwischen Denken und Emotionen gibt es zahlreiche Abhandlungen, wobei sich mittlerweile die Auffassung durchgesetzt hat, dass Emotionen neben störenden und destruktiven auch viele positive Wirkun-

gen haben können. Häufig angeführt wird diesbezüglich deren Signal-
funktion. Beschleicht einen beispielsweise ein ungutes Gefühl, dann ist
dies ein Warnsignal, das uns auf mögliche Bedrohungen aufmerksam
macht, wir achten verstärkt auf Anzeichen, die auf mögliche Gefahren
hinweisen und halten Ausschau nach Unterstützung und Sicherheit. Andererseits können uns Gefühle aber auch in die Irre führen, wer – um bei
unserem Beispiel zu bleiben – dazu neigt, ständig besorgt zu sein, der verwendet viel unnötige Mühe in Absicherungsverhalten, was seiner Lebens-
freude (und nebenbei bemerkt: auch der Geduld seiner Gefährten) eher
abträglich ist.

Dass die emotionale Befindlichkeit und das Entscheidungsverhalten
eng miteinander verknüpft sind, weiß jeder aus seiner Alltagserfahrung
und es ist auch in wissenschaftlichen Studien empirisch belegt worden. In
einer ängstlichen Stimmung wird man beispielsweise eher pessimistische
Erwartungen hegen, in einer Ärger-Stimmung neigt man dagegen zu Optimismus (LERNER/KELTNER 2000), in einer negativen Stimmung geht man
Probleme eher induktiv an, in einer positiven Stimmung dagegen eher
deduktiv (BLESS/FIEDLER 2006). Die Stimmungslage beeinflusst außerdem
die Bereitschaft, negatives Feedback anzunehmen, die damit einhergehen-
de psychische Belastung ist in einer positiven Stimmungslage geringer als
in einer negativen (TROPE/NETER 1994). Aber nicht nur die aktuellen Ge-
fühlslagen, auch antizipierte Gefühle prägen die Entscheidungsfindung.
Heftige Diskussionen löst beispielsweise oft die Frage aus, ob man sein
Kind impfen lassen soll. Angesichts beunruhigender Berichte über die
Schwere möglicher Impfschäden entscheiden sich immer mehr Eltern gegen die Impfung. Je größer die Sorge (je größer das „antizipierte Bedauern" über eine mögliche Falschentscheidung) ist, desto eher verzichtet
man auf die Impfung (man entwickelt eine „Präferenz zum Nichtstun"),
schließlich möchte man sich später nicht vorwerfen müssen, man habe
seinen Kindern Schaden zugefügt, weil man sie hat impfen lassen. Geflissentlich übersehen wird dabei, dass auch Unterlassen ein Tun ist und dass
auch aus einem Impfverzicht erhebliche negative Folgen erwachsen können (SCHWARZ 2000).

Einiges Interesse verdient die Frage, unter welchen Umständen Affekte
die Urteilsfindung und das Entscheidungsverhalten beeinflussen. Nach der
Affekt-Infusions-Theorie von FORGAS (1995) ist das am ehesten in heuristischen und substantiellen Problemlösungsprozessen zu erwarten. Eine af-
fektive Übertragung unterbleibt dagegen, wenn man einer motivierten

Strategie folgt und wenn man es mit Verhaltensprozessen zu tun hat, die sich durch die *Verwendung unmittelbarer Zugriffsroutinen* auszeichnen. Letzteres ist der Fall bei Aufgaben, die einem sehr vertraut sind und deren Anforderungen und Strukturen klar sind. In diesem Fall entwickelt man unzweideutige Vorstellungen im Hinblick auf das, was zu tun ist, und man folgt entsprechend eingefahrenen und vorgeblich bewährten Handlungssequenzen. Dadurch bleibt nur wenig Raum für emotionale Ansteckung. Ein erfahrener Fußball-Schiedsrichter wird beispielsweise selbst in einer sehr aufgeheizten Spielatmosphäre sofort einen Strafstoß verhängen, wenn der Ball statt vom Torwart von einem Feldspieler in die Arme genommen wird. Bei *motivierten Prozessen* wird das Handeln von einem starken Motiv bestimmt, das andere und damit auch emotionale Einflüsse beiseite drängt, daher wird sich beispielsweise eine Person, die ein großes Interesse an einer Stelle hat, in einem Bewerbungsgespräch auch gegenüber einem unsympathischen Gesprächspartner von ihrer besten Seite zeigen und auf Unfreundlichkeit nicht ebenfalls unfreundlich reagieren. *Heuristische Prozesse* findet man bei relativ einfachen, vertrauten Aufgaben, deren persönliche Relevanz sich in Grenzen hält. Gefühle dienen in diesen Fällen als Anker, an denen man sich in seinem Verhalten orientiert. Wird man nach einem guten Abendessen dazu aufgefordert, sich beim Geschirrspülen nützlich zu machen, dann wird man sich dieser Aufgabe entspannt und mit Umsicht widmen, wenn man die Aufforderung als freundliche Einladung erlebt. Hat man dagegen eine große Aversion gegen jegliche Form von Hausarbeit, wird man sich am Geschirrspülen nur mit gebremstem Elan und verminderter Sorgfalt beteiligen. Wieder eine andere Wirkung haben Emotionen in *substantiellen Problemlösungsprozessen,* die anspruchsvoll, neuartig, komplex und von großer persönlicher Bedeutung sind. Man sollte meinen, dass Menschen bei der Behandlung von derartigen – sie stark betreffenden – Problemen in besonderem Maße darauf bedacht sind, emotionale Einflüsse abzuwehren, um zu einer möglichst optimalen Lösung zu gelangen. Dem steht allerdings entgegen, dass die Lösung eines substantiellen Problems einen umfänglichen, innovativen und offenen Problemlösungsprozess erforderlich macht, also einen Prozess, in den vielfältige Ideen, Informationen und Überlegungen Eingang finden. Ganz zwangsläufig öffnen sich in derartigen Problemlösungsprozessen zahlreiche Einfallstore für Gefühle, die schwer zu kontrollieren sind, was dazu führt, dass – etwas paradox – in Prozessen, in denen man am ehesten kühle Sachlichkeit erwartet, Emotionen am stärksten an Einfluss gewinnen. Andererseits besteht in elaborierten Entscheidungsprozessen aber auch die größte Chance, dies zu bemerken und die entsprechenden Vorkehrungen zu treffen. Und auch die oben gemachten Aussagen über den geringen Einfluss von Emotionen in Situationen, in denen eindeutige Verhaltensregeln zum Zuge kommen, sind zu relativieren und zwar deswegen, weil die Schlüsselreize, die das Verhalten in diesen Fällen lenken, ja auch emotional aufgeladen sein können. So kann das genervte Kopfschütteln eines Vorgesetzten Anlass für einen Mitarbeiter sein, den Ratschlägen seines Chefs eine trotzige Haltung entgegenzusetzen.

Wie man sich denken kann, ist das Verhältnis von Handeln und Gefühl wechselseitig, Emotionen prägen die Entscheidungsfindung und umgekehrt beeinflusst die Entscheidungsfindung auch das Gefühlsleben. Probleme, für die keine akzeptablen Lösungshypothesen zur Verfügung stehen, erzeugen Unzufriedenheit; der Kampf mit zählebigen Problemen endet nicht selten in Resignation, unvermutet auftretende Lösungsbarrieren erzeugen Ärger, Hilflosigkeit bei der Bewältigung existentieller Probleme weckt Ängste usw. Im Folgenden wollen wir kurz auf drei Ansätze eingehen, die einen systematischen Zugang zu der Frage suchen, wie sich Emotionen mit dem Handeln verstricken.

Bewusstseinsmodi

Sehr starke Gefühle entwickeln leicht eine Eigendynamik, der man sich nur schwer entziehen kann. So kann man sich zwar beispielsweise auf eine unangenehme Begegnung einstimmen und sich vornehmen, sie in großer Gelassenheit zu überstehen, fällt bei der tatsächlichen Begegnung dann jedoch eine provokative Äußerung, kann es leicht geschehen, dass man seines Ärgers nicht mehr Herr wird und Dinge sagt, die man danach sehr bereut:

> „Es ist nicht etwa so, dass ich nicht Bescheid wüsste, welche Konsequenzen mein Handeln haben wird, ich sperre sie einfach, einmal in Fahrt gekommen, aus meinen Gedanken aus." (ELSTER 2000, S. 9)

Emotionen haben ihre eigene Logik. Das gilt, je für sich, sowohl für die vielen verschiedenen Emotionen, die unser Handeln begleiten oder bestimmen, als auch für die emotionale Gestimmtheit insgesamt oder auch für den jeweiligen Bewusstseinsmodus, in dem man sich gerade befindet. BEN-ZE'EV (2009) spricht in diesem Zusammenhang von mentalen Modi und versteht darunter Prototypen mentaler Phänomene, die sich in der Art der mentalen Elemente, die sie enthalten, unterscheiden, sie sind mehr oder weniger reichhaltig und mehr oder weniger speziell. Auf einer sehr allgemeinen Ebene unterscheidet Ben-Ze'ev vier derartiger Modi. Der ursprünglichste Modus ist danach der *Wahrnehmungsmodus*, in dem es um Empfindungen und sinnliche Wahrnehmungen geht. Im *imaginativen Modus* kommt das Vorstellungsvermögen zum Zuge, also die Fähigkeit, sich Inhalte zu vergegenwärtigen, die nicht unmittelbar präsent sind. Die zentrale Aktivität im *intellektuellen Modus* ist das Denken. Es umfasst unter anderem die kritische Beurteilung der Wahrnehmungen, die Analyse von Zusammenhängen und die Entwicklung von Verhaltensplänen. Der *emotionale Modus* schließlich ist der umfassendste Modus, er umschließt die Aktivitäten der übrigen Modi, die ihn gleichzeitig konstituieren. So äußert sich beispielsweise die Empfindung, die den Wahrnehmungsmodus kennzeichnet, im emotionalen Modus als Fühlen, das äußerst differenzierte und subtile Formen annehmen kann. Wegen seiner umfassenden Natur und wegen der Präsenz aller Elemente, die in den anderen Modi zum Zuge kommen, ist der emotionale Modus der intensivste Modus. Er zeichnet sich außerdem durch eine starke Dynamik aus und ist entsprechend instabil.

Jeder Modus eröffnet einen je eigenen Zugang zur Realität, er bestimmt, was uns bemerkenswert erscheint und als bedeutsam gelten kann, und je nach mentalem Modus gelten unterschiedliche Regeln der Informationsverarbeitung. Von besonderem Interesse ist der Unterschied zwischen dem intellektuellen und dem emotionalen Modus. Auf drei Aspekte sei kurz eingegangen (Ben-Ze'ev beschreibt insgesamt neun derartiger Unterschiede, vgl. BEN-ZE'EV 2009, S. 132–134).

• Im emotionalen Modus ist ein persönliches Ereignis bedeutsamer als ein unpersönliches Ereignis, dies gilt nicht für den intellektuellen Modus.

• Im emotionalen Modus sind Personen, die relevant und nah sind, bedeutsamer als solche, die irrelevant und fern sind. Im intellektuellen Modus ist die psychologische Nähe einer Person für deren Bewertung nicht relevant.

• Im emotionalen Modus sind Ereignisse umso bedeutsamer, je mehr man für ihr Auftreten verantwortlich ist, dies gilt nicht für den intellektuellen Modus.

Alle drei Punkte sind intuitiv gut nachvollziehbar. Von Emotionen ergriffen wächst die persönliche Betroffenheit, man verliert die Distanz zum Geschehen und statt eine Einordung in allgemeine Zusammenhänge vorzunehmen, bezieht man „alles" auf sich. Wer ärgerlich ist, sieht nur noch seinen Standpunkt, wenn man in eine peinliche Situation gerät, möchte man vor Scham in den Boden versinken, wer gekränkt ist, dessen Gedanken kreisen nur noch um die echten oder vermeintlichen Beleidigungen und um die Frage, womit man sie verdient hat. Die Bedeutsamkeit der (räumlichen und psychischen) Distanz für die Emotionen, die man gegenüber Personen empfindet und dafür wie man sich selbst beurteilt, wird in sozialpsychologischen Untersuchungen immer wieder bestätigt. Oft genügt bereits die physische Nähe um psychologische Nähe herzustellen. Häufige Teambesprechungen zielen nicht zuletzt auf diesen Effekt, finden diese dazu noch in einer freundlichen Atmosphäre statt, dann entwickelt man für die Bedürfnisse und Wünsche seiner Kollegen ein besonderes Verständnis, was leicht dazu führen kann, dass man deren Bitten um Hilfeleistungen nachkommt, obwohl man dies bei nüchterner Betrachtung nicht tun würde. Umgekehrt fördert eine schlechte Stimmungslage aber auch die Tendenz, Eigenschaften, die einen an einer bestimmten Person „schon immer" gestört haben, ein übergroßes Gewicht zu geben, was einen zu Verhaltensweisen veranlassen kann, die man später bereut. Der dritte der angeführten Punkte verweist auf die große Bedeutsamkeit, die Menschen der Frage beimessen, welchen Einfluss sie auf das Geschehen haben. Im intellektuellen Modus kommt man diesbezüglich zu einer realistischeren Einschätzung als im emotionalen Modus. Spürbar wird dieser Unterschied insbesondere bei Gefühlen wie Schuld und Stolz. Wer sich schuldig fühlt, neigt dazu, den eigenen Einfluss auf das Geschehene zu übertreiben; dies tut man auch, wenn man stolz ist, wenngleich natürlich mit einem anderen Selbstbewusstsein.

Der emotionale Modus ist reichhaltiger als der intellektuelle Modus, man lässt sich stärker auf die Realität ein und dringt zu einem tieferen Empfinden vor. Im intellektuellen Modus gewinnt man dagegen eine größere Souveränität, man denkt und handelt weniger schematisch, und es kann einem sogar gelingen, in geordneter Weise, auch seinen Emotionen

Gehör zu verschaffen. Im emotionalen Modus gelingt Entsprechendes weniger gut: Wenn man innerhalb des emotionalen Modus dem Intellekt mehr Raum verschafft, gleitet man fast unvermeidlich in den intellektuellen Modus über.

Lageorientierung und Handlungsorientierung

Die Haltung, die man gegenüber seinem Tun einnimmt, schwankt. Es macht beispielsweise einen Unterschied, ob man dabei ist, sich eine Entscheidung erst noch zu erarbeiten oder ob man sie gerade getroffen hat. In der Phase der Entscheidungsfindung prüft man mehr oder weniger intensiv und relativ offen die Vor- und Nachteile verschiedener Handlungsalternativen, hat man sich aber erst einmal festgelegt, richtet sich die Aufmerksamkeit weg von den Handlungsfolgen hin auf die Mittel und Wege, die geeignet sind, die Entscheidung zu implementieren, man vermeidet eine mögliche Neubewertung der Handlungsalternativen, da diese den Handlungsablauf aufhalten könnte, man ist im Wortsinne nicht mehr vorurteilsfrei und lässt sich von Informationen, die die Handlungsabsicht infrage stellen, nicht mehr so leicht irritieren (HECKHAUSEN/GOLLWITZER 1987). Die jeweilige Verhaltensausrichtung, die aktuell gegebene Einstellung (der „Mindset") bestimmt in starkem Maße, wie man die Wirklichkeit wahrnimmt, welche Gedanken einen bewegen und welche Handlungsprogramme zum Zuge kommen. In gewissem Sinn beschränkt die Einstellung die ohnehin beschränkte Rationalität des Menschen um ein weiteres Stück, indem sie das in den jeweiligen Entscheidungsepisoden verfügbare mentale Spektrum zusätzlich verengt. Andererseits ist die verengende Ausrichtung des Denkens und Handelns für die Handlungssteuerung häufig durchaus funktional. Bezogen auf das angeführte Beispiel kann man zwar beklagen, dass in der Phase der Entscheidungsimplementierung neue Einsichten eher vermieden werden, man sollte dabei aber auch beachten, dass hierdurch mentale Energien frei werden, die für die kraftvolle Umsetzung des Entschlusses genutzt werden können.

Eine ähnliche Zwiespältigkeit findet sich auch bei der Gegenüberstellung der Bewusstseinsmodi „Handlungsorientierung" auf der einen und „Lageorientierung" auf der anderen Seite. Eine Person ist handlungsorientiert, wenn sie aktiv damit beschäftigt ist, Handlungsalternativen zu entwerfen und Pläne zu entwickeln, die geeignet sind, ein bestimmtes Ziel zu erreichen. Im Zustand der Lageorientierung geht es dagegen nicht um die Realisierung einer bestimmten Absicht, sondern darum, über die zurückliegende, gegenwärtige oder zukünftige Lage nachzudenken (HECKHAUSEN 1989, S. 199 f.). Im Idealfall gelingt es einer Person, problemlos vom einen in den anderen Bewusstseinsmodus zu wechseln, um auf die jeweilige Handlungssituation angemessen reagieren zu können (KUHL 2001). Problematisch wird es, wenn dies nicht gelingt, wenn man also in einem der beiden Modi verharrt, obwohl ein Agieren im jeweils anderen Modus angebracht wäre. Eine wenig produktive Lageorientierung ist gekennzeichnet durch übermäßiges Denken an nicht erledigte Aufgaben, durch das Aufschieben und Nichtausführen von Absichten und durch Zögern bei Entscheidungen. Neben dieser „prospektiven" gibt es die „bedrohungsthematische" Lageorientierung, in ihr kreisen die Gedanken ständig um Misserfolgs-Ereignisse und emotionale Beeinträchtigungen, worunter naturgemäß die Problemlösungsbemühungen leiden, die Probleme werden nicht mehr ganzheitlich behandelt, außerdem sinkt die Kreativität. Wie gesagt treten diese Nachteile der Lageorientierung nicht zwingend ein, sie kommen vor allem dann zum Zuge, wenn eine Person unter hohen Belastungen steht und wenn sie es – wie gesagt – nicht schafft, in den Modus der Handlungsorientierung zu wechseln.

Auf die Nachteile eines übermäßigen Verharrens im Modus der Handlungsorientierung geht Kuhl leider nicht ausführlich ein. Wem es nicht gelingt, immer wieder auch reflektierende Phasen einzulegen, wird ein stark reaktives Verhalten an den Tag legen, das primär den mehr oder weniger zufällig entstehenden Situationsaufforderungen folgt, mentalen Aktionismus fördert, oberflächliche Lösungen hervorbringt und der Neigung Vorschub leistet, nur noch sehr einseitige Gesichtspunkte bei der Bewertung der Lösungen zum Zuge kommen zu lassen. Schwierigkeiten, die Bewusstseinsmodi zu wechseln, gründen, so Kuhl, nicht selten in einer gestörten Fähigkeit zur Selbstregulation. Dabei geht es nicht zuletzt um den richtigen Umgang mit Emotionen. Negative Emotionen können die Psyche lähmen, und sie können einen blind gegenüber den Erfordernissen des Handelns machen. Entsprechend wichtig ist, Fähigkeiten zur Selbstberuhigung zu entwickeln, die es einem möglich machen, negative Gefühle „herunterzuregulieren". Umgekehrt verlangen anspruchsvolle und riskante Aufgaben nach der Kunst der Selbstmotivierung. Diese zeichnet sich unter anderem dadurch aus, dass es mit ihrer Hilfe gelingt, die Psyche mit positivem Affekt aufzuladen. Notwendig ist dies, weil es bei der Bewältigung schwieriger Aufgaben zwangsläufig immer wieder zu Rückschlägen kommt und man daher nur dann eine Aufgabe entschlossen und mit Durchhaltevermögen angehen kann, wenn man die Möglichkeit hat, positive Energiereserven zu erschließen.

Die Definition der Gefühlslage

Nicht wenige Menschen sprechen der Gefühlswelt mehr Wahrheit zu als der Denkwelt. Das mag daran liegen, dass uns Gefühle ganz unmittelbar ansprechen und uns damit mehr Klarheit geben als die vielen verwirrenden Überlegungen, mit denen uns die gedankliche Analyse behelligt. Bei näherem Betrachten stellt sich allerdings sehr schnell heraus, dass sich Gefühle und Gedanken gar nicht voneinander trennen lassen. Ohne Gedanken gibt es keine Gefühle, Gefühle konstituieren sich eigentlich erst im Denken. Es ist also nicht etwa so, dass wir von unseren Gefühlen aufgesucht um dann mitunter von ihnen überwältigt zu werden, ganz im Gegenteil, wir selbst bestimmen mit unserem Denken, welche Gefühle in uns entstehen. Dass eine enge Verschränkung von Gedanken und Gefühlen besteht, wird jeder zugeben, wenn er sich an Situationen erinnert, die von Gefühlsschwankungen, Gefühlsunsicherheiten, ja von Gefühlsirrtümern gekennzeichnet waren. Manchmal weiß man ja nicht, ob man weinen oder lachen soll, ob man vor Wut platzen oder sich verschämt zurückziehen soll, ob uns Zuversicht oder Ängstlichkeit beseelen (sollen). Dabei geht es gar nicht darum, welches Gefühl die Oberhand gewinnt, denn entgegen der Redensart gibt es keinen Kampf der Gefühle, sondern nur die Frage, welche Überlegungen zu welchen Gefühlen hinführen. *Gefühlsschwankungen* beispielsweise gründen oft in Ambivalenzen bei der Bewertung einer Situation. So sehen nicht wenige Schüler nach einer langen Ferienzeit dem Schulbeginn mit durchaus positiven Gefühlen entgegen, z. B. weil sie sich auf gemeinsame Unternehmungen mit ihren Schulkameraden oder auf den Unterricht in einem bestimmten Fach freuen. Kommen ihnen allerdings die Hänseleien in den Sinn, die sie von dem einen oder anderen groben Mitschüler zu erwarten haben, oder denken sie an die Mühsal des Lernens für Klausuren, dann kann ihre Stimmung sehr schnell wieder umschlagen. Bei *Gefühlsunsicherheiten* ist man, wie der Name sagt, unschlüssig, welches Gefühl der Situation angemessen ist, es geht um die Bewertung einer Situation und damit auch um deren emotionale Bestätigung: Soll man etwa darauf stolz sein, seinem autoritären Chef endlich gründlich die Meinung gesagt zu haben oder soll man sich besser vor dessen Vergeltung fürchten? Der Begriff des *Gefühlsirrtums*, der eine dritte Art der Gefühlsunbestimmtheit bezeichnet, klingt einigermaßen paradox. Wie sollten sich Gefühle irren können? Gefühle sind schließlich nicht wahrheitsfähig sondern nur entweder präsent oder nicht präsent. Um eine Klärung dieses Problems herbeizuführen, ist es sinnvoll, zwei Varianten des Gefühlsirrtums auseinanderzuhalten. Die schwächere Variante ist eine Art semantischer Gefühlsverwechslung. Ein Beispiel hierfür ist das Liebesgefühl, das man zu empfinden meint, obwohl man eigentlich „nur" ein starkes Verantwortungsgefühl entwickelt hat oder obwohl man „nur" das Gefühl der Begierde verspürt. Bei der Gefühlsverwechslung weiß man also buchstäblich nicht, welches Gefühl man fühlt (vielleicht weil man es bisher gar nicht gekannt hat) und man gibt ihm ein Etikett, von dem man annimmt, das damit die aktuelle Gefühlslage angemessen bezeichnet wird. In der stärkeren Variante des Gefühlsirrtums empfindet man gewissermaßen zwei Gefühle gleichzeitig, wobei das eine, das sekundäre Gefühl, dazu „benutzt" wird, das andere, das primäre Gefühl, zu verschleiern. Dies funktioniert allerdings nur, wenn es einem gelingt, die Aufmerksamkeit auf das sekundäre Gefühl zu lenken und wenn das sekundäre Gefühl in der Lage ist, einen Schatten auf das primäre Gefühl zu werfen, so dass dessen Wirksamkeit nicht prägnant ins Bewusstsein dringt. Notwendig hierfür ist, dass es einem gelingt, eine kognitive Brücke zu spannen, die die beiden Gefühle miteinander verbindet. Am Beispiel der Gefühle Neid und Empörung lässt sich dies sehr schön erkennen (ELSTER 2004). Neid ist ein unerfreuliches Gefühl, wer Neid verspürt, gesteht sich damit zwangsläufig eine gewisse Minderwertigkeit ein, zu der man sich weder gegenüber seinen Mitmenschen noch gegenüber sich selbst gern bekennt. An diesem Punkt kann man ansetzen, um das Neidgefühl zurückzudrängen, etwa indem man sich „klar macht", dass die beneidete Person ihren Vorteil zu Unrecht gewonnen hat, dass man selbst – hätte man sich ebenso wie diese Person nicht an die bestehenden Regeln gehalten – mindestens genauso erfolgreich gewesen wäre, dass man also mitnichten Grund hat, sich minderwertig zu fühlen. Der fehlende Anstand der beneideten Person liefert vielmehr hinreichend Stoff für das mehr als berechtigte Gefühl der Empörung, die das schambesetzte Gefühl des Neides verblassen lässt – ohne es allerdings völlig beseitigen zu können. Funktionieren kann der beschriebene Mechanismus natürlich nur, solange die Re-Definitionen im Unbewussten oder allenfalls im

Halbbewussten erfolgen, eine Leistung, die vom psychologischen Immunsystem erbracht wird und die sich unter anderem darauf richtet, das Selbstwertgefühl vor Schaden zu bewahren (GILBERT u. a. 1998).

Die besondere Rolle des Denkens beim Entstehen von Emotionen wird vor allem in der Emotionstheorie von Richard Lazarus betont. Welches Gefühl ein bestimmtes Ereignis hervorruft, hängt danach ganz zentral vom Beurteilungsmuster ab, das zur Anwendung kommt. LAZARUS (1991) unterscheidet zwischen drei primären und drei sekundären Bewertungskriterien. Die primären Bewertungskriterien sind Zielrelevanz, Zielkongruenz und Ich-Beteiligung. Ohne *Zielrelevanz* kommt es überhaupt zu keiner Emotion. Wenn ein Geschehen die eigenen Ziele nicht berührt, dann lässt einen dies im wörtlichen Sinne kalt. Trägt das Ereignis zur Erreichung des eigenen Zieles bei, liegt also eine *Zielkongruenz* vor, dann entstehen positive, widerspricht das Ereignis der eigenen Zielerreichung, dann entstehen negative Gefühle. Außerdem kommt es auf die *Ich-Beteiligung* an: Wenn das Ereignis keine Bedeutung für das Selbstbild hat, dann werden auch keine starken Gefühle hervorgerufen. Während sich die primären Bewertungskriterien mit der persönlichen Betroffenheit befassen, geht es bei den sekundären Bewertungskriterien darum, wer für das Ereignis *verantwortlich* ist, welche *Folgen* aufgrund des emotionsbegründenden Ereignisses zu erwarten sind und ob man die *Fähigkeit* besitzt, mit diesen Folgen umgehen zu können.

Die gemeinsame Anwendung der genannten Kriterien bestimmt nun die Qualität der hervorgerufenen Gefühle. Allerdings sind nicht für alle Gefühle auch alle Kriterien von Belang. Für das Entstehen von Freude beispielsweise ist es hinreichend, wenn das Ereignis im Hinblick auf die beiden ersten Primärkriterien positiv abschneidet (wenn das infrage stehende Ereignis also einen Bezug zu den eigenen Zielen hat und wenn es die Zielerwartung übertrifft), und wenn außerdem das dritte Sekundärkriterium (die Fähigkeit mit den Konsequenzen, die das Ereignis zeitigt, erfolgreich umzugehen) erfüllt ist. Ein anderes Beispiel: damit Ärger entsteht, genügt es nicht, dass nur die ersten beiden Kriterien betroffen sind, dass also ein wichtiges Ziel angesprochen wird und dass dieses Ziel verfehlt wird. Bloße „Frustration" ist demnach – entgegen einer verbreiteten Vorstellung – nicht hinreichend zur Entstehung von Ärger. Notwendig ist auch eine Bedrohung des Selbstbildes (also eine negative Ausprägung des dritten Primärkriteriums).

Bloße Frustration kann auch zu anderen negativen Gefühlen führen.

Welche Gefühle entstehen (z. B. Angst, Scham, Neid) ist abhängig von der Ausprägung der Sekundärkriterien. Auch für die Entstehung des Ärgers ist ein Sekundärkriterium von Bedeutung. Damit Ärger entsteht, muss zu den angeführten drei primären Bewertungen die „sekundäre" Bewertung der Zuschreibung einer Verantwortlichkeit hinzukommen. Wenn es nicht möglich ist, ein Objekt (z. b. eine Organisation) oder jemanden anders als sich selbst für ein negatives Ereignis verantwortlich zu machen, dann wird man nicht ärgerlich, sondern traurig. Allerdings gelingt die Zuweisung von Verantwortlichkeit nicht nach Belieben, denn zur Verantwortlichkeit gehören zwei Dinge, zum einen, dass das negative Ereignis von einem Dritten verursacht wurde (Zurechenbarkeit) und zum anderen, dass dieser Dritte sein Verhalten selbst bestimmen konnte (Kontrolle). Man wird sich beispielsweise dann über einen bummelnden Kellner ärgern, wenn ansonsten kaum Gäste da sind und wenn man beobachtet, dass er lange Privatgespräche am Telefon führt, ohne sich auch nur einmal im Lokal umzusehen. Wenn er dagegen von Tisch zu Tisch hetzen muss, um den Andrang zu bewältigen, wird man eher Mitleid empfinden. Unter Umständen wird man sich auch selbst für das Entstehen eines negativen Ereignisses verantwortlich machen. Dann wird man sich über sich selbst ärgern. Eine Selbstzuschreibung der Verantwortlichkeit muss aber nicht zu Ärger führen, sondern kann auch Schuld oder Scham hervorrufen. Das hängt von der dritten primären Beurteilung ab: Schuld entsteht, wenn sich die Verletzung des Selbstbildes aus einer moralischen Verfehlung ergibt, Scham, wenn es einem nicht gelingt, sich entsprechend seinem Ich-Ideal zu verhalten.

Mit der Emotionstheorie von Lazarus lässt sich gut nachvollziehen, wie es zu den oben beschriebenen Gefühlsunsicherheiten kommen kann, sie werden immer dann eintreten, wenn die „kognitive Seite" der Emotionen unbestimmt ist, sei es, dass die Handlungssituation selbst mehrdeutig ist oder sei es, dass man sich selbst bei der Situationsanalyse verwirrt. Wie beschrieben entscheidet vor allem die wahrgenommene Verantwortlichkeit darüber, ob ein „aversiver Stimulus" zu Schuldgefühlen oder zu Ärger führt. Wer oder was für ein Ereignis aber verantwortlich ist, lässt sich oft nicht eindeutig feststellen. Daraus entstehen Deutungsspielräume, die man zu seinen Gunsten auslegen kann (MARTIN 2001, S. 220). Gelingt es einer Person, die Verantwortung für ein negatives Geschehen von sich zu weisen und einer anderen Person (z. B. dem Lieblingsfeind) oder einem übermächtigen Akteur (z. B. der Bürokratie) zuzuschreiben, dann braucht sie sich nicht mit Depressionen und mit Selbstzweifeln herumschlagen. Statt nagenden Schuldgefühlen entsteht durch das Finden eines „Sündenbocks" ein nachgerade befreiender Ärger. Und in der Tat reagieren Menschen auf Missgeschicke sehr häufig ärgerlich und nur selten mit Scham- oder Schuldgefühlen. Möglicherweise steckt dahinter die richtig kalkulierte Erwartung, dass Ärger (für den Betroffenen!) mit den vergleichsweise geringsten psychischen Belastungen verbunden ist.

Allerdings sollte man diese Überlegungen auch nicht übertreiben. Die Aussage, dass unser Gefühlsleben in hohem Maße von unserem Denken bestimmt wird, bedeutet ja nicht, dass wir unsere Emotionen mühelos in diese oder jene Richtung lenken könnten. Wir sind nur soweit Herr unserer Gefühle als wir Herr unserer Gedanken sind. Die Lage wird außerdem dadurch kompliziert, dass unsere Gefühle auch ganz massiv unsere Gedanken beeinflussen können. Gefühle sind starke Signale, die die natürliche Tendenz haben, sich bei der Beurteilung von Ereignissen und Situationen in den Vordergrund zu drängen, ein Tatbestand, aus dem Gefühle wie die Angst ihre Macht beziehen: Angstgefühle, die sich in einer bedrohlichen Situation einstellen, wecken leicht Erinnerungen an Situationen, denen man hilflos ausgeliefert war, und verführen damit zu dem Schluss, sich erneut in einer derartigen Situation zu befinden, was nicht unerheblich dazu beiträgt, dass sich die ohnehin schon vorhandene Angst weiter verstärkt.

4.3.2 Das Äußere: Die soziale Definition des Seins und des Sollens

Menschen definieren nicht nur ihre Wirklichkeit, sie machen sie auch. Menschen errichten soziale Institutionen, unterwerfen sich deren Logik und vergessen, dass Institutionen nur Menschenwerk darstellen, also keine wie immer geartete „wahre Natur" besitzen und schon gar nicht unveränderlich sind. Menschen entwickeln außerdem die phantasievollsten Glaubensgebilde, indoktrinieren damit ihre Nachkommen und übersehen allzu leicht und gerne, dass die in den Glaubens- und Überzeugungssystemen enthaltenen Vorstellungen allenfalls schwankende Weltdeutungen und nicht etwa die Welt selber sind. Menschen schaffen sich die soziale Welt und deren Gesetze, denen sie dann wie selbstverständlich folgen.

Das ist, wie jeder weiß, nicht die ganze Wahrheit. Menschen nehmen die gesellschaftliche Wirklichkeit nicht immer ungefragt hin, sie leiden unter den gesellschaftlichen Verhältnissen und versuchen, sie zu verändern. Doch auch dann handeln Menschen nicht voraussetzungslos, sondern bleiben oft stark in tradierten Denkmustern befangen, nicht selten folgen sie sogar den Vorstellungen, die sie vorgeblich überwinden wollen. So kommen die Angehörigen antibürgerlicher Bewegungen meistens aus einem zutiefst bürgerlich gesinnten sozialen Umfeld, religiöse Erneuerungsbewegungen wollen den ursprünglichen Glauben wieder in sein Recht setzen, revolutionäre Umtriebe sind Ausdruck moralischer Ansprüche, die von der ganzen Gesellschaft geteilt, dort nur weniger radikal vertreten werden usw. Selbst im Widerstreit gesellschaftlicher und politischer Gruppen gelten Regeln, die nicht hinterfragt werden und auf deren Einhaltung die Parteien bedacht sein müssen, wenn sie nicht ihre Position schwächen wollen.

Wie stark das Soziale das Denken prägt tritt deutlich zu Tage, wenn man die Vorstellungswelten unterschiedlicher Gruppen und Milieus miteinander vergleicht. Während die Nachricht vom Tod Gottes im Klub der Freidenker allenfalls mit einem Achselzucken zur Kenntnis genommen wird, gilt Gottlosigkeit in missionarischen Sekten als Absturz in die tiefste Verlorenheit oder, um ein anderes Beispiel anzuführen, während ein kleinbürgerlicher Habitus in manchen Kreisen größtes Missfallen erzeugt, gilt er in anderen Kreisen als Ausdruck der Wohlanständigkeit usw. Aus dem Tatbestand, dass es in einer Gesellschaft eine große Vielfalt von Lebenswelten mit ganz unterschiedlichen Haltungen und Lebensstilen geben kann, sollte man nun aber nicht den voreiligen Schluss ziehen, dass sich dem Einzelnen damit automatisch große Freiheiten für sein Denken und Empfinden eröffnen. Das sozial isolierte Individuum gibt es nämlich nicht; jeder Mensch ist auf die soziale Rückbindung seines Tuns und Trachtens angewiesen und es wird ihm daher auch nur ganz selten gelingen, sich souverän zwischen ganz verschiedenartigen sozialen Welten zu bewegen, um damit ganz seinen eigenen Neigungen und Anschauungen entsprechend leben zu können. Jede soziale Gruppierung entwickelt ihre je eigenen Denk- und Lebensmuster, die sich mitunter erheblich von denen anderer Gruppierungen unterscheiden und denen sich der Einzelne, der in diesen Milieus „zu Hause" ist und sein will, eben nicht so einfach entziehen kann. Warum dies so ist, ist Gegenstand zahlreicher sozialwissenschaftlicher Studien und ein zentrales Thema der klassischen Texte der Soziologie. Eine herausragende Stelle nimmt die Abhandlung von Peter Berger und Thomas Luckmann ein, die sich mit dieser Frage vor allem unter dem Blickpunkt beschäftigen, wie es kommt, dass die Konstruktion der sozialen Wirklichkeit überhaupt die erstaunliche Stabilität erreichen kann, die man allenthalben beobachtet (BERGER/LUCKMANN 1966; 2009). Das ist ja nicht selbstverständlich, schließlich bestehen Gesellschaften aus einer großen Zahl von Personen, die zunächst doch immer ihrem Eigensinn folgen, der sich nicht von selbst zu einem kollektiven Sinn fügt.

Der grundlegende Mechanismus, der die kollektive Definition der Wirklichkeit in einem „dialektischen" Prozess hervorbringt, besteht nach Berger und Luckmann aus den drei Komponenten Externalisierung, Objektivierung und Internalisierung. Menschliches Leben sei nicht möglich als schweigende Innerlichkeit, es müsse sich ständig äußern und durch Aktivität verkörpern. Die damit stattfindende Externalisierung der menschlichen Strebungen ist, wie Berger und Luckmann formulieren, „die Entäußerung von subjektiv gemeintem Sinn". Menschen projizieren den von ihnen subjektiv gemeinten Sinn auf die Wirklichkeit. Und sie geben nicht nur ihrem eigenen Handeln Sinn, sondern auch dem ihrer Mitmenschen, da sie wissen, dass auch diese ihr Handeln beobachten und diesem wiederum Sinn zuschreiben. Aus dem gemeinsamen Handeln und deren Verflechtung entwickelt sich eine institutionale Welt als vergegenständlichte menschliche Tätigkeit, eine Welt, die vermittels der Institutionen, die sich im gemeinsamen Handeln herausbilden, als sinnvoll erlebt wird. Institutionen sind Regeln und Regelsysteme, die das soziale Handeln anleiten. Sie richten sich auf alle Lebensbereiche, also ebenso auf Fragen, die das öffentliche Leben bestimmen, wie auf Fragen, die im engeren privaten Bereich zu klären sind. Institutionen geben beispielsweise Antworten auf die Frage, wem was gehören soll (und warum) und welche Rechte und Pflichten mit dem Eigentum verbunden sind, sie beantworten die Frage, wie man seine Kinder erziehen soll, welche Leistungen man von ihnen erwarten muss und welche Freiheiten man ihnen zugestehen kann, aber auch: Welche Gefühle man ihnen entgegenbringen und welche Eigenwilligkeiten man ihnen abgewöhnen sollte. Institutionen bieten den Menschen Orientierung, sie sagen ihnen, wie man sich in der sozialen Welt zurechtfinden und bewegen kann. Ihre Festigkeit und Verbindlichkeit erhalten sie nicht zuletzt dadurch, dass sich „alle" an die Regeln halten, dass „man" Abweichler sozial ausgrenzt und dass Regelverstöße gegebenenfalls hart bestraft werden. Ihre allgemeine Geltung verleiht Institutionen einen quasi-objektiven Charakter, sie werden zu Bausteinen der sozialen Welt, die man als naturgegeben hinnimmt. Ihre Wirksamkeit gewinnen Institutionen auch deswegen, weil sie nicht allein stehen, sondern sich oft zu „Institutionsballungen" verdichten, die wechselseitig aufeinander verweisen und sich dadurch gegenseitig stützen. Man schickt sein Kind auf „bessere Schulen", nicht nur deswegen, weil Bildung einen hohen Selbstwert hat, sondern auch, weil man auf seine Kinder stolz sein will und vor allem, weil in der Arbeitswelt Qualifikationen zählen, die man nur im Schulsystem erwirbt und weil der Zugang zu attraktiven Berufen voraussetzt, dass man qualifizierte Zertifikate vorweisen kann. Und die damit angesprochenen Vorstellungen und Regeln im Hinblick auf Prestigeverleihung, Qualifizierung, Berufslenkung und Erfolg sind alle miteinander verschränkt, was ihre Wirkmächtigkeit nur verstärkt. Je enger die Vernetzung der Institutionen ist, desto wirklicher erscheint das Institutionengefüge. Je „fugenloser" seine Teile miteinander verbunden sind, je reibungsloser das soziale Getriebe funktioniert und je mehr es sich als unveränderbar präsentiert, desto mehr gewinnt die gegebene Realität an Objektivität. Die so begründete normative Kraft des Faktischen verdrängt alternative „Gedankenspielereien", sie drückt dem Denken und Handeln ihren Stempel auf, die Mitglieder der Gesellschaft richten sich auf die gegebenen Institutionen ein, handeln nach deren Regeln und bestätigen damit ihre Gültigkeit. Dies wiederum führt im Weiteren dazu, dass die Ordnungsvorstellungen, die sich gesellschaftlich durchgesetzt haben, schließlich nicht nur als richtig, sondern auch als selbstverständlich gelten. Damit schließt sich der Kreislauf der Externalisierung, Objektivierung und Internalisierung – oder in den Worten von Berger und Luckmann: „Gesellschaft ist ein menschliches Produkt. Gesellschaft ist eine objektive Wirklichkeit. Der Mensch ist ein gesellschaftliches Produkt" (BERGER/LUCKMANN 2009, S. 65).

Im Einzelnen betrachten die Autoren vier Mechanismen der Wirklichkeitskonstruktion: Erinnerung, Habitualisierung, Sozialisation und Legitimierung. Mit *„Erinnerung"* meinen sie die abgelagerten Erfahrungen einer Gesellschaft, diese liefern ihren Mitgliedern Ankerpunkte, die ihnen helfen, ihre persönlichen Erfahrungen einzuordnen, zu strukturieren und ihnen einen Sinn zuzuweisen. Das kollektive Gedächtnis der gesellschaftlichen Erfahrungen arbeitet vor allem mit Typisierungen, also mit Beschreibungen charakteristischer Problemsituationen, Verhaltensmuster und Problemlösungsstrategien. Die Typisierungen liefern Antworten auf Fragen wie die, wann soldatischer Drill in Schikane übergeht, wie eine gelungene Hochzeitsfeier auszusehen hat und wann politisches Taktieren zur Prinzipienlosigkeit verkommt. Bei der *Habitualisierung* geht es um die

Einübung von Denk- und Handlungsweisen und um die Macht der Alltagswelt, die uns einem unaufhörlichen Strom an Ereignissen und Abläufen aussetzt. Die Menschen können mit der Komplexität der Gesellschaft
nur dadurch zurechtkommen, indem sie bestimmte Handlungsroutinen
entwickeln, mit deren Hilfe es gelingt, das eigene Handeln mit dem der
Mitmenschen abzustimmen. Damit wird der „imperativen Gegenwärtig-
keit" der Alltagswelt eine neue Dimension hinzugefügt, denn dadurch,
dass die habitualisierten Routinen immer wieder aufs Neue ausgeführt
werden, bestätigen sich nicht nur deren Wirksamkeit und Wirklichkeit,
sie führen allen Beteiligten außerdem plastisch vor Augen, dass ihre
Mitmenschen dieselbe Wirklichkeit erfahren und gutheißen. Die Gesell-
schaftsordnung wird in unserem Alltagshandeln also ständig neu pro-
duziert und reproduziert und versichert dem Einzelnen damit die Festigkeit seiner subjektiven Wirklichkeit.

> „Dergleichen spielt sich sogar in einer so wenig ‚signifikanten' Situation
> ab, wie wenn man in einem Vorortzug fährt. Man braucht keinen Men-
> schen zu kennen und mit keinem zu reden. Dennoch sichert die Masse
> der Mitfahrer die Grundstruktur der Alltagswelt. Mit ihrem Allerwelts-
> benehmen holen sie den Einzelnen aus der vernebelten Wirklichkeit
> seines Morgenkaters heraus und demonstrieren ihm unmißverständ-
> lich, daß die Welt aus ernsten Männern, die zur Arbeit fahren, besteht,
> aus Pflichtbewußtsein und Terminkalendern, aus der New-Haven-Bahn
> und der New-York-Times." (BERGER/LUCKMANN 2009, S. 160)

Ganz zentral für die Konstitution der sozialen Wirklichkeit ist die Weitergabe der Weltanschauungen, Überzeugungen, Verhaltensregeln usw. auf
die nächste Generation im Zuge der sogenannten *Sozialisation,* also der
„Eingliederung" des Nachwuchses in die soziale Gemeinschaft. Bemerkenswert ist dabei, dass die Sozialisation nicht nur bei den Kindern nachhaltige Wirkung zeigt, der Prozess der Weitergabe von sozialen Regeln und
Vorstellungen bestärkt – mittels eines Spiegeleffekts – auch bei den Eltern
die Gültigkeit der sozialen Wirklichkeit.

Eine weitere Klasse von Mechanismen der Wirklichkeitskonstruktion
umfasst Maßnahmen der *Legitimierung.* Legitimierung ist „sekundäre Ob-
jektivation von Sinn" (ebd. S. 98). Primäre Objektivierungen, die bereits
institutionalisiert sind, sollen zugänglich und deren Sinnhaftigkeit soll
einsichtig gemacht werden. Legitimierungen stecken häufig bereits im

Vokabular, das im sozialen Umgang verwendet wird. Wenn beispielsweise Helmut mein „Schwiegervater" ist, dann wird für mich mit dieser Bezeichnung ein bestimmtes Verhalten bestimmt, welches Helmut gegenüber angebracht bzw. nicht angebracht ist. Auch mit der Bezeichnung „Chef" (um ein weiteres Beispiel zu nennen) werden bestimmte verhaltenslenkende Vorstellungen aufgerufen, die sich auf einer tieferliegenden Sinnebene weiter danach ausdifferenzieren, ob man vom eigenen Chef im Kollegenkreis als von „dem Meister" oder von „dem Alten" spricht. Nicht nur in der Sprache stecken Legitimierungsmuster, sondern auch in einer Unzahl von „vortheoretischen Postulaten", die in der Gesellschaft kursieren. Das Spektrum reicht von Sprichwörtern („Ohne Fleiß kein Preis") über Floskeln, die man in öffentlichen Reden immer wieder hört („Leistung muss sich lohnen") bis hin zur Berufung auf ehrwürdige Schriften („Geh hin zur Ameise, du Fauler, sieh an ihr Tun und lerne von ihr!" Sprüche Salomos 6, 6), auf Autoritäten und herausragende Beispiele (Benjamin Franklin), historische Ereignisse (wie z.B. das „Wirtschaftswunder" in Deutschland nach dem Zweiten Weltkrieg) und verbreitete Ansichten („In dieser Gesellschaft ist es möglich, es vom Tellerwäscher zum Millionär zu bringen."). Für spezifische Institutionen und Institutionsausschnitte existieren nicht selten außerdem explizite Legitimitätstheorien. Sie berufen sich meist auf besondere Wissensbestände, deren Ausarbeitung und Interpretation – sofern sie sich mit komplexen Fragestellungen beschäftigen – einem speziellen Personenkreis vorbehalten bleibt. Der Laie muss nicht unbedingt verstehen, warum er, wenn er in den Einflussbereich des betreffenden Institutionensystems gerät, ganz bestimmten Verfahrensabläufen unterworfen wird, er muss es nur hinnehmen. Man denke nur an die vielen undurchsichtigen Prozeduren, die in Bereichen wie der Medizin, dem Rechtswesen und der Religion Verwendung finden, ohne dass ihr Sinn hinterfragt wird – was an der beeindruckenden Kraft der in diesen Bereichen verwendeten Symbole liegen mag. Oft sind selbst die Träger der Institutionen (Ärzte, Richter, Priester usw.) nicht in der Lage, eine rationale Begründung für die in ihrem Wirkungskreis geltenden Regeln zu geben, diese Aufgabe übernehmen Legitimitätstheoretiker, die die gängige Praxis plausibilisieren und rechtfertigen. Neben diesen Theoretikercliquen sind Traditionsspezialisten, institutionelle Funktionäre und nicht zuletzt Therapeuten mit der Legitimierungspraxis beschäftigt; sie erläutern und rechtfertigen das soziale Regelwerk, räumen Zweifel aus und bringen die Verirrten wieder auf den richtigen Weg zurück. Eine umfassende Legitimierung der sozialen Praxis bieten schließlich und endlich symbolische Sinnwelten, die wie schützende Dächer über den gesellschaftlichen Institutionen schweben. Symbolische Sinnwelten transzendieren die gegebenen sozialen Verhältnisse, d. h. sie verschaffen ihr die Anbindung an eine höhere Wirklichkeit, sie definieren die Stellung des gesellschaftlichen Seins im Gesamt der natürlichen Ordnung und sie sagen damit auch dem Einzelnen, ob er richtig lebt bzw. wie er richtig leben sollte. Symbolische Sinnwelten dienen als Fixpunkt für viele speziellere Legitimationstheorien und sie richten sich von ihrem Anspruch her auf alle Lebensbereiche. Ob sie diesen Anspruch tatsächlich einlösen können und ob sie tatsächlich so umfassend und kohärent sind, wie dies von Berger und Luckmann unterstellt wird, kann zumindest für moderne und komplexe Gesellschaften bestritten werden. Symbolische Sinnwelten sind nicht so sehr ausgearbeitete theoretische Systeme als vielmehr Konglomerate aus archaisch-psychologischen Anschauungen, mythischen Erzählungen, religiösen Versatzstücken, sozialen Tabus, politischen Doktrinen, philosophischen und naturkundlichen Grundüberzeugungen. Außerdem umfassen sie nicht notwendigerweise immer die Totalität der Gesellschaft, obwohl ihnen durchaus die Tendenz innewohnt, gesamtgesellschaftlich für alle Bereiche des gesellschaftlichen Lebens Legitimationsmuster zu präsentieren. Aktuell erleben wir beispielsweise eine zunehmende Ökonomisierung aller Lebensbereiche. Die Sinnwelt, die dieser Entwicklung den Raum gibt, speist sich aus vielen Quellen, vordergründig unter anderem aus Vorstellungen über die produktive Kraft des Wettbewerbs, aus der Annahme, dass soziale Stabilität auf Wohlstand bauen muss, der Ansicht, dass Rationalität mit günstigen Zweck-Mittel-Relationen gleichzusetzen sei usw. Derartige Vorstellungen stehen nun nicht beziehungslos nebeneinander und für sich, sie begründen sich vielmehr aus einem bestimmten Menschenbild, aus einer bestimmten gesellschaftspolitischen Kosmologie und aus einem bestimmten Vernunftbegriff, also aus Elementen einer Metaphysik über das menschliche Glück, über die Stellung des Einzelnen in der Welt und über sein Erkenntnisvermögen.

Als Fazit der Abhandlung von Berger und Luckmann kann wohl gelten, dass sich der Mensch als zutiefst soziales Wesen der Macht der gesellschaftlichen Konstruktion der Wirklichkeit nur sehr schwer entziehen kann. Sie bestimmt nicht nur, wie „man" die Welt betrachtet, sondern auch wie „man selbst" die Welt versteht, erlebt und erleidet. Leicht ironisch können Berger und Luckmann daher sagen, dass jemand, der in Haiti von

Dämonen besessen ist, in New York neurotisch wäre (ebd. S. 189). Andererseits ist die gesellschaftliche Konstruktion der Wirklichkeit durch und durch prekär. Die institutionelle Ordnung ist

> „… ständig durch die Gegenwart von Wirklichkeiten bedroht … die in ihrem eigenen Sinn sinnlos sind … Jede gesellschaftliche Wirklichkeit ist gefährdet und jede Gesellschaft eine Konstruktion am Rande des Chaos." (BERGER/LUCKMANN 2009, S. 111)

So gesehen ist die Stabilität sozialer Ordnungen durchaus erstaunlich und sie zeugt von der Kraft, aber auch von der Notwendigkeit, ihrer stetigen Reproduktion durch die quasi-mechanische Ausübung der Alltagsgewohnheiten einerseits und deren mentale Abstützung durch suggestive Legitimierungsangebote andererseits.

5 Der Wille

In Schillers Brief vom 2. Juli 1796 ... findet sich jener berühmte Satz, den Goethe zehn Jahre später leicht abgewandelt in die „Wahlverwandtschaften" aufnimmt: Wie lebhaft, schreibt Schiller, habe ich bei dieser Gelegenheit erfahren, daß das Vortreffliche eine Macht ist, daß es auf selbstsüchtige Gemüter auch nur als eine Macht wirken kann, daß es, dem Vortrefflichen gegenüber keine Freiheit gibt als die Liebe. *Sieben Jahre zuvor hatte Schiller Körner gegenüber seinen Haß auf Goethe eingestanden. Etwas von diesem Gefühl muß noch im Untergrund rumoren, als Ressentiment oder Neid, denn sonst verlöre die schöne Formel ja ihren Sinn. Denn man muß sich fragen: Welche Freiheit angesichts des Vortrefflichen soll denn bewahrt werden? Doch wohl die Freiheit im Sinne der Überwindung der lähmenden Gefühle von Neid und Mißgunst. Wenn man vermeiden will, von solchen Gefühlen gefesselt zu werden, bleibt einem nichts anderes übrig, als das Vortreffliche zu lieben. Insofern schafft Liebe zum Vortrefflichen die Freiheit angesichts des Vortrefflichen.* Rüdiger Safranski: Goethe und Schiller, S. 131

Im klassischen Entscheidungsmodell gibt es keinen Willen. Er ist nicht nötig, der Mensch tut, was für ihn am besten ist. Oder er lässt es. Wenn etwas Mühe macht, ist das schon einkalkuliert, man nimmt es in Kauf, weil es die bessere Alternative ist. Das wasserscheue Kind springt ins Wasser – nicht weil es ihm Spaß macht, sondern weil es ihm keinen Spaß macht, von seinen Altersgenossen verlacht zu werden, sein Entschluss ist nur die Konsequenz aus einem Rechenexempel, so jedenfalls die Entscheidungstheorie, er ist das Resultat einer Abwägung von Nutzen und Kosten. Die Entscheidung ist gewissermaßen so kühl wie das Wasser, vor dem sich das Kind fürchtet. Dabei weiß eigentlich fast jeder, der sich an seine eigenen ersten Erlebnisse im Schwimmbad erinnert, dass das nicht stimmt, dass man sich vielmehr mit Bangen und Hoffen zu der Entscheidung durchringen muss. Und wenn man sich schließlich aufgerafft hat und entschlossen ist, den Sprung zu tun, dann muss man noch den Weg zum

Wasser gehen – und wird gegebenenfalls auch wieder umkehren. Es gibt also mindestens zwei Barrieren, über die einen nur der Wille hinüberhilft: Die Mühe bei der Festlegung auf eine Entscheidung und die Mühe, die Entscheidung auch umzusetzen oder, um dasselbe etwas anders zu sagen, die Mühe, die Entscheidung aufrechtzuerhalten, wenn man bei ihrer Ausführung spürt, wie schwer das ist. Der Entscheidungstheoretiker wird nicht leugnen, dass Entscheidungen mehr als den Kopf verlangen, dass sie oft zu heftigen Gefühlen Anlass geben, er wird sich damit aber nicht beschäftigen, denn, so wird er argumentieren, die Festlegung auf eine Entscheidung wird dann doch – ganz unabhängig davon wie sehr sich jemand damit abplagen mag – darauf hinauslaufen, dass die Alternative mit dem größten Nutzen gewählt wird. Und dass man bei der Umsetzung von Entscheidungen auf Schwierigkeiten stoßen kann – das ist für den Entscheidungstheoretiker ein Gemeinplatz, wenn sich die Umstände ändern, muss man eben eine neue Entscheidung treffen.

Aber nicht nur in der klassischen Entscheidungslehre, auch in der klassischen Philosophie spielt der Wille keine sonderlich aufregende Rolle. Deutlich wird dies an der paradoxerweise heiß umstrittenen Frage, ob es möglich ist, etwas zu tun, was man „eigentlich" nicht will. Die Antwort ist nur zu offensichtlich: Man will etwas lernen, geht dann aber doch aus, man möchte gelassen bleiben, wird dann aber doch heftig usw., die Antwort ist also ein klares Ja. Sokrates jedoch beantwortet die Frage mit einem klaren Nein. Seine Begründung für das unbestrittene Phänomen, dass man seinen Vorhaben nicht folgt, lautet, es läge nicht am mangelnden Willen, seinen Vorsätzen zu folgen, sondern an fehlender Einsicht in den eigenen Willen. Es ist ja auch paradox. Welchen Sinn macht schon eine Aussage, wonach man etwas will und sich dann von diesem Willen abwendet um etwas anderes zu tun, es offensichtlich also gar nicht will? Das hört sich mehr nach einem (sprach-)logischen Fehler als nach einem empirischen Phänomen an. Weder die klassische Entscheidungstheorie noch die klassische Philosophie macht den Willen also zu einem Problem, für die Entscheidungstheorie erledigt sich die Willensbildung gewissermaßen nebenbei, für Sokrates gibt es kein Willens- sondern lediglich ein Erkenntnisproblem (wir gehen hierauf im Zusammenhang mit dem Problem der Willensschwäche weiter unten etwas ausführlicher ein).

Die Gemeinsamkeit beider Ansätze steckt in ihrem zugrundeliegenden rationalistischen Menschenbild. Handlungen sind danach Ergebnisse von gedanklichen Abwägungen, das einmal als richtig Erkannte wird dann

auch ausgeführt oder, etwas anders ausgedrückt: die wesentlichen Handlungsursachen sind Handlungsgründe oder, noch etwas schärfer: Handlungsgründe sind die einzigen Handlungsursachen. Wenn man dem widersprechen will, muss man unterscheiden zwischen (a) trivialen Fällen,
(b) eindeutigen Gegenbeispielen, (c) Fällen, die sich nicht eindeutig klären lassen. Trivial ist beispielsweise der Fall, in dem jemand daran gehindert wird, ein Vorhaben zu verwirklichen, weil ihm die hierfür notwendigen Fähigkeiten fehlen. Man kann sich z. B. (mit berechtigten Aussichten)
vornehmen, heute einen neuen Schwimmrekord aufzustellen, schafft ihn
dann aber nicht, weil man für die letzten Meter nicht genügend Kondition
mitbringt. Ein anderer trivialer Aspekt ergibt sich aus der Wirksamkeit von
(unerwarteten) Störgrößen, so können bei dem angeführten Rekordversuch Regen oder Wind die Bedingungen beeinträchtigen, oder ein Muskelkrampf kann ihn beenden. Diese Fälle widersprechen nicht der Gleichsetzung von Gründen und Ursachen, sie ergeben sich einfach daraus, dass
Denken im Kopf und Handeln in der widerständigen Realität stattfindet.
Interessant sind dagegen natürlich die Fälle (b). Die Frage allerdings ist, ob
es sie gibt. Sie könnten in der Möglichkeit des Irrtums ihren Ursprung
haben. Man nimmt sich etwas vor, das man gar nicht erreichen kann, also
z. B. einen Rekordversuch, der nicht zum Erfolg führen wird, obwohl es
nicht, wie im obigen Beispiel, an den Fähigkeiten fehlt, sondern weil man
nicht bedacht hat, dass man im Training viel gelöster ist und daher in dieser
Situation bessere Zeiten schwimmt als im Wettbewerb. Allerdings ist das
dann doch kein Gegenbeispiel, denn in diesem Fall stimmen Absicht (man
möchte den Rekord brechen) und Handlung (man strengt sich „rekordbrechend" an) durchaus überein, es wird lediglich nicht das Handlungsergebnis (der Rekord) erreicht. Das heißt, auch in diesem Fall sind es Gründe, die das Handeln veranlassen, die Gründe sind lediglich nicht ausgereift.

Nun betrifft dieses Beispiel äußerlich wirksames Handeln, das – weil es
in enger Wechselwirkung mit den physischen Gegebenheiten dieser Welt
steht – eine Reihe von speziellen Verursachungsproblemen aufweist. Wenn
man sich auf rein mentale Handlungen bezieht, sollte sich eindeutiger
klären lassen, ob der Irrtumseinwand Gewicht hat. Angenommen, man
wendet eine falsche Rechenregel an: wird dieses falsche Verhalten durch
Gründe verursacht? Wenn man die Rechenregel „gedankenlos" anwendet,
also nicht wirklich prüft, ob sie für das gegebene Problem passt, dann wird
man das kaum ein begründetes Verhalten nennen wollen, wir hätten also
tatsächlich einen Fall (b) vor uns: Ein Verhalten, das nicht durch Gründe,

sondern durch eine dritte (zunächst unbekannte) Größe verursacht wird. Aber kann man das überhaupt: eine mentale Operation gedankenlos durchführen? Das hört sich einigermaßen widersprüchlich an, irgendein Anhaltspunkt wird es ja sein, an dem man sich bei der Anwendung der Rechenregel orientiert, beispielsweise an einer oberflächlichen Ähnlichkeit mit einem Problem, bei dem man die Rechenregel erfolgreich angewendet hat. Dann hat man aber wieder nur ein nicht völlig durchdachtes, aber immerhin durch (wenngleich schlechte) Gründe veranlasstes Verhalten vor sich. Wie ist es aber mit dem Fall, in dem jemand, z. B. ein genervtes Schulkind, unwillig, sich mit dem mathematischen Problem weiter abzugeben, aufs Geratewohl die falsche Rechenregel anwendet, einfach um fertig zu werden? Auch dies ist kein Beispiel für den Fall (b), denn auch hier spielen Gründe eine Rolle, es sind nur keine problembezogenen, sondern problemexterne Gründe, die das Kind zu diesem Verhalten veranlassen. Es ist vertrackt: offenbar kann man die enge Verbindung von Gründen und Ursachen nicht lösen, wenn man sich erst einmal auf die rationalistische Perspektive eingelassen hat.

Es bleibt das Unbewusste: Wenn unserem unwilligen Schüler seine wahren Beweggründe verborgen bleiben, wenn er glaubt, er habe die richtige Regel angewendet, wenn ihm also gar nicht klar ist, dass seine Flüchtigkeit dadurch motiviert ist, einfach rasch zum Ende zu kommen? Aber: Unbewusste Gründe gibt es nicht. Damit hätten wir also endlich unseren Fall (b). Oder etwa doch nicht? Gibt es nicht die Klugheit des Unbewussten? Ich glaube das nicht, aber nicht wenige Forscher meinen, unbewusste (Gedanken-)Abläufe seien geronnene Gründe (die Terminologie ist nicht einheitlich), weshalb ich mich darauf verstehen kann, unbewusste Bestimmungs-„Gründe" unter Umständen auch der Fallkategorie (c), den uneindeutigen Fällen zuzuordnen. Wie kommt es zu dieser Uneindeutigkeit? Eine bedeutsame Rolle spielt hierbei sicher die Unbestimmtheit des Willens. Wie jeder weiß, ist man sich über seine Wünsche nicht immer im Klaren: Will man nun ins Kino gehen oder lässt man es lieber gemütlich zu Hause angehen, soll man nun Betriebswirtschaft studieren oder doch lieber Recht, soll ich den roten Pullover nun kaufen oder lieber nicht? Oft entscheiden Stimmungen (kann ich mich gerade auf den schrägen Humor des Filmhelden einlassen?), Zufälligkeiten (auf einer Party treffe ich einen Jura-Studenten, der die BWL abfällig als „Massenfach" bezeichnet) und Äußerlichkeiten (die Verkäuferin ist gar nicht nett). Wird der Willensbildungsprozess hier tatsächlich von „Gründen" bestimmt? Oder soll man –

wenn man zugibt, dass die angeführten Einflussgrößen immerhin den menschlichen Geist irgendwie berühren – hier wirklich von „Gründen" sprechen?

Es ist wohl kein Zufall, dass es schwerfällt, innerhalb einer auf das Rationale hin bezogenen Handlungstheorie dem Willen einen sinnvollen Platz zuzuweisen. Gründe kann man abwägen, ihre Überzeugungskraft prüfen, ihre empirische Bewährung beurteilen, aber was macht man mit dem Willen? Ihm haftet etwas Mysteriöses an, etwas, das gewissermaßen aus dem gedanklichen Nichts in das Handeln eingreift, eine Seelenkraft ohne substantielle Verankerung. Man betrachte etwa die folgende Definition von Loewenstein, einem Entscheidungstheoretiker, der sich auf den Willen einlassen will:

> „Ich verwende den Begriff Willenskraft in einer altmodischen und intuitiven Fassung, als eine Art innerer Kraft (*Macht* des Willens), die eingesetzt wird um unser eigenes Verhalten zu steuern." (LOEWENSTEIN 2000, S. 52)

Man fragt sich unwillkürlich, wer das eigentlich sein soll, der einen da angeblich steuert und warum dieser Mensch im Menschen (?) dazu Kraft braucht. Für manche Autoren ist das Nachdenken über den Willen fast zwangsläufig mit der Vorstellung verknüpft, wonach sich in der menschlichen Psyche mindestens zwei Akteure aufhalten, die sich über das, was ihr Tun und Treiben anlangt, oft nicht einig sind. Bevor man diese Frage angeht, empfiehlt es sich, die Willensproblematik zunächst auf einer weniger metatheoretischen Ebene zu behandeln, weshalb im Folgenden einige psychologische Ansätze betrachtet werden. Die daran anschließenden Überlegungen widmen sich dem Phänomen der Willensschwäche, an dem sich sehr schön zeigen lässt, warum es sinnvoll ist, über die eingangs skizzierte – im engeren Sinne rationalistische – Handlungstheorie hinauszugehen. Der dritte Abschnitt beschäftigt sich schließlich mit den Versuchen des Menschen, sich mit den Problemen auseinanderzusetzen, die ihm sein Wille bereitet.

5.1 Willenslogik

Wie bereits beschrieben ist es für den Entscheidungstheoretiker durchaus zweifelhaft, ob man für eine Handlungserklärung ein zusätzliches Konstrukt wie den Willen braucht. Der Wille hat ja ganz offenbar etwas mit dem zu tun, was man als wünschenswert anstrebt. Die Wünsche einer Person drücken sich aber bereits in ihren Präferenzen aus, was könnte ein Konstrukt wie der Wille also zusätzlich zur Wünschbarkeit bestimmter Zustände oder Ereignisse zum Ausdruck bringen? Ein denkbarer Aspekt ist der besondere Nachdruck, den man seinen Wünschen verleiht, wenn hinter ihnen ein starker Wille steht. Der Wille wäre damit eine Art Präferenzverstärker. Um diesen Gedanken zum Ausdruck zu bringen, braucht man allerdings kein besonderes Konstrukt, es genügt einfach, zwischen eher schwachen und meinetwegen extrem starken Wünschen zu unterscheiden, bzw. das Gewicht zu betrachten, das die die hinter diesen Wünschen stehenden Präferenzen besitzen.

Eine andere Überlegung, die für eine gesonderte Betrachtung des Willens sprechen könnte, stellt den (pro-)aktiven Zug heraus, der ihm eigen ist und der zum menschlichen Handeln gehört. Ein starker Wille findet sich nicht mit den gegebenen Verhältnissen ab, er agiert nicht bloß vor dem Hintergrund des Gegebenen, sondern strebt nach aktiver Veränderung. Auch dieses Argument ist allerdings nicht überzeugend. Das aktive Element hat nämlich auch in den Präferenzen seinen Platz, so wie diese von der Entscheidungstheorie konzipiert sind, denn Ziele sind letztlich ja nichts anderes als der Ausdruck der jeweiligen – gewissermaßen mit einem Zeitindex versehenen – Präferenzen. Zur Erklärung proaktiven Handelns braucht man also kein gesondertes Konstrukt wie den Willen, es genügen die herkömmlichen Konstrukte. Diese reichen selbst zur Erklärung von komplexen Umweghandlungen aus. Weil man seine Ziele oft nicht auf direktem Wege erreichen kann, muss man in der Lage sein, vorbereitende, begleitende und taktische Maßnahmen zu ergreifen; nicht selten muss man sogar einen oder mehrere Schritte zurückmachen, man muss also Umwege einschlagen, muss sich dabei flexibel zeigen und darf sich gleichzeitig nicht beirren lassen. Eine interessante Kategorie von entsprechenden Umweghandlungen ist die Arbeit an den Handlungsvoraussetzungen, also die Veränderung der Handlungssituation oder auch die Verbesserung der eigenen Fähigkeiten, die es einem erst ermöglichen, die präferierte Zukunft auch zu verwirklichen. Die Entscheidungstheorie ist durchaus in der Lage zu erklären, wie es dazu kommt, dass Menschen komplexe Handlungspläne entwickeln und verfolgen. Wenn sich ein junger Mensch beispielsweise wünscht, in seinem späteren Leben ein hohes Einkommen zu erzielen, dann besteht eine Alternative darin, an sich zu arbeiten, seine Faulheit zu überwinden, regelmäßig Abendkurse zu besuchen, das Abitur nachzuholen, sich auf ein bescheidenes Leben einzurichten, um sich ein Studium leisten zu können usw. Möglicherweise gibt es aber auch andere Alternativen, die ihm geeigneter erscheinen, sein Ziel zu erreichen, dann wird er diese ergreifen. Im erstgenannten Fall wird er sich eben der Mühe unterziehen, die mit der Verwirklichung der angeführten Alternative verbunden ist – diese ist ja schon mit bedacht und gegen das angenehmere Leben abgewogen. Welchen Platz hätte in derartigen Erwägungen der Wille?

5.1.1 Der Wille im Entscheidungsprozess

Andererseits kann man argumentieren, dass man gerade an langfristig angelegten Entscheidungen deutlich sehen kann, dass es ohne einen starken Willen gar nicht geht. Schließlich wird unser junger Mensch mit seinen ambitionierten Zielen auf seinem Weg zahlreichen Einflüssen ausgesetzt sein, die geeignet sind, ihn von seinem Pfad abzubringen. Ohne Zielstrebigkeit und ohne den dazu notwendigen Willen lässt sich sein Vorhaben kaum durchführen, der Wille übernimmt gewissermaßen eine Schutzfunktion für die eigenen Ziele (LOEWENSTEIN 2000), er sorgt dafür, dass man sein Ziel nicht aus den Augen verliert und bringt einen immer wieder auf den eingeschlagenen Weg zurück. Ähnlich wird dies auch im von ihren Autoren sogenannten Rubikon-Modell gesehen (HECKHAUSEN/GOLLWITZER 1987; GOLLWITZER 1991). In diesem Modell werden vier Handlungsphasen unterschieden:

- die prädezisionale Phase: in dieser Handlungsphase erfolgt die Abwägung von Wünschen und Zielen,
- die postdezisionale Phase: nachdem die Entscheidung getroffen wurde, erfolgt die Planung des Vorgehens,
- die aktionale Phase: hier geht es um konkrete Schritte bei der Ausführung der Handlung,
- die postaktionale Phase: in dieser Phase erfolgt eine Beurteilung der Handlung und es werden Überlegungen angestellt, wie man das Ziel

noch erreichen kann, wenn die bisherigen Handlungsschritte nicht so erfolgreich waren, wie man sich das vorgestellt hat.

Heckhausen und Gollwitzer bezeichnen die erste und die vierte Phase als „motivationale" Phasen, hier geht es im Wesentlichen um Abwägungen, also gewissermaßen um die Willensbildung. In den beiden mittleren Phasen dagegen geht es um die Umsetzung des Willens, diese Phasen nennen die Autoren daher volitionale (d. h. willensbezogene) Phasen, was nachvollziehbar ist, weil es hier darum geht, den Weg zum Ziel angesichts möglicher Widerstände abzusichern. Eine besondere Rolle spielt der Wille außerdem im Übergang von der prädezisionalen zur postdezisionalen Phase, also im eigentlichen Moment der Entscheidung. In der Entscheidungsforschung wird dieser Moment auch „Commitment" (also „Bindung") genannt, weil mit ihm eine Festlegung erfolgt, also gewissermaßen eine Verpflichtung, zu dem nun einmal Beschlossenen auch zu stehen (vgl. z. B. FESTINGER 1957; BREHM/COHEN 1962; KIESLER, C. A. 1971; JANIS/MANN 1977). MINTZBERG/RAISINGHANI/THÉORÊT (1976) setzen die Begriffe Entscheidung und Commitment sogar gleich. Heckhausen und Gollwitzer messen diesem Moment ebenfalls große Bedeutung bei, was sich bereits in ihrer Modellbezeichnung ausdrückt, in der sie sich auf die Entscheidung Caesars beziehen, den Fluss Rubikon zu überschreiten und gegen Rom zu marschieren. Die folgenschwere Entscheidung fiel, nach der Schilderung Plutarchs, nach langer Beratung, auch unter Berücksichtigung aller denkbaren negativen Folgen. Mit dem schließlich getroffenen Entschluss verknüpft sich der berühmte Ausspruch Caesars „Der Würfel ist gefallen." Die Entscheidung zur Überschreitung des Rubikons war also mit einem äußerst starken Commitment verbunden. Der Rubikon bildete die Grenze der entmilitarisierten Zone, der bewaffnete Vormarsch war gleichbedeutend mit einer Kriegserklärung an den Senat, ein Zurück konnte es nicht mehr geben.

Wille und Commitment

Doch was hat das Commitment nun mit dem Willen zu tun? Zwei Aspekte sind hier auseinanderzuhalten. Primär geht es – wie beschrieben – beim Commitment um das, was eine Entscheidung ausmacht, wenn sie denn diesen Namen verdienen will: das Ende des Abwägens und Räsonierens, um den Übergang vom Denken zum Tun. Diesen Schritt zu vollziehen, kann manchmal erhebliche (Willens-)Kraft kosten. Der zweite Aspekt ergibt sich daraus, dass ein Commitment nicht nur ein Ausdruck des Willens ist, sondern auch ein *Mittel*, dem Willen Geltung zu verschaffen. Wer ein starkes Commitment abgibt (wie etwa Cäsar mit seiner Überschreitung des Rubikons), der kann seine Entscheidung eigentlich nicht mehr oder allenfalls nur sehr beschädigt wieder zurücknehmen. Das Commitment hat in diesem Fall eine stark disziplinierende Macht, es fordert Konsequenz und wehrt Versuchungen ab, es sich nochmals anders zu überlegen. Die beiden Aspekte können in jeder Kombination auftreten. Es gibt Entscheidungen, die ohne große Willensanstrengungen zustande kommen, gleichzeitig aber mit einem starken Commitment verknüpft sind (z. B. eine Liebesheirat), es gibt andererseits Entscheidungen, bei denen es dem Handelnden sehr schwer fällt, zu einem Entschluss zu kommen, das Commitment kann hier die wichtige Funktion der Verhaltensabsicherung einnehmen und fällt dann entsprechend gewichtig aus (z. B. durch öffentliche Proklamation der Absicht, durch Abbrechen der Brücken, die einen Rückzug ermöglicht hätten, durch Kauf eines Hauses am neuen Arbeitsort oder andere Formen der Selbstbindung). Die Gefahr, sich hierbei zu verrennen, ist nicht gering: Wer sich Rückzugsmöglichkeiten verbaut, gerät leicht in einen Rechtfertigungszirkel, der es ihm immer schwerer macht, einen Kurs aufzugeben, der ihm unter Umständen unvorhergesehene hohe materielle und psychologische Kosten verursacht. Auf diesen interessanten und manchmal tragischen Fall wird weiter unten noch ausführlicher eingegangen. Oft ist das Commitment aber auch nicht sonderlich stark. Geht dem auch kein intensiver und konflikthafter Abwägungsprozess voraus, kann man berechtigte Zweifel daran hegen, ob man in diesem Fall überhaupt von einer echten Entscheidung sprechen sollte. Wer entspannt durch die Stadt schlendert und sich noch nicht ganz schlüssig ist, ob er lieber ins Kino oder in eine Ausstellung gehen soll, könnte dabei bemerken, dass er sich schon zufällig in der Nähe des Kinos befindet. Daher lenkt er seine Schritte weiter in diese Richtung, trifft dann aber einen Bekannten und lässt sich von diesem dazu überreden, doch lieber eine Partie Schach zu spielen. Man sieht sich offenbar nicht immer mit harten Entscheidungsproblemen konfrontiert und lässt sich eher vom Fluss sich möglicherweise einstellender Gelegenheiten treiben. Anders gelagert ist der Fall, wenn dem schwachen Commitment ein mühsamer Willensbildungsprozess vorausgeht und die Festlegung auf eine der Handlungsalternativen erhebliche Mühe bereitet. Man findet diesen Fall häufig dann, wenn die Bewertungen der Alternativen nahe beieinander liegen (wer ist der bessere Partner, investiert man seine Zeit besser in Projekt A oder in Projekt B usw.). Schließlich entscheidet man sich zwar für eine der beiden Alternativen, erfolgt dieser Entschluss aber nicht mit allem Nachdruck, dann besteht die Gefahr, bei der nächstbesten Gelegenheit, bei der die andere Alternative an Attraktivität gewinnt, wieder umzukippen. Die ständige Auseinandersetzung mit der Wahl der „besten" Alternative erzeugt einen hohen Energieaufwand, der leider verpufft, weil es nicht gelingt, einen befriedigenden Abschluss zu finden.

Zielintentionen und Durchführungsintentionen

Der Wille hat seinen Platz im Spannungsfeld zwischen den Zielen, die man verfolgt und dem Verhalten, das daraus mehr oder weniger konsequent entsteht. Menschen wenden eine Reihe von Techniken an, um ihr Handeln auf Zielkurs zu halten (Kuhl 1983; 1996; 2009). Eine dieser Techniken ist die Aufmerksamkeitskontrolle. Damit ist gemeint, dass man sich auf Vorgänge und Geschehnisse konzentriert, die etwas mit der eigenen Absicht zu tun haben und sich vor ablenkenden Reizen möglichst in Acht nimmt. Etwas weiter gehen Versuche zur Umgebungskontrolle, etwa indem man mögliche „Versuchungen" aus seinem Wirkungskreis entfernt. Man kann sich ablenken, gut zureden, ausmalen, wie schön es sein wird, wenn man sein Ziel erreicht hat, sich Freunde suchen, die einen an unbedachten Handlungen hindern usw. Und man kann sich außerdem dafür belohnen, wenn man auf Kurs bleibt. Sicher ist es natürlich nicht, ob man mit derartigen Taktiken und Manövern auch Erfolg hat. Das gilt auch für „Vorsätze", eine besonders interessante Klasse von Maßnahmen der Willenssicherung. Vorsätze können als konkrete Manifestationen des Willens gelten. Gollwitzer (1999) versteht unter Vorsätzen Wenn-Dann-Pläne, die geeignet sind, die Verwirklichung der jeweiligen Ziele zu unterstützen. Die Wenn-Komponente beschreibt eine bestimmte Situation, die Dann-Komponente die Verhaltensweise, die in dieser Situation auszuführen ist. Ein Beispiel für einen Vorsatz ist: „Wenn ich gefrühstückt habe, setze ich mich an meinen Computer und verlasse ihn erst, wenn ich mindestens eine Seite an meinem neuen Aufsatz verfasst habe." Ein derartiger Vorsatz ist sicher erfolgreicher als der Vorsatz: „Immer wenn ich etwas Zeit habe, schreibe ich an meinem Aufsatz weiter." Im ersten Fall gibt es nur geringe Interpretationsspielräume was den Eintritt der in der Wenn-Komponente genannten Situation betrifft, das ist im zweiten Fall sicher anders.

Ob Vorsätze auch funktionieren, ist bekanntlich fraglich. Gollwitzer geht davon aus, dass sich ein Vorsatz mit einem quasi-automatisierten Verhalten verknüpft. Immer wenn die Wenn-Komponente erfüllt ist, macht man sich an die Ausführung der in der Dann-Komponente spezifizierten Verhaltensweise. Wenn man eine Zigarette angeboten bekommt, greift man zum Kaugummi, wenn jemand den Fernseher anschaltet, geht man in sein Zimmer und liest ein Buch usw. Wenn es zu einer derartigen Automatisierung kommt, ist sicher viel erreicht. Doch auch dann bleibt ja noch die Ausführung der Dann-Komponente, es nützt nichts, sich ans Schreiben zu machen, wenn einen andere Probleme bedrängen oder wenn man gerade eine Schreibblockade hat. Ein anderes Problem ergibt sich aus zu anspruchsvollen Vorsätzen, sie wirken geradezu kontraproduktiv, weil man „gezwungen" wird, sie aufzugeben und weil man damit nicht selten auch die hinter den Vorsätzen stehenden Ziele verwirft. Es ist in gewisser Weise eine Kunst, die richtigen Vorsätze zu finden und ihren Gebrauch einzuüben.

In Abbildung 5.1 findet sich eine Zusammenfassung der bisherigen Überlegungen. Danach liefert der Wille die Energie für die Verwirklichung der Absichten eines Menschen. Energie ist oft schon bei der Festlegung auf eine Absicht erforderlich. Das liegt daran, dass man sich nicht ständig sämtliche Optionen offenhalten kann, d. h. man muss die Kraft aufbringen, bestimmte Alternativen nicht weiter zu berücksichtigen und sich „festlegen". Doch mit der Festlegung auf eine Absicht ist es nicht getan, sie muss auch verfolgt werden. Hierbei kommt dem Willen die Aufgabe zu, Versuchungen abzuwehren, die die Absicht gefährden. Und schließlich richtet sich der Wille auch auf die Handlungsvollzüge selbst. Absichten verwirklichen sich ja nicht durch Proklamation, sondern erfordern Taten und damit Initiative, Anstrengung und Ausdauer und die hierfür notwendige Willenskraft, die insbesondere dann zu erlahmen droht, wenn gar nicht sicher ist, ob die angestrebten Ziele überhaupt erreicht werden können und wenn die Erreichung des Ziels einen langen Atem und Hartnäckigkeit voraussetzt.

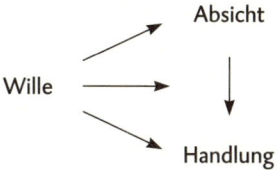

Abb. 5.1: Stellung des Willens

5.1.2 Wille als Kraft und Fähigkeit

Viele Darstellungen in der Literatur erwecken den Eindruck, man könne über seinen Willen nach Belieben verfügen. Das spiegelt sich auch in mancher alltäglichen Redewendung. Der Satz „ich will jetzt nicht" beispielsweise suggeriert, dass man seinen Willen je nach Bedarf an- und ausschalten könne. So gesehen wäre der Wille eine Fähigkeit, die man nutzen kann oder auch nicht. Leider will sich der Wille aber oft nicht einstellen, so sehr man sich das wünscht und so sehr man stolz darauf ist, dass man sonst doch eigentlich einen starken Willen habe. Und manchmal wird man von seinem Willen auch getrieben, man möchte gern Distanz nehmen und gelassen bleiben, steigert sich stattdessen in sein Tun hinein und wird immer verbissener. Es kann sogar soweit kommen, dass es nicht mehr um eine Sache geht, sondern ausschließlich darum, seinen Willen durchzusetzen, was ja kein Zeichen eines souveränen Umgangs mit seinem Willen ist. Und schließlich gibt es noch den „dunklen Drang", dessen man sich nur manchmal und dann nur in vagen Umrissen bewusst wird, der aber dessen ungeachtet und mit desto größerer Kraft alles aus dem Wege räumt, was ihn hemmt. In diesem Sinne ist der Wille eine Art hintergründiges Motiv, das sich durch besondere Energie, Zielstrebigkeit und Unbeirrbarkeit auszeichnet und sich oft erst in der Rückschau offenbart, also im Unbewussten wirkt, ja manchmal „bewusst" sein Wesen verschleiert, um sein Ziel nicht zu gefährden. Bezeichnungen wie der Wille zur Macht, der Wille zur Selbstbehauptung, der Wille zur Lust, der Wille zum Glauben, bringen die angeführten Merkmale des Willens als hintergründige Macht des Handelns gut zum Ausdruck. Für Nietzsche beispielsweise ist alles Leben Wille zur Macht und nichts außerdem (NIETZSCHE 1891; 2008), für Alfred Adler ist er eine fundamentale und unbewusste „Lebenskraft", die allerdings als Geltungssucht auch neurotische und antisoziale Züge annehmen kann

(ADLER 1933). Wenn man so will sind die genannten Willenskräfte (oder besser wohl: Triebkräfte) Wesensmerkmale der menschlichen Natur (bzw. wiederum besser: eines Teils der menschlichen Natur). Wegen der ihnen innewohnenden destruktiven Tendenzen und der damit verknüpften sozialen Ächtung müssen sie im Verborgenen wirken. Diese Auffassung, die außerdem herausstellt, dass sich grundlegende Triebkräfte des Menschen häufig in getarnten oder sublimierten Formen äußern, die sich der Selbst-Einsicht des Handelnden entziehen, ist jedenfalls einer der Eckpfeiler der psychoanalytischen Literatur.

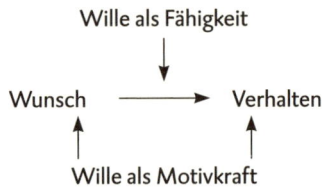

Abb. 5.2: Wille als Fähigkeit und als Motivkraft

Es ist also nicht einfach mit dem Willen, er ist einerseits eine nutzbare Fähigkeit, andererseits aber auch eine unverfügbare Kraft. Als Fähigkeit dient er vor allem dazu, das Verhalten auf die Absichten hin auszurichten, als Kraft bringt er aber auch Verhaltensweisen hervor, die einem manchmal unerklärlich erscheinen und die man sich nicht unbedingt wünscht. Außerdem beeinflusst der Wille das, was wir gern als eigentlichen Handlungsgrund sehen: unsere Wünsche (Abbildung 5.2).

5.1.3 Wollen im Denken und Handeln

Abb. 5.2 ist nicht als Spezifizierung von Abb. 5.1 zu verstehen, weswegen hier auch eine etwas andere Terminologie zur Anwendung kommt. Der Wille als Fähigkeit richtet sich auf die Überführung der letztlich motivierenden Wünsche in tatsächliches Verhalten. Der Wille als treibende Kraft richtet sich dagegen nicht nur auf diese Transformation, sondern vor allem auf die Wünsche und Verhaltensweisen selbst. In Abb. 5.2 wird bewusst von Wünschen und Verhaltensweisen und nicht, wie in Abb. 5.1, von Absichten und Handlungen gesprochen, weil es sich hierbei um allgemeinere Konzepte handelt. Der Wille als Motivkraft richtet sich also auch auf Grö-

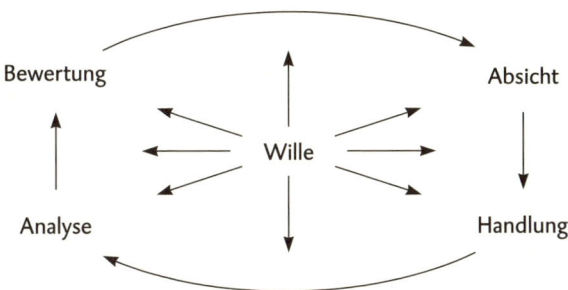

Abb. 5.3: Wille als Zentrum von Denken und Handeln

ßen, die dem Willen, soweit er als Fähigkeit verstanden wird, vorgelagert sind. Diese dem Tun und Trachten vorgelagerte Motivkraft bringt also auch erst Wünsche und Verhaltensweisen hervor (als Ehrgeiz etwa Geltungsstreben), ohne dass hier im engeren Sinne von absichts- und planvollem Handeln gesprochen werden kann. Damit ist das Bild aber noch nicht vollständig. Die bisherigen Überlegungen akzentuierten nämlich sehr stark die Aktionsbezogenheit des Willens. Zu einem Verhalten bzw. zu einer Handlung gehört aber nicht nur das auf die Zielbildung und die Zielerreichung gerichtete Wirken, sondern auch das Denken, und das ist mitnichten willenlos, genauer gesagt: es kommt nicht ohne Willensprozesse aus (Abbildung 5.3).

Sinnfällig wird das bereits bei der Analyse der Handlungssituation. Hierzu braucht man oft Informationen, die nicht ohne weiteres verfügbar sind und statt sie unter Mühen zu beschaffen, ist man oft geneigt, auf sie zu verzichten. Jedenfalls braucht es einen Willensakt um zu entscheiden, wann man mit der Informationssuche aufhört. Ähnliches gilt für die Gedanken, die man sich bei der Analyse der Handlungssituation macht und für die Schlussfolgerungen, die man aus ihr zieht. Man kann systematisch vorgehen oder auch nicht, sich auf komplexe Gedankengänge einlassen oder es sich einfach machen, Handlungsalternativen im Detail ausarbeiten oder sie nur grob andenken usw. Sich gründlich um die Durchdringung eines Problems zu bemühen, kann jedenfalls sehr anstrengend sein, Ermüdung ist nicht nur ein körperliches, sondern auch ein geistiges Phänomen und man kann diesem mit mehr oder weniger Willenskraft begegnen. Ähnliches gilt auch für die Bewertung der Situation und der jeweiligen Handlungsmöglichkeiten. So muss man sich beispielsweise entscheiden, welche Gesichtspunkte bei der Absichtsgenerierung besonderes Gewicht erhalten sollen, wie man unerwünschte Nebenwirkungen beurteilen soll, wie die zeitliche und psychologische Beanspruchung bei der Verwirklichung der Absichten einzuschätzen ist usw.

Abbildung 5.3 stellt zusätzlich zwei Verbindungslinien zwischen der Denk- und der Handlungssphäre heraus. Die erste betrifft das Verhältnis zwischen der Bewertung der Handlungsmöglichkeiten und der Festlegung auf eine bestimmte Absicht. Es kommt nicht selten vor, dass zwar alles irgendwie dafür spricht, sich einer bestimmten Sache zu widmen (z. B. einige heikle Themen mit seinem Vorgesetzten zu klären), intuitiv findet man es dann aber doch besser, lieber nichts zu tun. Die inneren Widerstände sind zwar oft nicht recht zu greifen, sie zu überwinden verlangt aber umso mehr Willenskraft. Eine zweite Verbindungslinie zwischen Denk- und Handlungsebene betrifft das Nachdenken über die erreichten (Zwischen-)Ergebnisse des Handelns. Die Bereitschaft, sich mit dem Erreichten und vor allem dem Nicht-Erreichten zu konfrontieren, die eigenen Fehler zu analysieren und über eine Veränderung des Verhaltenskurses nachzudenken, ist durchaus beschränkt. Auch hierzu muss man sich oft „disziplinieren", also Willenskraft aufbringen. Schon allein der Entschluss, entsprechende Reflektionsphasen einzulegen erfordert psychische Energie, zumal wenn gleichzeitig ein hoher Handlungsdruck herrscht.

5.2 Willensschwäche

Das eingangs geschilderte Phänomen, wonach man sich für ein bestimmtes Handeln entscheidet, obwohl man ein anderes besser findet, wird in der Literatur in dreierlei Hinsicht diskutiert:

- als ein handlungstheoretisches Problem; gefragt wird hier danach, wie sich der offensichtliche logische Widerspruch auflösen lässt. Ansatzweise wurde darauf bereits eingegangen,
- als ein Problem der Willensschwäche; womit sich der vorliegende Abschnitt befasst,
- als moralisches Problem, das aus dem Problem der Willensschwäche erwächst, soweit jemand für seinen schwachen Willen verantwortlich zu machen ist.

Wenn man nicht das tut, was man als das Beste erkannt hat, dann muss es dafür eine Ursache geben. Es ist naheliegend, Versuchungen ins Spiel zu bringen, denen man nicht widerstehen kann und die einen von seiner besseren Einsicht abbringen. Bekanntlich lauern Versuchungen überall: Statt sich, wie vorgenommen, den Hausaufgaben zu widmen, trödelt man lieber etwas herum, statt sich körperlich zu ertüchtigen, liest man lieber noch die Zeitung usw. Offenbar bringt man in derartigen Fällen nicht genug Kraft auf, um dem zu folgen, was man als richtig erkannt hat. Wie oben beschrieben, sieht Sokrates darin allerdings kein Willens-, sondern ein Erkenntnisproblem. Wer etwas als gut erkannt hat, wird dem auch folgen. Wenn jemand sich lieber amüsiert statt zu lernen, dann hat er wahrscheinlich nicht erkannt, was gut für ihn ist. Es liegt also nicht an einem schwachen Willen, wenn man den falschen Weg wählt, sondern an der fehlenden „Messkunst", die uns dabei helfen kann zu erkennen, worin der richtige Wille besteht (PLATON, PROTAGORAS; MANUWALD 1999, S. 58 ff.; SPITZLEY 1992). Etwas anders sieht dies Aristoteles. Von ihm stammt der Begriff der „Akrasia", womit er die fehlende Stärke zur Selbstkontrolle meint (Aristoteles. Nikomachische Ethik. (7. Buch), ROLFES 1995). Es geht ihm dabei um den Gegensatz zwischen (physischen) Begierden und der Tugend; der Zuchtlose findet richtig, was er tut, der Akratiker sieht die Diskrepanz, für den Beherrschten hat der Gegensatz keine Bedeutung. Akrasia hat also einen etwas anderen Akzent als das geläufige Wort Willensschwäche, es wird aber oft synonym verwendet. Anders als Sokrates, der dem Willensschwachen fehlendes Wissen unterstellt, geht Aristoteles davon aus, dass der Akratiker durchaus weiß, dass ihm die Vernunft ein anderes Verhalten als die Begierde rät, er lasse dieses Wissen aber nicht handlungswirksam werden, dränge es gewissermaßen beiseite (RORTY 2005). Wenn man so will fehlt es ihm nicht an Einsicht aber an höherer Einsicht.

Nun sind es allerdings nicht nur Begierden und Laster – oder, etwas neutraler formuliert, Versuchungen –, die einen vom eingeschlagenen und als richtig erkannten Weg abbringen. LOEWENSTEIN (2000) spricht allgemeiner von viszeralen Motiven, die zum Zuge kommen und meint damit Triebe wie Hunger und Sexualität, Emotionen wie Ärger und Angst sowie somatische Empfindungen wie den Schmerz. Um gegen diese Motive anzukommen, brauche es Willenskraft. Willenskraft äußere sich in Versuchen, viszeral motivierte Verhaltensweisen zu unterdrücken, soweit sie mit höherwertigen, d.h. mit dem Verstand gebildeten Zielen kollidieren. Georg Loewenstein weist außerdem darauf hin, dass der Einsatz des Willens nicht kostenlos zu haben ist. Er schafft in zweifacher Hinsicht Belastungen: Zum einen muss der Wille ja Verlockungen abwehren, eine in gewisser Weise unerfreuliche Sache, weil das Entschwinden eines greifbar erscheinenden Nutzens, wie jeder weiß, alles andere als angenehm ist. Zum anderen zieht der Willenseinsatz Energie ab, die man anderswo vielleicht notwendig braucht, und kann damit sehr belastend sein. Aus theoretischer Sicht ist also überall dort, wo Handlungen einen Willenseinsatz erforderlich machen, eine Kosten-Nutzen-Abwägung zu erwarten, die sowohl den Gewinn, der aus dem Nachgeben der Versuchung entsteht, als auch die Kosten berücksichtigt, die der Willenseinsatz verursacht. Allgemeiner formuliert ist also die Alternative, die den höheren Willenseinsatz erfordert, von vornherein benachteiligt. Man könnte also sagen, dass der Einsatz von Willenskraft „Prozesskosten" verursacht und damit die Nutzeneinschätzung der Handlungsalternativen verändert. Ob dies von einer Person schon von vornherein bedacht wird oder ob sich diese Kosten erst im Handlungsvollzug bemerkbar machen, sei dahingestellt. Jedenfalls mag das Gewicht der Willenskosten erklären, warum manchmal Verhaltensweisen zu beobachten sind, die „eigentlich" eine geringere Wertschätzung haben, dafür aber keine Willensanstrengungen verlangen, sondern, im Gegenteil, den jeweils angeregten Handlungsimpulsen sogar entgegenkommen.

5.2.1 Erscheinungsformen der Willensschwäche

Das Problem der Willensschwäche verknüpft man sinnvollerweise nicht allzu eng mit dem Problem der Versuchung und damit der objektiv schlechteren Wahl. Willensschwäche kann auch nützlich sein, d. h. sie kann einen vor „Dummheiten" bewahren, denn die Ziele, die man sich vornimmt, sind nicht immer wirklich gut gewählt (RORTY 2005). Ein Beispiel ist das Ziel, heiligmäßig zu leben oder gar das Martyrium erleiden zu wollen. Für die meisten Menschen ist es besser, dass sie eher „schwach im Fleisch" sind, denn heiligmäßiges Leben wird sie nicht froh machen, und das Martyrium ist keine romantische Angelegenheit, die einem angenehme Gefühle beschert, sondern eine schreckensreiche und schmerzensvolle Tortur. Auch sind schädliche Ziele (z. B. jemanden bestehlen) meist nicht gründlich auf ihre Folgen hin durchdacht, überspannte Ziele (z. B. Genie sein zu wollen) münden oft in Frustration, widersprüchliche Ziele (z. B. zwei Herren gleichzeitig dienen) beeinträchtigen die Handlungsfähigkeit. Es ist „gut" wenn man sich nicht dazu durchringen kann, derartige Ziele zu verfolgen, wenn man also diesbezüglich willensschwach ist.

Aber, wie gesagt, das Problem der vorderhand widersinnigen Wahl der schlechteren Alternative ist nur eine Facette möglicher Willensschwäche. Ein schwacher Wille zeigt sich beispielsweise auch in folgenden Phänomenen:

- Fehlender Nachdruck: Manche Menschen entwickeln nur schwache Vorsätze und/oder bemühen sich nicht sonderlich ausdauernd darum, ihre Ziele auch zu erreichen.
- Wankelmut: Man fasst (ernsthaft) einen Entschluss, möchte ihn am liebsten aber wieder aufgeben, was dann auch häufig schon bei geringem Anlass geschieht.
- Unbeständigkeit: Ziele werden zwar oft mit Schwung angegangen, aber auch rasch wieder aufgegeben bzw. durch andere Ziele ersetzt.

HILL (2005) macht daher auch einen deutlichen Unterschied zwischen Willensschwäche, fehlender Willenskraft und Willenlosigkeit. Jemand der willensschwach ist, hat normalerweise durchaus Willenskraft, er setzt sie allerdings nicht hinreichend bzw. „nicht angemessen" ein. Willenlosigkeit findet man bei Menschen, die sich praktisch zu nichts richtig aufraffen können, also z. B. bei hoch depressiven Personen oder bei Drogensüchtigen, die jede Hoffnung aufgegeben haben, von ihrer Sucht loszukommen oder generell bei Individuen, die völlig resigniert haben. Etwas anders gelagert ist die Sache bei den Menschen, die unter einem Mangel an Willenskraft leiden, sie haben zwar noch einen Willen, dieser reicht allerdings nicht aus, ihn auch zur Geltung zu bringen. Beispiele liefern Abhängige, die versuchen, vom Drogenkonsum oder von zwanghaftem Verhalten wegzukommen, dies aber nicht schaffen. Im weiteren Sinne gehören hierzu aber auch Personen, denen es nicht gelingt, sich aus unbefriedigenden Beziehungen zu lösen oder von schlechten Gewohnheiten zu lassen. Der Willensschwache nun hat, wie angeführt, durchaus hinreichend Willenskraft, er nutzt sie aber nicht. Er hätte also durchaus die Fähigkeit, den notwendigen Willen aufzubringen, setzt diese aber nicht ein. Es mangelt ihm also an einer gewissen Bereitschaft. Um diesen Gedanken deutlich zu machen verweist Hill auf verschiedene Analogien: den normalen Lügner, den normalen Dieb, den faulen Studenten. Der Willensschwache hat also durchaus das Normalmaß an Willenskraft, er könnte also seinen Willen einsetzen. Ebenso wie der normale (also der nicht krankhafte) Lügner auf seine Lügereien verzichten könnte, es aber nicht tut, kann der Willensschwache seine Schwäche überwinden, tut es aber nicht. Insofern hat Willensschwäche eine moralische Dimension. Jemand, der etwas mit Beständigkeit nicht tut was er tun sollte, weist offenbar eine Charakterschwäche auf und weil diese Charakterschwäche das Zusammenleben mit den Mitmenschen beeinträchtigt, ist sie auch zu tadeln. Aber warum ist Willensschwäche keine Privatsache? Hill macht geltend, dass die Erfüllung der üblichen moralischen Obliegenheiten oft schwierig ist und Mühe macht; wer einen nur geringen Willen aufbringt, hat diesbezüglich also ein Defizit. Ähnliches gilt für Tugenden wie Gerechtigkeit, Treue und Tapferkeit. Willensschwache werden sich diesbezüglich kaum auszeichnen. Und schließlich haben Menschen auch Verpflichtungen gegenüber sich selbst, als autonome Persönlichkeiten sollen sie in der Lage sein, sich gegen Dominierungsversuche wehren zu können, sie sollen ihre Talente entwickeln und sie sollen Selbstrespekt aufbringen, alles Fähigkeiten, die durch Willensschwäche erheblich beschädigt sind. Folgt aus dem der Umkehrschluss, dass Willensstärke eine Tugend ist? Manchmal werden Personen ja wegen ihrer großen Willensstärke bewundert, aber das ist eigentlich eher erstaunlich, denn wenn Willensstärke besondere Anerkennung verdient, dann nur in der Verbindung mit anderen Tugenden wie Gerechtigkeit und Barmherzigkeit, in Verbindung mit Egoismus und Grausamkeit entfaltet Willensstärke nur schädliche Wirkungen.

5.2.2 Erklärung der Willensschwäche

Leider geht Hill nicht auf die Ursachen ein, die zu Willensschwäche führen. Einsichten hierzu sind insbesondere deswegen wünschenswert, weil sie dazu beitragen könnten, die logischen Probleme aufzuklären, die in der Hillschen Beschreibung von Willenskraft und Willensstärke stecken. Willenskraft ist in gewisser Weise eine Ressource, die von der Willensstärke genutzt werden kann, das lässt sich leicht nachvollziehen. Schwerer zu verstehen ist dagegen die Beschreibung der Willensstärke, einerseits ist sie eine Fähigkeit, andererseits eine Bereitschaft, nur deswegen hat Willensstärke überhaupt eine moralische Dimension. Aber diese Charakterisierung provoziert natürlich die Frage, warum der Willensschwache seinen Willen nicht einsetzt, zugespitzt formuliert: wie es zu verstehen ist, dass jemand nicht den Willen hat, seinen Willen einzusetzen. Ich sehe hier zwei

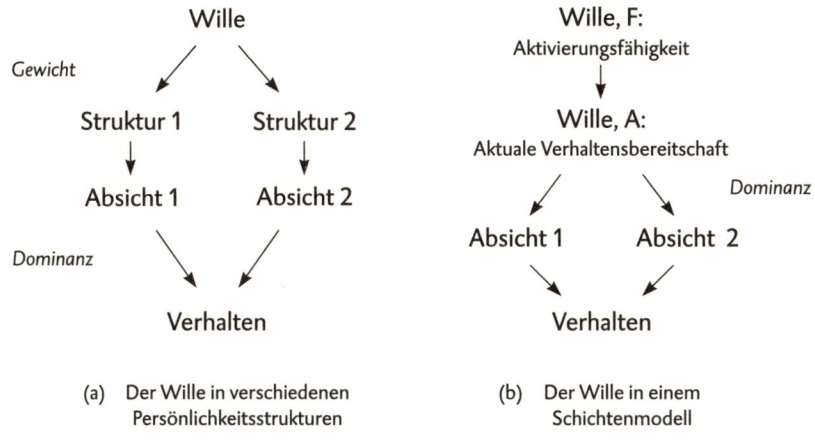

(a)   Der Wille in verschiedenen
      Persönlichkeitsstrukturen

(b)   Der Wille in einem
      Schichtenmodell

Abb. 5.4: Erklärung der Willensschwäche

Möglichkeiten. Die eine Möglichkeit wird u. a. von DAVIDSON (2005) im Zusammenhang mit dem mehrfach schon angesprochenen Problem diskutiert, wie es dazu kommen kann, dass man nicht tut, was man als das Beste erkannt hat. Er bedient sich dabei der Freudschen Theorie, wonach der menschliche Geist mehrere („halb unabhängige") Strukturen enthält, die in gewisser Weise verschiedenen Personen gleichen, die darum konkurrieren, ihren jeweiligen Bestrebungen Geltung zu verschaffen. In diesem Bild hat der Wille zunächst noch keinen Platz, denn es geht hierbei lediglich um einander widerstreitende Absichten. Am ehesten scheint seine Rolle der eines „Schiedsrichters" zu entsprechen, wie das in Abbildung 5.4a skizziert ist.

Der Wille gibt den jeweiligen Absichten zusätzliches Gewicht, was dazu führt, dass die eine oder die andere Absicht dominiert und schließlich ausgeführt wird. Auf diese Weise kann dem blinden Lustprinzip Einhalt geboten und vernünftigen Entschlüssen der Weg bereitet werden. Unter Umständen kann der Wille aber auch „niederen" Regungen freien Lauf lassen und sie sogar noch verstärken. Allerdings verfügt er nicht über die Souveränität eines Diktators, er ist nur eine Kraft neben vielen anderen Kräften, und wenn der Wille stark ist, dann ist er dennoch manchmal nur eine schwache Kraft in einem Feld von ansonsten wesentlich stärkeren Kräften.

Die zweite Möglichkeit, die Paradoxie zu erklären, wonach der Wille

einerseits die Verkörperung des Strebens eines Menschen ist, andererseits
aber in Gang gesetzt werden muss, ergibt sich aus der Betrachtung unterschiedlicher Persönlichkeitsschichten (Abbildung 5.4b). Der Unterschied
zwischen diesem Schichtenmodell und dem Strukturmodell besteht darin,
dass hier keine Subpersönlichkeiten ihr Eigenleben führen und hin und
wieder sogar gegeneinander antreten, es geht vielmehr nach wie vor von
der Einheit der Persönlichkeit und damit von der Existenz eines zentralen
Willenszentrums aus. Die Willensschwäche bzw. die Willensstärke steckt
dabei, ganz so wie von Hill geschildert, im Charakter. Sie ist dabei in einer
allgemeinen Willensdisposition lokalisiert, die die Aufgabe übernimmt,
den anlässlich einer gegebenen Entscheidung notwendigen Willen zu aktivieren. Der aktual wirksame Wille wird nun aber nicht nur von der angeführten Willensdisposition bestimmt, sondern von vielen weiteren Größen, so unter anderem von der Attraktivität, die einem bestimmten Ziel
anhaftet, der Stimmungslage und den gegebenen Handlungsreserven. Diese Größen können so stark sein, dass sie fast ohne Hintergrundwillen auskommen, schwindet deren Bedeutung aber dahin (das Handlungsziel ist
nicht mehr nur positiv, sondern weist auch einige dunklere Punkte auf,
man rutscht in eine weniger animierte Stimmungslage, viele Projekte zer-
ren gleichzeitig an der verfügbaren Energie), dann erweist sich die entscheidende Rolle der Willensstärke, sie liefert schließlich die Energie, die
notwendig ist, um das ins Auge gefasste Ziel weiterhin zu verfolgen.

Mit dieser Konzeption löst sich die beschriebene Paradoxie des gewoll-
ten Willens ganz zwanglos auf. Sie hat daneben den Vorteil, dass sie deutlich macht, dass man einer Willensschwäche nicht ausgeliefert ist, die im
Hintergrund wirkende Willenskraft kann nämlich verändert werden. Das
geschieht nicht von selbst und nicht leicht, aber es ist möglich. Man könnte gegen die Unterscheidung zwischen einem spezifischen Aktualwillen
und einer allgemeinen Willensdisposition allerdings einwenden, es handele sich hierbei lediglich um ein Manöver, das darauf gerichtet ist, „die
Phänomene zu retten" und es sei dazuhin teuer erkauft durch eine erneute
Missachtung des Ockham'schen Prinzips der konzeptionellen Sparsam-
keit, die ja schon bei der Einführung des einfachen Willenskonstrukts mo-
niert wurde (s. o.). Dem ist allerdings entgegenzuhalten, dass der Vorschlag keineswegs ungewöhnlich, sondern eigentlich ganz üblich ist. Auch
in der Motivationstheorie unterscheidet man zwischen der jeweils vorliegenden Aktualmotivation und der dahinterliegenden Motivationsdisposi-
tion. So ist beispielsweise eine hoch leistungsmotivierte Person ja auch

nicht immer und unter allen Umständen leistungsmotiviert, dessen ungeachtet behält die Grunddisposition natürlich ihre Wirksamkeit.

5.2.3 Soziale Willensschwäche

Wenn ein Kind, sagen wir ein dreijähriges Kind, eine Brüllorgie anstellt, um an eine Süßigkeit zu gelangen, die ihm die Eltern vorenthalten wollen, hat ein solches Kind einen stärkeren Willen als ein Kind, das seinen Protest weniger lautstark äußert und sich relativ rasch wieder zurücknimmt? Als Außenstehender wird man das eher verneinen und schnell an schlechte Erziehung denken. Viele der betroffenen Eltern sehen das anders, zumal dann, wenn sie sich der Willensbekundung ihres hoffnungsvollen Nachwuchses schließlich beugen. Weil sie sich den Willen ihres Kindes aufzwingen lassen, schließen sie messerscharf (wie sollten sie anders?) und falsch, ihr Kind habe einen außergewöhnlich starken Willen. Tatsächlich hat dieser Vorgang etwas mit dem Willen zu tun, aber nicht so sehr mit dem starken Willen des Kindes als vielmehr mit dem schwachen Willen der Eltern. Willensstärke ist etwas anderes als die Fähigkeit, andere zu dominieren, die Stärke des Willens beweist sich schließlich nicht darin, wie man mit anderen, sondern wie man mit sich selbst umgeht.

Aber das Beispiel zeigt noch etwas anderes und zwar dann, wenn man sich die geschilderte Szene in der Öffentlichkeit vorstellt. Hier sind Eltern nämlich in besonderer Weise geneigt, dem Kind seinen „Willen" zu geben, aber nicht so sehr, weil dieser Wille so stark, sondern weil er so beschämend ist. Menschen reagieren äußerst sensibel und nachgiebig auf kollektiven Druck und zwar auch dann, wenn er sich – wie in unserem Beispiel – nur aus dem Gaffen von fremden Personen speist. Willensschwäche tritt häufig in sozialen Kontexten auf. Es ist nicht die Versuchung, die einen schwach werden lässt, sondern der soziale Druck, dem man nachgibt, obwohl man das eigentlich nicht will.

In vielen Studien wurde die Kraft des Sozialen demonstriert. In einem einfachen und deshalb umso eindrücklicheren Experiment konnte SOLOMON ASCH (1955) zeigen, wie leicht sich Menschen selbst dann dem Urteil von anderen Personen anschließen, wenn dieses ganz offensichtlich falsch ist. In diesem Experiment geht es darum, die Länge einer Linie mit der Länge von drei anderen Linien zu vergleichen. Wenn alle anderen eine falsche Zuordnung vornehmen (sie werden dazu vom Versuchsleiter „angestiftet") fällt es vielen Versuchsteilnehmern schwer, sich diesem Urteil nicht auch anzuschließen. In seinem berühmten Experiment zum Gehorsamsverhalten demonstrierte STANLEY MILGRAM (1965), dass es oft nur eines bestimmten sozialen Settings braucht, um Menschen dazu zu veranlassen, unmenschliche Dinge zu tun. Im konkreten Fall ging es darum, dass Personen auf Anweisung eines vorgeblichen Experten der Lernforschung anderen Personen schmerzhafte Stromstöße verpassten, um deren Lernverhalten zu optimieren. Im Jahr 1971 wurde das berühmte Stanford-Prison-Experiment von Philip Zimbardo durchgeführt. Studenten simulierten hierin den Gefängnisalltag. Erschreckend war, wie rasch aus dem Spiel Ernst wurde. Nicht wenige der „Wärter" verinnerlichten ein extremes Rollenverständnis, führten ein hartes Regime, drangsalierten und schikanierten die „Gefangenen". Obwohl alle Teilnehmer die Möglichkeit hatten, jederzeit auszusteigen, harrten selbst die Personen aus, die demütigenden und brutalen Handlungen ausgesetzt waren. Das Experiment musste wegen zunehmend unwürdiger Zustände vorzeitig abgebrochen werden (ZIMBARDO 2008).

In allen drei Experimenten war es nun nicht so, dass sich ausnahmslos alle Teilnehmer mit voller Überzeugung dem sozialen Druck beugten. Im Asch-Experiment folgten etwa zwei Drittel der Personen nicht dem einmütigen Urteil der anderen (im Durchschnitt der zahlreichen Studien, in denen das Asch-Experiment wiederholt wurde, sind es sogar 75 %, vgl. BOND/SMITH 1996). Und diejenigen, die sich diesem Urteil anschlossen, taten dies häufig mit Widerstreben. Und auch in den beiden anderen Experimenten kam es zum Teil zu beträchtlichen Dissonanzen zwischen dem, was die Versuchspersonen „eigentlich" wollten und dem, wie sie sich „tatsächlich" verhielten. Das kennt man ja auch aus dem Leben jenseits des psychologischen Labors, es gibt überall dort, wo es darum geht, bestimmte Auffassungen durchzusetzen oder soziale Praktiken zu etablieren, Überzeugungstäter, Mitmacher, Mitläufer und Widerständige. In der Sozialpsychologie wird die Frage, warum sich Menschen den sozialen Verhältnissen fügen, vor allem unter den Begriffen Fügsamkeit und Konformismus diskutiert. Die Logik der diesbezüglich entwickelten Erklärungen ist relativ schlicht, meist wird nämlich einfach ein hinter dem Verhalten steckendes Motiv für die Fügsamkeit verantwortlich gemacht. CIALDINI/GOLDSTEIN (2004) stellen drei derartige Motive heraus: den Wunsch ein angemessenes Verhalten zu zeigen, das Zugehörigkeitsbedürfnis und das Bemühen um ein positives Selbstbild. Das zuerst genannte Motiv ergibt sich daraus, dass man die geltenden sozialen Regeln oft nicht recht durchschaut. In der Fremde und als Neuling passt man sich daher besser an, auch wenn einem das nicht immer einleuchten mag. Nimmt man erstmals an einem sozialen Ritual teil, beobachtet man nicht zufälligerweise sehr genau, wie sich die übrigen Teilnehmer verhalten. Ähnlich ist es in anderen ungewohnten Situationen, wobei ein interessantes Paradox ins Spiel kommt: je mehr man die Situation reflektiert, umso gewichtiger werden die Emotionen. Hat man keine klare Vorstellung davon, was angemessen ist, dann wird man dieses und jenes erwägen, Vergleiche mit ähnlichen Situationen heranziehen, alternative Handlungsmöglichkeiten erkunden usw. Und man wird auf alle möglichen Signale achten. Wichtige Signalgeber sind nun aber die Emotionen, die einen beschleichen oder mit folgenden Fragen bestürmen: besteht die Gefahr sich zu blamieren, etwas falsch zu machen, jemanden zu beschämen, fühlt sich die Verhaltensaufforderung eher als Einladung oder als Zumutung an? Je unstrukturierter und weniger vertraut die soziale Situation ist, je mehr man also gezwungen ist, sich hierzu Gedanken zu machen, desto größere Bedeutung erhalten auch die Emotionen, die dann nicht selten verhaltensbestimmend werden.

Unsicherheit spielt auch im folgenden Beispiel eine Rolle: Wie soll man sich verhalten, wenn für das Hochzeitsgeschenk eines Kollegen gesammelt wird? Selbst wenn man zu dem Kollegen kein besonderes Verhältnis hat und selbst wenn man mit Hochzeitsfeiern nichts anfangen kann, wird man sich beteiligen, wenn alle anderen Kollegen dies auch tun. Noch mehr als das Motiv der Unsicherheitsvermeidung kommt hier das zweite der oben angeführten Konformitätsmotive zum Tragen, man möchte nicht nur nichts falsch machen und sich den gegebenen Regeln anpassen, sondern man möchte auch deswegen nicht negativ auffallen, weil man sich sonst der Gefahr aussetzt, von der Gemeinschaft ausgeschlossen zu werden. Um diese Gefahr zu vermeiden, hält man sich zweckmäßigerweise auch an die geltenden Normen, verhält sich also konform. Da die Gemeinschaft auch die zentrale Quelle sozialer Anerkennung ist, dient konformes Verhalten außerdem der Selbstbestätigung. Durch konformes Verhalten demonstriert man schließlich auch Beständigkeit, man bestätigt damit gewissermaßen, dass man immer schon richtig gelegen hat. Diese Effekte, so einfach sie sein mögen, werden im Übrigen bei der Anwendung von verschiedenen „Kommunikationstechniken" ausgenutzt (CIALDINI/GOLDSTEIN 2004):

- Angst und Erleichterung: Hat man einen Schrecken bekommen, der sich als harmlos herausstellt, ist man in besonderem Maße bereit, auf Bitten und Aufforderungen positiv zu reagieren. Man orientiert sich bei seinem Eingehen auf mögliche Aufforderungen an dem vorherrschenden Gefühl.

- Fuß in der Tür: Jemand bittet erst um einen kleinen Gefallen, der kaum ausgeschlagen werden kann, danach bittet er um einen größeren Gefallen. Weil man sich als hilfsbereite Person erwiesen hat, will man dieses Bild nicht dadurch zerstören, dass man das zweite Ansinnen ablehnt.

- Tür vor der Nase zuschlagen lassen: Man macht eine inakzeptable Bitte, die mit Entrüstung zurückgewiesen wird, anschließend bittet man um einen kleineren Gefallen (auf den man es eigentlich abgesehen hat). Weil die brüske Ablehnung des Partners diesem ein schlechtes Gefühl gibt, ist er geneigt, der kleineren Bitte nachzukommen.

- Locken und nachverschlechtern: Man macht ein sehr positives Angebot, das man anschließend „leider etwas zurücknehmen muss". Der Partner wird hierauf zwar missmutig reagieren, auch wenn man dies irgendwie begründet (z. B. durch technische Schwierigkeiten, Lieferantenprobleme usw.), weil er sich aber schon auf die Transaktion eingestellt hat, wird er sie auch ausführen.

Bei all diesen Techniken geht es offenbar darum, jemanden dazu zu bewegen, etwas zu tun, das er bei kühlem Nachdenken eher nicht tun würde. Es geht also um die Willensbeeinflussung. Allerdings bleibt die Rolle des Willens in den einschlägigen Konformitätsstudien merkwürdig blass. Es geht darin meist gar nicht um den Willen, sondern um motivationale Kräfte, die Betrachtungsweise richtet sich auf quasi-automatisierte Abläufe, in die kein Wille irgendwie z. B. befördernd oder aber bremsend eingreift. Man sollte erwarten, dass jedenfalls die Literatur zum Non-Konformismus etwas tiefer geht, denn dabei geht es ja um die Frage, was jemanden dazu veranlasst, sich den gegebenen sozialen Erwartungen, den sozialen Normen und Bräuchen zu verweigern oder gar entgegenzustellen, also den „Widerstand" aufzubringen, der ein Wesensmerkmal des Willens ist. Tatsächlich fällt die diesbezügliche Lektüre aber etwas enttäuschend aus, weil man auch hier über die Logik des Willensbildungsprozesses wenig erfährt. Die einschlägige Forschung folgt dem üblichen Vorgehen und untersucht, unterstützt durch statistische Analysen, Einflussfaktoren, die non-konformistisches Verhalten bestimmen. Ein Beispiel für eine derartige Einfluss-größe ist die Kontrollüberzeugung. Personen mit einer internen Kontroll-überzeugung gehen davon aus, dass sie auf ihre Lebensumstände und ihr Schicksal selbst maßgeblich Einfluss nehmen können. Personen mit einer externen Kontrollüberzeugung sind diesbezüglich wesentlich pessimisti-scher. Wie zu erwarten war, zeigen entsprechende Studien, dass Personen mit einer internen Kontrollüberzeugung Einflussversuchen eher widerste-hen als Personen mit einer externen Kontrollüberzeugung (AVTGIS 1998). Das ist einigermaßen plausibel und hat auch einen Bezug zum mensch-lichen Willen, denn wer glaubt, er könne sein Geschick nur wenig beein-flussen, sieht sich auch kaum in der Lage, den Zumutungen des Sozialen zu begegnen, er wird sich daher auch schwer tun, seinen Willen zu mobi-lisieren, um sich dem Konformitätsdruck entgegenzustemmen. Als weitere wichtige Einflussgröße für Nonkonformismus – oder allgemeiner für „Un-abhängigkeit" – gilt das kulturelle Umfeld. Das oben angeführte Asch-Ex-periment wurde in den letzten Jahrzehnten in zahlreichen Ländern durch-geführt. In den Ländern, die durch eine eher individualistische Kultur gekennzeichnet sind, fand man eine höhere Verweigerungsquote, also eine geringere Neigung, sich dem offensichtlich falschen Wahrnehmungsurteil anzuschließen. Auch das ist leicht nachzuvollziehen, weil individualisti-sche Kulturen Unabhängigkeit im Urteil belohnen und kollektivistische Kulturen den sozialen Konsens schätzen (TRIANDIS 1994; BOND/SMITH 1996). Am deutlichsten kommt der Willensaspekt bei einer weiteren Ein-flussgröße zum Tragen, die an der Grenze zwischen Person und Sozialwelt verortet ist: der moralischen Basis von Einstellungen und Verhaltenswei-sen. Eine Studie von HORNSEY u. a. (2003) ergab, dass sich Personen dann wenig von einem Mehrheitsurteil beeinflussen lassen, wenn es erstens um Fragen geht, die eine moralische Bedeutung haben und wenn sie zweitens ihr Urteil auf eine starke eigene Überzeugung stützen. In ihrem Auftreten kann es unter diesen Umständen sogar dazu kommen, dass sie das Mehr-heitsurteil nicht nur ignorieren, sondern sogar dagegen öffentlich ange-hen. Das scheint aber seinen Preis zu haben, weil öffentlicher Widerstand oftmals verlangt, sich innerlich von der sozialen Gruppe, in der die Mehr-heitsmeinung gilt, zu distanzieren, also gewissermaßen seine Identifikati-on aufzukündigen. Als Erklärung für das Widerstandsverhalten kommt denn auch weniger der Wunsch in Betracht, die herrschende Meinung ändern zu wollen als vielmehr das Streben, ein Verhalten zu zeigen, das mit dem eigenen Selbstverständnis in Einklang steht (TICE 1992; HORNSEY

u. a. 2003). In einem gewissen Sinne rückt damit das Gewissen in den Blick, das sich vor der Macht der herrschenden Meinung und Lehre, so bedrohlich sie auch auftreten mag, nicht niederzwingen lässt. Veranschaulicht wird dieser Sachverhalt vielleicht am besten durch den berühmten Satz, den Martin Luther vor dem Reichstag zu Worms im Jahr 1521 gesagt haben soll: „Hier stehe ich, ich kann nicht anders; Gott helfe mir."

5.3 Commitment

Ohne Bindung geht es nicht. Das gilt nicht nur für die persönlichen Beziehungen, die man eingeht, sondern auch allgemeiner für die Entscheidungen, die man trifft. Wer sich ständig alle Optionen offenhält, wer sich scheut, Verpflichtungen einzugehen, sei es gegenüber anderen, sei es gegenüber sich selbst im Hinblick auf seine Entscheidungen, wird damit nicht glücklich werden. Die Bindung an eine Entscheidung wird in der verhaltenstheoretischen Literatur mit dem Begriff „Commitment" belegt. Verschiedentlich findet man den Satz, dass ein Entscheidungsprozess mit einem Commitment endet, bzw. dass der Entscheidungsprozess mit einem Commitment, also mit der Festlegung auf eine Handlungsalternative, beendet wird. Allerdings wird hierfür nicht selten auch der Begriff „Entschluss" verwendet, was leicht zu Verwirrungen führt. Tatsächlich ist es sinnvoll, die beiden Begriffe auseinanderzuhalten. Nicht jeder Entscheidungsprozess endet mit einem herausgehobenen „Entschluss", oft läuft der Entscheidungsprozess ganz zwanglos auf eine unstrittige Alternative hin, so dass der Entscheidung jede Schärfe abgeht. Es braucht dann keines besonderen Aktes der „Verabschiedung". Dessen ungeachtet kann das Commitment, also die Bindung an die Entscheidung, auch in diesem Fall ungemein stark sein. Man denke nur daran, dass heutzutage viele junge Paare jahrelang vor ihrer Heirat zusammenleben und sich wie selbstverständlich und ohne große Diskussion das Einverständnis herausbildet, dass man früher oder später auch eine Hochzeit feiern wird. Umgekehrt geht ein ganz ausdrücklich getroffener Entschluss nicht unbedingt mit einem hohen Commitment einher. Man kann sich bekanntlich auch halbherzig entscheiden, einfach weil endlich eine Entscheidung getroffen werden muss, weil man dazu gedrängt wird usw. Andererseits wird manchmal auch ganz bewusst ein „starker Entschluss" gefasst, um anderslaufende

Handlungstendenzen niederzuringen. Ein solcher Entschluss dient dann dazu, die Entscheidung mit Commitment aufzuladen, d. h. mit der starken Selbstverpflichtung zu versehen, von dem nun einmal eingeschlagenen Pfad nicht mehr abzuweichen. Das Commitment kann also ein Mittel sein, um den eigenen Willen zu stärken. In manchen Fällen entzieht sich das Commitment aber auch dem willentlichen Zugriff und entsteht und wächst im Zuge des Willensbildungsprozesses gewissermaßen „von selbst" (z. B. wenn man sich für eine zunächst noch vage Idee immer mehr begeistert). Und manchmal ist das Commitment unzweifelhaft und von vorneherein gegeben, insbesondere dann, wenn es in eine von selbst laufende Handlungstendenz eingebettet ist (man ist von des Tages Last erschöpft, sucht nach Entspannung, ein Freund ruft an und lädt einen ins Kino ein).

5.3.1 Commitment als Bekräftigung

Commitment macht eine Handlung widerstandsfähig gegenüber Versuchungen, sie wieder aufzugeben. Aber nicht nur die Handlung selbst lässt sich schwer verändern, wenn ihre Wahl auf einem starken Commitment beruht, auch die Überlegungen und Einstellungen, die sich mit ihr verknüpfen, werden umso mehr resistent gegenüber Änderungen, je mehr man sich auf die Handlung festlegt (KIESLER 1971, S. 31). Zahlreiche Experimente zeigen außerdem, dass nicht unbedingt unsere Einstellungen unser Verhalten bestimmen, sondern dass man umgekehrt seine Einstellungen nachträglich seinem Verhalten anpasst, eben weil Verhalten eine große Macht hat, weil man sich damit festlegt, und je mehr man sich festlegt, desto mehr wird man gezwungen, auch alles andere, was sich mit dem Verhalten verbindet, damit abzugleichen. Sehr schön demonstriert wird dies in Experimenten, in denen die Versuchspersonen veranlasst werden, ein Verhalten zu zeigen, das ihren Überzeugungen und Einstellungen eigentlich widerspricht. Nicht selten passen Personen dann ihre Einstellungen an, und zwar desto eher je stärker das Commitment ist, das in dem gezeigten Verhalten zum Ausdruck kommt. Erklären lässt sich dies mit Hilfe der Theorie der kognitiven Dissonanz: ein Verhalten, das den eigenen Einstellungen widerspricht, erzeugt das unangenehme Gefühl kognitiver Unstimmigkeit, das Wissen um die Widersprüche zwischen Verhalten und Einstellung drängt uns dazu, die entstandene kognitive Dissonanz wieder zu beseitigen. Eine Möglichkeit der Dissonanzreduktion besteht darin, die dissonanten Kognitionen einander anzunähern. Wie wird man sich also beispielsweise verhalten, wenn man der Überzeugung ist, man solle den politischen Mitbewerbern immer sachlich und fair begegnen, nun aber zu Recht vorgehalten bekommt, dass man sich zu einer beleidigenden Äußerung hat hinreißen lassen, die das Ansehen des Konkurrenten ruiniert? Die Auflösung der Dissonanz geschieht immer auf Kosten der „schwächeren" Kognition (Festinger 1957; Cooper 2007). Wenn ich auf mein Verhalten festgelegt bin, z. B. weil es viele Personen beobachtet haben, weil ich mich dazu bekannt habe, weil der Weg zurück schwer ist, usw., dann werde ich (bedauerlicherweise) geneigt sein, eher meine Haltung als mein Verhalten zu verändern. Im angeführten Beispiel ist daher die Chance groß, dass ich mich nicht entschuldigen werde, sondern mir die Auffassung zu eigen mache, dass es eben Situationen gibt, in denen man besser nicht fair ist. Zu meiner Ehrenrettung möchte ich allerdings bemerken, dass es auch noch andere Möglichkeiten gibt, die entstandene Dissonanz zu beseitigen. Außerdem könnte ich mit Charakter- bzw. mit Willensstärke versuchen, der angeführten wenig ehrenvollen, wenngleich „natürlichen", Verhaltenstendenz standzuhalten. Jedenfalls macht das Beispiel deutlich, dass ein Commitment durchaus schädlich sein kann, es ist zunächst lediglich nützlich für die einmal gewählte Handlung. Wenn die Handlung selbst positiv zu bewerten ist, ist das dann aber selbstverständlich auch wieder positiv zu bewerten. Und dies gilt nicht nur für Handlungen, sondern auch für Haltungen, denn auch zu Haltungen und Einstellungen kann man ein starkes Commitment entwickeln, womit man in gewisser Weise auch gegen einen rückgratlosen Konformismus gefeit ist (Gerard 1965).

5.3.2 Commitment als Fessel

Dadurch, dass Commitment zu einer Verstetigung des Handelns – und damit auch zu einer Stabilisierung des psychischen Systems insgesamt – beiträgt, kommt ihm eine wichtige psychologische Funktion zu. Es ist in vielerlei Hinsicht sinnvoll, zu seinen Entscheidungen zu stehen und zwar auch dann, wenn einen der eine oder andere Zweifel befällt, es ist also beispielsweise nur richtig, weiterhin Vertrauen in seine Mitarbeiter zu setzen, selbst wenn man über den einen oder anderen ihrer Fehler gerade heftig erzürnt ist. Es geht letztlich auch gar nicht anders, als dass man seine

Projekte weiter vorantreibt, dass sie sich oft zäh anlassen ist durchaus normal, und es ist ja auch ein Gemeinplatz, dass sich mancher strahlende Erfolg aus den Erfahrungen niederschmetternder Misserfolge erhebt. Es ist also durchaus vernünftig, einen einmal eingeschlagenen Weg weiterzugehen, auch wenn er sich nicht sofort als Gewinnkurs erweist. Unvernünftig ist es allerdings, an einem aussichtslosen, zum Scheitern verurteilten Projekt festzuhalten – obwohl eben das gerade oft den Unterschied macht, nämlich ob es bloß aussichtslos erscheint oder ob es tatsächlich zum Scheitern verurteilt ist. Doch ungeachtet aller Zonen der Unbestimmtheit über erfolglose und erfolgreiche Wege zu seinen Zielen, gibt es durchaus klare Fälle, also Fälle, in denen „eigentlich" ganz offensichtlich ist, dass der eingeschlagene Weg in die Irre führt, und auch in diesen klaren Fällen kann man nicht selten beobachten, dass sich Personen davon nicht beirren lassen, sondern offenbar unbeeindruckt ihren Weg weitergehen, unter Umständen sogar ihre Anstrengungen auf diesem Weg noch verstärken.

Beispiele für derartiges Verhalten kennt wohl jeder, man denke nur an die Verbissenheit, mit der man manchmal bei der Fahrt in unbekannten Gefilden an der einmal eingeschlagenen Richtung festhält, obwohl längst klar ist, dass man sich verfahren hat und sich neu orientieren sollte, oder an Studenten, die ihr Studium nicht aufgeben, sondern gerade weil sie durch alle Prüfungen fallen, umso entschlossener weiterstudieren. Man kann in vielen Fällen sagen, dass das Commitment nicht nur durchgehalten wird, sondern sich sogar noch verstärkt, weshalb man auch von einem eskalierenden Commitment spricht (STAW 1997; BROCKNER 1992). Schlimme Beispiele aus der Politik sind Kriege, die weitergeführt werden, obwohl sie längst verloren sind und nur noch weitere Opfer kosten, kostspielige Beispiele aus der Wirtschaft sind Investitionsprojekte, die weiterverfolgt werden, obwohl die (unerwarteten) Ausgaben bereits die zu erwartenden Erlöse vollständig aufgezehrt haben. Ein berühmtes Beispiel ist der Bau des Atomkraftwerkes in Shoreham, für dessen Errichtung anfangs, d. h. im Jahr 1965, etwa 78 Millionen Dollar angesetzt wurden, dessen tatsächliche Kosten aber innerhalb der nächsten 20 Jahre stetig auf über 5 Milliarden Dollar anstiegen. Der Clou an der Geschichte ist, dass das Kraftwerk schließlich für nur wenige Tage in Betrieb genommen wurde (STAW/ROSS 1993). Eskalierendes Commitment findet man nicht nur in Politik und Wirtschaft, sondern in allen Lebensbereichen, bei der Wahl seiner Freunde und beim Umgang mit Problemen in der Partnerschaft ebenso wie im Hinblick auf den Konsum, die Freizeitaktivitäten oder die Gesundheitsvorsorge.

Angesichts des offensichtlich unvernünftigen Charakters eines eskalierenden Commitments stellt sich natürlich die Frage, wie es kommt, dass sich Menschen davon gefangen nehmen lassen. In der Fachliteratur werden hierfür zum Teil sehr unterschiedliche Erklärungen angeboten. So wird beispielsweise darauf verwiesen, dass Menschen oft auf das naheliegende schauen und sich daher sehr stark von den Kosten beeindrucken lassen, die bei der Beendigung eines Projekts entstünden, wodurch Überlegungen über die langfristigen Nachteile des Festhaltens an dem unglücklichen Verhaltenskurs aus dem Bewusstsein verdrängt werden. Eine ebenso falsche Kostenbetrachtung ergibt sich aus der Berücksichtigung der sogenannten „versunkenen Kosten" (sunk costs). In der subjektiven Kalkulation der Handelnden bedeutet die Aufgabe eines Projekts, dass sie die Kosten, die sie im Zuge ihrer bisherigen Zielverfolgung investiert haben, abschreiben müssten, was (psychologisch gesehen) den Verhaltenswechsel sehr erschwert. Der Irrtum, der in dieser Betrachtungsweise steckt, besteht in dem unangebrachten Vergangenheitsbezug. Bei der Entscheidung, das Projekt fortzusetzen, zählen ja eigentlich nur die künftigen Kosten und Erträge, die aus der jetzt anstehenden Entscheidung über den künftigen Verhaltenskurs erwachsen werden. Es stellt sich also die Frage: Investiere ich weiter in das fehlgelaufene Projekt und sichere mir, was noch herauszuholen ist oder investiere ich in ein anderes Projekt? Nur diese Art der Betrachtung ist sinnvoll, denn die fehlinvestierten vergangenen Kosten lassen sich nicht mehr „hereinholen", sie sind im wahrsten Sinne „sunk costs".

Ein weiterer Grund, der Personen dazu bringt, ihr Commitment zu verstärken, ergibt sich aus dem Tatbestand, dass die Aufgabe eines Projektes oft als Eingeständnis dafür gilt, dass man einen Fehler gemacht hat, eine Konsequenz, die manche mehr fürchten als die unproduktiven zusätzlichen Ausgaben, die aus dem Festhalten an dem Projekt entstehen. Um dies zu vermeiden, steckt man noch mehr Mittel und Energie in sein Projekt um vielleicht doch noch zu einem Erfolg zu kommen. Der dahinterstehende Beweggrund hat im Übrigen zwei Richtungen, nach außen möchte man sein Gesicht wahren und nach innen möchte man sich nicht eingestehen müssen, ein „Versager" zu sein. Eskalierendes Commitment ist in diesem letzteren Fall also ein defensives Manöver, um das bedrohte Selbstbild zu schützen.

Manchmal eskaliert das Commitment aber auch aus einem offensiven

Grund, nämlich dann, wenn es forciert wird, um sich ein positives Selbstbild erst noch zu verschaffen. Das Bild, das einem dazu unmittelbar einfallen könnte, ist das des eher weniger talentierten Künstlers, der sich von seinen Misserfolgen nicht schrecken lässt, sondern sich immer mehr in den Gedanken verrennt, ein verkanntes Genie zu sein, zu dessen Schicksal es eben gehört, sich mit Ignoranten abgeben zu müssen. Aber das ist natürlich nur ein extremes Beispiel. In weniger auffälliger Form findet man ein falsches Commitment aus falschen Gründen allerdings auch nicht so selten, wie man meinen könnte. Man denke etwa an die Fälle, in denen sich Personen mit ihren Berufen identifizieren, obwohl sie für diese weder die rechte Neigung noch die passenden Fähigkeiten mitbringen oder an den Fall, dass man sich zu Freunden bekennt, mit denen man sich eigentlich gar nicht versteht. Man wird derartige Unstimmigkeiten nicht immer erkennen oder zugeben wollen, was aber durchaus notwendig wäre, denn es gibt aus ihnen nur dann ein Entrinnen, wenn man sich mit ihnen konfrontiert, wenn man eine Art „Selbstvergewisserung" vornimmt, sich also fragt, ob das, was man tut, überhaupt noch den eigenen Vorstellungen entspricht und umfassender, ob es zum eigenen Selbstverständnis passt. Man muss bei dieser Selbstprüfung allerdings nicht zwangsläufig zu dem Ergebnis kommen, dass es besser ist, sein Commitment aufzugeben, es kann auch passieren, dass man sich ganz bewusst zu ihm bekennt, dass einem zwar bewusst ist, dass es den vorgeblichen Zielen nicht dient, dafür aber einem Wesenszug entspricht, den man sich bewahren will. Was will man beispielsweise jemandem raten, der immer wieder und immer wieder vergeblich versucht, mit dem Einsatz von Analysen, Argumenten und Sachverstand von seinem Chef Mittel für ein Projekt zu erhalten, soll er sich nicht seine Kollegen zum Vorbild nehmen, die es wesentlich besser verstehen mit Versprechungen, Intrigen und Unterwürfigkeit, Mittel locker zu machen? Ziel- und Mittelcommitment stehen manchmal eben in Konkurrenz zueinander und es kann dann auch sein, dass es einfach besser ist, seine Ziele aufzugeben als die Art und Weise, wie man diese Ziele zu erreichen versucht. Wie auch immer, der Bezug zur eigenen Person ist beim Thema Commitment ganz zentral, denn es geht hierbei, wie ja schon der Name sagt, um „Bindung", also um die Festlegung auf das, was einem wertvoll ist, und damit auch um eine Festlegung auf das, was einem an der eigenen Person wertvoll ist.

5.3.3 Commitment als Technik

Commitment ist in gewisser Weise eine Psychotechnik. Und zwar in einem ersten, fast wörtlichen Sinne, eine Technik der Psyche (oder des „psychischen Apparates"), die ihr hilft, Absichts- und Handlungsregulierungen vorzunehmen. Zur Bezeichnung dieser Art von Commitment verwendet man am besten den Begriff „funktionales Commitment", weil es ein Ergebnis unbewusster psychischer Prozesse ist und dazu dient, das psychische Gleichgewicht zu bewahren. In einem zweiten Sinne ist das Commitment eine Technik, die bewusst und gezielt von dem selbstbewussten Subjekt, das der Mensch ja auch ist, eingesetzt werden kann, um verschiedene Probleme der Willensbildung und Willensdurchsetzung anzugehen. Selbstverständlich ist die Unterscheidung zwischen funktionalem und autonomem Commitment etwas prekär, denn wo genau die Grenze zwischen den beiden Sphären verläuft, wo also eine Person als autonomes Subjekt souverän entscheidet und wo sie mehr oder weniger subtil von im Hintergrund wirkenden psychischen Kräften gelenkt wird, wird sich wohl nie eindeutig sagen lassen. Einen gewissen Anhaltspunkt darüber, wo man sich auf diesem Kontinuum befindet, liefert die Betrachtung des Energieniveaus, das für das Fällen der Entscheidung mobilisiert werden muss. Je mehr Energie man aufwenden muss, um eine Entscheidung zu treffen, je mehr Willenskraft also gefragt ist, desto größer ist der psychische Druck und desto mehr ist einerseits die Person gefordert, sich als souveräner Akteur zu behaupten, und andererseits wächst die „Gefahr", dass sie dieser Herausforderung ausweicht und ihre Souveränität an im Bewusstseinshintergrund laufende psychische Programme abgibt. Eine diesbezüglich exemplarische Situation liegt vor, wenn die Umstände eine Entscheidung verlangen, man sich allerdings nicht recht entscheiden kann, weil die verfügbaren Handlungsalternativen zu nahe beieinander liegen. Man muss zwar einen Entschluss fassen, weiß aber nicht, welchen (BECKMANN 1996).

In dieser Situation kommt es häufig dazu, dass man die positiven Aspekte einer bestimmten Alternative besonders betont, bezüglich der anderen Alternativen dagegen die negativen Aspekte akzentuiert, so dass schließlich eine klare Dominanz der hervorgehobenen Alternative entsteht. Dadurch wird es möglich, sich auf eine der Alternativen festzulegen, wodurch sich dann auch der Handlungsdruck auflöst. Hinter diesem Manöver steckt natürlich ein Wille, der aber notwendigerweise hinter den

Kulissen des Bewusstseins seine Wirkung tut. Wäre das anders, könnte die List gar nicht funktionieren, es ist jedenfalls schwer vorstellbar, dass man sich selbst bewusst und vorsätzlich belügt und diese Lüge dann als Wahrheit akzeptiert. Dessen ungeachtet nimmt man gegenüber sich selbst nicht selten eine strategische Haltung ein, wenn es darum geht, sich auf eine Handlung festzulegen. Beckmann nennt das Beispiel eines langweiligen Vortrags, dem man weiter zuhört, obwohl man sich ihm lieber entzöge, hierzu aber nicht die Willenskraft aufbringt. Eine Möglichkeit, dem Fluchtwunsch Geltung zu verschaffen, besteht darin, sich vorzunehmen, die nächstbeste Gelegenheit, z. B. wenn der Redner zum Wasserglas greift, zum Anlass zu nehmen, um den Vortragssaal zu verlassen. Sehr häufig kommt das strategische Element zum Zuge, wenn es darum geht, eine bereits getroffene oder erst noch zu treffende Entscheidung gegen sich selbst abzusichern. Dies kann mit Hilfe von Techniken der Selbstbindung geschehen, wozu auch Maßnahmen gehören, die eigene Handlungssituation so zu arrangieren, dass einem keine andere Wahl mehr bleibt, als die getroffene Entscheidung wohl oder übel auszuführen. Ein Beispiel für Selbstbindung liefert jemand, der, wenn er Schwierigkeiten hat, sich auf ein Projekt zu konzentrieren, auf seinen Vorgesetzten zugeht, um mit ihm einen Termin zu vereinbaren, an dem er die Ergebnisse dieses Projektes präsentieren wird. Eine ganz allgemeine Methode besteht darin, abstrakt gesprochen, sämtliche Brücken abzureißen, die einem einen Rückzug von der Entscheidung ermöglichen könnten, wer sich beispielsweise von seinem Partner trennen will, braucht ihm nur Dinge zu sagen, die dieser ihm nicht verzeihen wird, wer sich immer wieder davon abbringen lässt, endlich sein Buch zu Ende zu schreiben, kann sich auf die berühmte Insel zurückziehen, die nur an wenigen Tagen im Jahr von einem Schiff angelaufen wird. Eine Zwischenstellung auf dem Kontinuum zwischen selbstbestimmtem und funktionalem Commitment nehmen Maßnahmen ein, die darauf gerichtet sind, die eigenen Schwächen strategisch zu nutzen, um eine Entscheidung vor sich selbst durchzusetzen. Ein beliebtes Mittel besteht darin, sich in eine Stimmung zu versetzen, die der Entschlussfassung günstig ist. Gängige Redensarten bringen dieses Vorgehen treffend zum Ausdruck, „man lässt Fünfe gerade sein", regt sich „künstlich auf", „trinkt sich Mut an" und so weiter.

Zusammenfassend ist festzustellen, dass das Commitment keine eindeutige Funktion für den Willen besitzt. Einerseits ist das Commitment in der Lage, die Willenskraft zu stärken, andererseits kann es den Willen aber auch in die Irre führen und schließlich kann das Commitment sogar dazu benutzt werden, einer echten Willensbildung gänzlich auszuweichen.

6 Das Selbst

„Ich erwache aus mir selbst und, während ich alles betrachte, ... bemerke ich, dass der Nebel, der den Himmel freigegeben hat, mit Ausnahme des fast Blauen, das noch im Blau schwebt, meine Seele wahrhaft durchdrungen hat und zugleich den Kern aller Dinge dort, wo sie meine Seele berühren. Ich habe die Vorstellung dessen, was ich sah, verloren. Ich sehe, aber bin blind. Ich fühle mit der Banalität des bereits Bekannten. Dies jetzt ist nicht mehr die Wirklichkeit: Es ist das Leben."
Fernando Pessoa: Im leichten Nebel des Vorfrühlingsmorgens, S. 9

Bei Entscheidungen steht oft mehr auf dem Spiel als man wahrhaben will. Es geht bei einer Entscheidung nämlich nicht nur um die Folgen, die man sich von ihr verspricht, sondern immer auch um einen selbst. Wer sich beispielsweise Tag für Tag dem Konsum von seichten TV-Darbietungen hingibt, mag denken, man solle ihm doch dieses kleine Vergnügen gönnen, zumal er hierzu ohnehin nur ein ironisch-distanziertes Verhältnis habe, worin ja das eigentliche Amüsement bestünde. Vielleicht stimmt dies tatsächlich, aber – wie dem auch sei –, es stimmt ebenso, dass die Vergnügungen, die man sich sucht, etwas über einen sagen, und zwar nicht nur den anderen, sondern auch einem selbst. Es kommt daher auch nicht von ungefähr, dass man sich und anderen gegenüber nur ungern zugeben wird, dass man seine Zeit in armseliger Dumpfheit vertrödelt – als so jemand möchte man nicht erscheinen und so möchte man nicht sein. Unser Handeln verrät (uns), wie wir sind – und wie wir sind (und wie wir sein wollen), bestimmt unser Handeln. Und zwar, wenn schon im Nebensächlichen, dann umso mehr im Hauptsächlichen: Welchen Beruf man wählt, mit welchen Freunden man es aushält, welche Wohnung man sich leistet oder wie man sich kleidet, welche Bücher man liest, aber auch, wie sparsam man ist, wie ausgiebig man seine Vorhaben plant und wie entschlossen man handelt; all das sagt viel über uns aus und soll viel über uns aussagen.

Vom Standpunkt der Handlungstheorie aus betrachtet, scheint es al-

lerdings einigermaßen gleichgültig zu sein, welche Eigenheiten eine Person
auszeichnen, zur Erklärung ihres Verhaltens kommt es – entscheidungstheoretisch betrachtet – nur auf ihre Präferenzen an, denn diese entscheiden darüber, welchen Nutzen sie aus ihrem Handeln zieht. Aus welchem
Selbstverständnis diese Präferenzen entstehen (und ob überhaupt), ist aus
dieser Perspektive eine nachrangige Frage – eine Sichtweise, die den Blick
auf das reale Entscheidungsverhalten allerdings verzerrt. Denn das Selbst
ist nicht einfach eine beliebige Quelle von Präferenzen (neben Motiven,
Werten usw.), sondern steht gewissermaßen „über" allen Nutzenerwägun-
gen, ja es ist letztlich die Instanz, die darüber entscheidet, welcher Wert
Nutzengewinnen oder Nutzenverlusten überhaupt zukommt. Das wirkt
auf den ersten Blick einigermaßen verworren, denn bringt nicht der Nutzen genau das bereits zum Ausdruck: den Wert einer Handlungsweise?
Was soll es also bedeuten, wenn der Wert dieses Wertes – durch das Selbst
– nochmals bestimmt werden soll? Sinn macht diese Aussage nur, wenn
man beachtet, dass sich das psychische System eines Menschen aus verschiedenen Instanzen zusammensetzt, worauf wir im vorangegangenen
Kapitel ja bereits eingegangen sind. Innerhalb dieses Systems übernimmt
das Selbst verschiedene Funktionen, unter anderem die, dem eigenen Tun
und Streben Struktur und Richtung zu geben. Hierzu ist es für den Handelnden nicht notwendig, jede Einzelentscheidung jedes Mal und genau-
estens auf Stimmigkeit und Verträglichkeit mit dem eigenen Wesen zu
prüfen, aber man kann das Bedürfnis, ja die Notwendigkeit, in seinem
Handeln Kontinuität und Ordnung zu bewahren, auch nicht einfach aus-
blenden. Zwar kann die Nutzenbewertung zum Zeitpunkt der Handlung
vom persönlichen Wert, der der Handlung zukommt, abweichen, aber der
unmittelbar gegenwärtige Handlungsnutzen ist nicht der alleinige und
letztliche Maßstab des Handelns, das Selbst schafft sich in vielfältiger Weise Geltung, wenngleich dies nicht immer auf Anhieb geschieht und wenngleich dies nicht immer sofort erkennbar ist. Das Selbst ist dafür verantwortlich, dass man Handlungen manchmal bereut, dass man mit neuen
Vorsätzen startet, dass man manchmal mit sich darum ringt, welche Entscheidung nun die richtige sein soll; es ist das Selbst, das Gefühle wie
Gelassenheit, aber auch Stolz oder Ungenügen oder Scham empfindet
und veranlasst, und das Selbst ist es auch, welches darüber „entscheidet",
ob und wie diese und andere „selbstbezogenen" Empfindungen zu einer
Veränderung unseres Handelns führen. Bei all dem ist das Selbst nicht
rationaler als der Mensch insgesamt, manchmal widersprüchlich, nur sel-

ten unvoreingenommen, auf seinen Vorteil bedacht und auch nicht immer konsequent, schlau und stark genug, weshalb es sich nicht selten auch (gern) hinters Licht führen lässt.

6.1 Selbst und Identität

Menschen empfinden sich als einzigartig. Mit dieser Einschätzung liegen sie zweifellos richtig. Kein Mensch ist wie ein anderer, allein schon was die rein äußerliche Erscheinung betrifft wird man selbst bei den ähnlichsten Personen bei näherem Hinsehen zahlreiche Unterschiede finden, und bezüglich des inneren Erlebens sind die Unterschiede noch bedeutend größer. Diese Trivialität ist es aber nicht, worauf sich die Einzigartigkeitsempfindung bezieht, es geht bei ihr vielmehr um die Vorstellung, jeder Mensch besitze so etwas wie eine ganz eigene unverwechselbare seelische Natur, einen Wesenskern, der ihn von allen anderen Menschen unterscheidet. Da diese Vorstellung nicht selten mit einem metaphysischen Akzent belegt wird, begegnen Wissenschaftler ihr allerdings mit einiger Skepsis. Dessen ungeachtet taucht sie immer wieder in den verschiedensten Diskussions- und Handlungszusammenhängen auf. Es macht eben einen Unterschied, ob eine Theorie der Persönlichkeit auf der Vorstellung gründet, der Mensch sei lediglich die Summe seiner Eigenschaften oder ob sie versucht, die psychologische Eigenwelt von Personen zu ergründen. Um die persönliche Identität geht es auch im praktisch-moralischen Diskurs um die Würde des Menschen. Zum humanistischen Gedankengut gehört die Überzeugung, dass die Persönlichkeitssphäre eines Menschen einzigartig und unverfügbar sei und daher einen ganz besonderen Schutz verdient. Gedacht ist dabei vor allem an den möglichen Zugriff von außen, nicht minder wichtig ist allerdings auch der Schutz des zutiefst Persönlichen vor der Person selbst, vor den Folgen einer falschen Lebensführung oder – paradoxerweise – auch vor der eigenen Vernachlässigung: Menschen haben gewissermaßen nicht nur ein Recht auf eine eigene Identität, sondern auch die Pflicht, sich um ihre Person und deren Entwicklung zu kümmern.

Im täglichen Leben und Handeln äußern sich Identitätsprobleme in vielfältiger Weise, etwa in dem Bemühen, einen eigenen Stil im Hinblick auf Kleidung, Ernährung, Wohnungsausstattung oder Verhaltensgewohnheiten auszubilden oder auch im Bemühen, sich von anderen Personen abzugrenzen und eine eigene Weltanschauung zu pflegen. Zentral ist die Identitätsproblematik zum Beispiel auch in Fragen der „Ehre", in der sich – was ganz typisch für die Identitätsproblematik ist – das Soziale und das Persönliche eng vermischen: Ist man in seiner Ehre gekränkt, dann sieht man – nach außen gerichtet – sein Ansehen und seine Stellung verletzt, es macht einen aber auch – nach innen gerichtet – krank (was ja auch der Wortsinn einer „Kränkung" ist). Am Begriff der Ehre werden im Übrigen sehr schön zwei weitere Aspekte der Identitätsproblematik deutlich, nämlich eine gewisse Ambivalenz und eine gewisse Beliebigkeit. Die Ambivalenz zeigt sich insbesondere bei Personen, die ihrer Ehre eine große Aufmerksamkeit zollen. Geringste Anlässe werden von diesen Personen als Bedrohung ihrer Stellung und ihres Ansehens wahrgenommen, was leicht ins Zwanghafte und für Außenstehende ins Lächerliche abgleitet. Der Eindruck der Beliebigkeit drängt sich angesichts der Beobachtung auf, dass Personen nicht selten ihr Selbstverständnis aus Banalitäten beziehen, der Zugehörigkeit zu einem bekannten Verein, einem exklusiven Hobby, einer ausgefallenen Fähigkeit, der Treue zu einer bestimmten Branntweinmarke oder der Bekanntschaft mit wichtigen Personen. Man kann allerdings fragen, ob derartige Äußerlichkeiten wirklich Ausdruck der Identität oder nicht eher Symptome für eine Abkopplung der Wahrnehmungs- von der Empfindungsebene sind.

Was also macht nun die Identität einer Person aus? Die einschlägige Literatur nennt neben der Einzigartigkeit der Denkweisen, Dispositionen und Gewohnheiten vor allem folgende drei Merkmale. Das ist zum ersten eine gewisse Dauerhaftigkeit bzw. Beständigkeit. Flüchtige Anwandlungen und vorübergehende Launen wird man nicht als Identitätsmerkmale ansehen wollen. Zum zweiten gehört zur Identität die Frage, wie „kohärent" der innere Kern der Persönlichkeit ist, d. h. wie stimmig die Elemente, die ihn ausmachen, aufeinander bezogen sind. Es stellt sich also die Frage, welche Verhaltensweisen und Eigenschaften zum Wesenskern einer Person gehören. So wird man das kompromiss- und humorlose Bestehen eines Freundes darauf, dass man den Kaffee nur auf eine ganz bestimmte Art zubereiten darf, allenfalls als Marotte betrachten und ihm nicht identitätsstiftenden Charakter einräumen wollen. Außerdem gehört zur Stimmigkeit eine gewisse Logik: Wer einerseits an die heilige Dreifaltigkeit glaubt und andererseits ein glühender Verehrer der Lehre des dialektischen Materialismus ist, mag damit zwar ein erhebliches Maß an Skurrilität beweisen, aber weder die eine noch die andere Überzeugung kann deswegen als identitätsstiftendes Merkmal gelten (allenfalls die Skurrilität selbst, sofern sie von der betreffenden Person beispielsweise bewusst gepflegt wird). Und schließlich kann auch nur das als identitätsstiftend gelten, was Denken, Empfinden und Handeln eines Menschen in einem fundamentalen Sinne prägt, was tief in ihm verankert ist und all sein Sinnen und Trachten „durchdringt", eine abgekapselte Identität ist keine Identität, sie muss sich Ausdruck verschaffen, wie sonst könnte sie uns ausmachen?

6.1.1 Die Natur des Selbst

Menschen können über sich nachdenken. Damit schaffen sie sich eine eigene Wirklichkeit. Im konkreten Geschehen durchdringen sich die natürliche Welt und die Denkwelt, was die Analyse nicht eben vereinfacht. Wer zum Beispiel von sich glaubt, mutig und unerschrocken zu sein, von seiner psychischen Ausstattung her aber ein vorsichtiger und ängstlicher Mensch ist, wird ungeachtet dieser natürlichen auf Zurückhaltung programmierten Ausrichtung eher so auftreten, wie man es von einer dominanten Person annimmt. Allerdings wird sich die in seiner Person steckende Disposition nicht gänzlich verleugnen lassen, was zu ganz eigentümlichen Verhaltensweisen Anlass geben kann. Jedenfalls muss man deutlich zwischen zwei Arten des Selbst unterscheiden:

- Das Selbst als psychologische Entität: Dieses Selbst umfasst psychologische Variable wie die persontypischen Verhaltensneigungen und Gefühlsreaktionen, das Selbstwertgefühl, zentrale Werte und Bestrebungen. „Außerdem gehören hierzu Standards für die Selbstbewertung und Selbststeuerung, Fähigkeiten zur Gestaltung des Selbst sowie die mentale Abbildung von Strategien und Skripten, die genutzt werden können, um verschiedene Formen des sozialen Handelns hervorzubringen" (MISCHEL/MORF 2003, S. 25).
- Das Selbst als Selbstkonzept: Beim Selbstkonzept geht es um Einschätzungen über sich selbst (vgl. z. B. DAUENHAUER u. a. 2002, S. 159), um das Wissen über die eigene Person, um Einschätzungen des eigenen Könnens und Wollens und um Wunschvorstellungen von sich selbst.

Neben dieser grundlegenden Unterscheidung gibt es eine Reihe von Begriffsvarianten, die jeweils einen anderen gebräuchlichen Sprachgebrauch akzentuieren (Tabelle 6.1). Im Alltag meint man üblicherweise die jeweils

---

Tab. 6.1: Begriffsvarianten zur Beschreibung des „Selbst" (in Anlehnung an LEARY/ TANGNEY 2003)

Grundverständnis	Erläuterung	Beispiel
Das Selbst als ganze Person	In der Alltagssprache gilt der Satz „Jeder Mensch ist ein Selbst.", in der Psychologie „Jeder Mensch hat ein Selbst."	Menschen beobachten sich selbst, schädigen sich selbst.
Das Selbst als Persönlichkeit	Das Selbst ist das Ensemble von Fähigkeiten, Temperamenten, Zielen und Werten.	Menschen streben nach Selbstverwirklichung.
Das Selbst als das Erfahrungssubjekt	Das Selbst als spontanes Ich („I") ist der Prozess, der verantwortlich ist für die Selbstwahrnehmung (Das Selbst als das, was uns kennt.).	Irgendetwas in uns nimmt wahr, denkt unsere Gedanken usw.
Das Selbst als Wissen über die eigene Person	Das Selbst als reflektiertes Ich („Me") ist Summe der Wahrnehmungen, Gedanken und Gefühle über uns (Das Selbst als das, was uns ausmacht.).	Wer bin ich, wie bin ich?
Das Selbst als der handelnde Akteur	Das Selbst ist der Entscheider, der Geist in der Maschine.	„Homunculus" oder Bündel kybernetischer Prozesse?

ganze Person, wenn man von ihrem Selbst spricht. „Ich selbst" verstehe mich eben nicht als einen von mir irgendwie abgeschiedenen, besonderen Teil, sondern eben „als mich". Wenn ich Dinge tue, die mir schaden, dann richtet sich das gegen meine ganze Person und nicht etwa gegen etwas in mir. Die Alltagssicht unterscheidet sich insoweit auch von der Sicht der Psychologen, man selbst geht eben normalerweise davon aus, dass man das Selbst ist, das man in sich sieht; im Lichte vieler psychologischer Theorien ist das Selbst allerdings nur ein – wenngleich nicht unbedeutender – Bestandteil der Person.

Eine zweite Sichtweise setzt das Selbst mit der Persönlichkeit gleich. Danach ist Selbstpsychologie einfach Persönlichkeitspsychologie und das Selbst ein unnötiges Konstrukt, das mehr Verwirrung als Klarheit mit sich führt. Im allgemeinen Sprachgebrauch spiegelt sich dieses Verständnis in der Rede von der Selbstverwirklichung, die allen Menschen zu Eigen sei, zumindest insoweit, als man unter Selbstverwirklichung die Entfaltung (um nicht zu sagen: Vervollkommnung) der eigenen Persönlichkeit versteht.

Die dritte Begriffsvariante sieht im Selbst das, was unsere Erfahrungen macht, die vierte Begriffsvariante als das, was unsere Erfahrungen ausmacht. Die fünfte Begriffsvariante schließlich betrachtet das Selbst als Willenszentrum des Menschen. Hierbei entsteht leicht das Bild von der Person in der Person, eine höchst zweifelhafte Vorstellung, die sich aber nicht zwingend aus diesem Begriffsverständnis ergibt. Willensträger ist nicht notwendigerweise ein Subjekt, ein wie auch immer (mental oder physisch) klar abgegrenzter Akteur, ebenso kann man sich das Selbst auch als Bündel eng aufeinander bezogener kybernetischer Prozesse vorstellen, als Regelkreise höherer Ordnung, die den psychischen Prozessen einer Person Richtung geben und ihnen ihre je eigentümliche Färbung verleihen.

Zu einer Inflationierung des Selbstbegriffs trägt die weit verbreitete Tendenz bei, allen möglichen psychischen Phänomenen das Wort „Selbst" anzuhängen. Die Psychologen Leary und Tangney (2003) beispielsweise entdeckten im amerikanischen Sprachgebrauch 66 derartige Präfix-Bildungen (von der Selbstannahme über den Selbstzweifel und die Selbstwerterhöhung bis hin zum Selbstgespräch). Sofern es dabei nur darum geht, dem Grundbegriff einen besonderen Appeal zu verpassen, kann man darauf auch verzichten. Wenn sich diese Begriffsbildungen bei der Weiterentwicklung einer Selbsttheorie bewähren, sind sie selbstverständlich willkommen. Aus handlungstheoretischer Sicht verdienen beispielsweise Konstrukte wie Selbstbindung, Selbsttäuschung, Selbstwertschutz oder Selbstverleugnung einiges Interesse. Wir kommen im Folgenden hierauf zurück. Von den beiden oben beschriebenen Betrachtungsweisen des Selbst ist für die Handlungstheorie primär die zweite Perspektive relevant, die sich mit Fragen nach der Selbstwahrnehmung und dem Selbstverständnis befasst und damit auch mit der Frage, wie diese Größen die Urteilsbildung und das daraus resultierende Verhalten beeinflussen. Damit verknüpft sich am ehesten die fünfte der in Tabelle 6.1 angeführten Auffassungen, die dem Selbst eine zentrale Steuerungsfunktion beimisst. Letztlich lässt sich diese aber nicht von den anderen der angeführten Auffassungen trennen. Das Selbst ist ein konstitutiver Teil der Persönlichkeit und prägt damit die Art und Weise, wie wir Probleme angehen. Es ist unser Selbst, das (uns) empfindet, das unseren Erfahrungen Bedeutung gibt und damit nicht nur den Stoff für unser Handeln liefert, sondern ihm auch Form und Richtung gibt.

6.1.2 Die Rolle des Selbst

Wie bereits angeführt sieht man im Selbst häufig das, was typisch und charakteristisch für eine bestimmte Person ist. Damit verschwimmt natürlich die Abgrenzung zum Begriff der Persönlichkeit. Das ist nicht zufällig so, weil diese Abgrenzung tatsächlich nicht gänzlich klar umrissen werden kann. Walter MISCHEL und Carolyn MORF (2003) sehen im Selbst daher auch „nur" einen spezifischen Aspekt der Persönlichkeit, die sie wiederum als ein organisiertes, dynamisches, kognitives Handlungssystem begreifen (Abbildung 6.1). Danach entstehen Handlungsimpulse aus dem Zusammenwirken von kognitiven und situativen Gegebenheiten. Diese lösen aufgrund ihrer Vernetzung mit anderen kognitiv-affektiven Einheiten weitere Prozesse aus, die über eine Vielzahl von Verstärkungs- und Feedbackschleifen spezifische Kognitionen, Affekte und Verhaltensweisen anstoßen.

Ein konkretes Verhalten resultiert also aus dem Wechselspiel vielfältiger Prozesse, aus Einschätzungen, Zuordnungen, Bewertungen, Gefühlen, Schlussfolgerungen usw. Es ist diese Komplexität und es sind die Interaktionen des psychischen Systems mit den je spezifischen Umweltanforderungen, die dafür verantwortlich sind, warum eine „einfache" Persönlichkeitstheorie, die sich auf die Identifizierung typischer Personeneigenschaften beschränkt, nicht erfolgreich sein kann. Personen werden sich in unterschiedlichen Handlungssituationen und je nach psychischer Ausgangslage jeweils unterschiedlich verhalten, ihr Verhalten ist daher nicht einfach nur Ausdruck ihrer Persönlichkeitseigenschaften.

Dennoch weisen Menschen bekanntlich auch ganz typische, je eigene Verhaltenstendenzen auf, die man aus einer gewissen Distanz auch als solche erkennen kann. Mit verantwortlich für diese eigentümliche Verhaltenskonsistenz von Personen ist deren Selbst. Seine Wirksamkeit entfaltet es über internalisierte „wenn … dann" Verknüpfungen, also über Regeln und Regelsysteme, die dem individuellen Verhalten eine Richtung geben, ja das Handeln eigentlich erst hervorbringen und hierbei typische Verhaltensmuster wie Gewissenhaftigkeit, Aufgeschlossenheit, Geiz usw. erzeugen. Eine große Bedeutung kommt außerdem sogenannten Arbeitskonzepten des Selbst („working self concepts") zu. Darunter versteht man Subsysteme, die sich auf verschiedene Verhaltensbereiche richten, also auf den je spezifischen Umgang mit Aufgaben, Rollen, Problemlagen usw. In gewisser Weise kann das Selbst als eine Vermittlungsinstanz zwischen den Anforderungen der Umwelt und der Persönlichkeit gesehen werden, eben

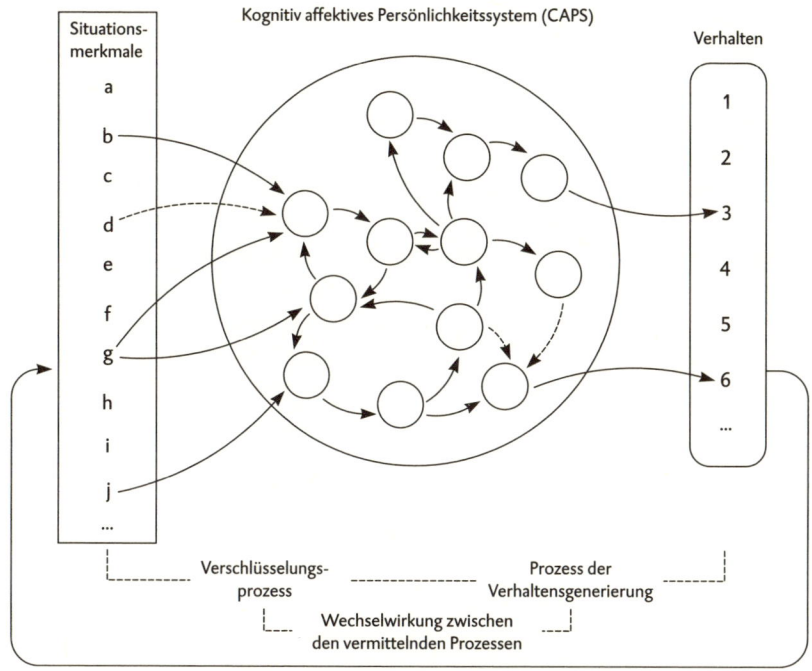

Abb. 6.1: Das kognitiv-affektive Persönlichkeitssystem
(nach MISCHEL/SHODA 1995, S. 254)

als dynamisches kognitiv-affektives Handlungssystem, das sich mit dem
Handeln und dem Empfinden der Person befasst. Allerdings sehen Mischel und Morf diesbezüglich – wie erwähnt – keine eindeutige Trennung,
da das Selbst nicht nur auf die Persönlichkeit reagiert, sondern sich auch
um deren Weiterentwicklung kümmern kann.

Am besten versteht man das Selbst von seinen Funktionen her, wobei
die Regulierungsfunktion, die das Selbst leistet, von großer Bedeutung ist.
Dabei geht es um Dinge wie die Handlungsplanung, das mentale Erproben
möglicher Handlungen, um die Selbstbeobachtung sowie um die Aufmerksamkeit für mögliche dysfunktionale Impulse und deren Abwehr.
Eine weitere wichtige Funktion des Selbst ist die Zuweisung von Bedeu-
tungen, die Einordnung des eigenen Verhaltens in Handlungszusammen-
hänge, die Beurteilung von Geschehnissen sowie deren Relevanz für die
eigene Person und die Wahrnehmung der eigenen Wertvorstellungen und

Lebensentwürfe. Diese Bedeutungszuweisung resultiert in hohem Maße aus Theorien, die das Selbst über sich selbst entwickelt, also aus dem je eigenen Selbstbild, dem jeweiligen Selbstverständnis und der Selbstwerteinschätzung. Eine dritte wichtige Funktion richtet sich nach außen, auf die Selbstdarstellung und auf die Abgleichung von Fremd- und Selbstbild. Eine vollständige Übereinstimmung diesbezüglich ist allerdings nicht unbedingt der Idealzustand, vor allem dann nicht, wenn diese aus der einseitigen Anpassung an die Erwartungen der Umwelt resultiert. Auf die damit verbundenen Gefahren gehen wir im nächsten Abschnitt ein. Ebenso wenig zu empfehlen ist das Bemühen vieler Menschen, sich in einem möglichst positiven Licht zu präsentieren, um andere zu beeindrucken und sich durch „Impression Management" Reputation zu verschaffen – jedenfalls dann nicht, wenn hierdurch der Wirklichkeitssinn im Hinblick auf die eigene Person verloren geht, wenn man also weder Dritten noch sich selbst gegenüber authentisch bleibt. Auf die Neigung, sich selbst zu positiv zu beurteilen, gehen wir im übernächsten Abschnitt ein.

6.2 Selbst und Erfahrung

Das Selbst bildet sich in der Auseinandersetzung mit den Erfahrungen des Lebens. Allerdings sollte man nicht erwarten, dass sich zwischen den Lebensverhältnissen und dem Selbst eine Art Gleichgewicht einspielt, dass sich also eine, wie auch immer geartete, stimmige Passung ergeben wird. Zweifellos passt sich das Selbst seinem sozialen Umfeld an, das zeigt sich eindrücklich, wenn man das Selbstverständnis vergleicht, das Angehörige unterschiedlicher Kulturen aufweisen. Dessen ungeachtet ist das Selbst aber nicht beliebig formbar – was aber wiederum auch nicht heißt, dass es immer standhaft oder gar unverwüstlich wäre, im Gegenteil: Ein übermächtiger Druck kann das Selbst erheblich deformieren und damit die Freiheit und Würde eines Menschen nachhaltig beschädigen. Bedauerlicherweise nimmt die soziale Realität tatsächlich oft wenig Rücksicht auf das Selbst und dessen Entfaltungsbedürfnis. Umgekehrt verliert aber auch das Selbst nicht selten den Bezug zur Realität, indem es sich (auch für sich selbst) bewusst oder unbewusst ganz anders darstellt, als es in Wirklichkeit ist.

6.2.1 Das bedrohte Selbst

In den Sozialwissenschaften gibt es eine bedeutende Tradition der Theoriebildung, die sich mit den Zumutungen des gesellschaftlichen Zusammenlebens befasst, mit der Selbstverständlichkeit, mit der die Gesellschaft Ansprüche geltend macht und einfordert, mit der Unentrinnbarkeit ihres Zugriffs und mit der Gleichgültigkeit der gesellschaftlichen Mechanik, die die menschlichen Seelen bitter machen, klein und arm. Die menschliche Natur und die gesellschaftliche Wirklichkeit stehen sich tatsächlich nicht selten feindlich gegenüber, und da sich der Einzelne nicht aus der Gesellschaft verabschieden, und weil er sich auch nicht über sie erheben kann, bleiben ihm nur zwei gleichermaßen unerfreuliche Alternativen: Wehrt er sich gegen die Anpassung, versucht er, sich seine unverfälschte Identität zu bewahren, dann wird er sich zunehmend von der Gesellschaft entfremden, passt er sich dagegen den Imperativen der Gesellschaft an – sei es willig oder unwillig – dann wird er sich zunehmend von sich selbst entfremden. Die einzig logisch mögliche Auflösung dieses Dilemmas besteht im Aufbau einer solchen Gesellschaft, in der die Widersprüche aus sozialen und persönlichen Anforderungen möglichst gut miteinander versöhnt werden können. An dieser Aufgabe versuchen sich auf ihre je eigene Weise sowohl die sozialtechnologische Alltagsarbeit als auch sozialutopische Phantasien.

Entfremdung und Selbstentfremdung gehören nicht zur Kategorie der „Befindlichkeiten", die man mildern oder gar einfach ablegen kann, sie durchdringen vielmehr das Selbst, beschädigen die Psyche und das Leben. Dennoch gibt es Abstufungen. Entfremdung muss nicht total, sondern kann in ihrer Ausprägung auch moderat sein und sich auf bestimmte Lebensbereiche beschränken. Außerdem gibt es verschiedene Formen der Entfremdung, sie kann manifest und sichtbar sein oder latent bleiben und im Verborgenen wirken, sie kann sich bieder oder subtil äußern, sie kann als solche erkannt oder verkannt werden. In Tabelle 6.2 sind einige der wichtigsten theoretischen Ansätze aufgeführt, die sich mit dem Entfremdungsphänomen, bzw. allgemeiner mit dem Verhältnis von Gesellschaft und Selbst befassen (vgl. eingehend ABELS 2006). Manche dieser Ansätze sind in sehr grundlegende sozialtheoretische Konzepte eingebettet. Ein Beispiel hierfür ist das Konzept des homo sociologicus, das das menschliche (Sozial-)Verhalten ganz wesentlich von den Erwartungen der Gesellschaft, ihren Normen und Vorschriften bestimmt sieht, Identität *gegen* die Gesellschaft lässt sich nicht gewinnen, *mit* der Gesellschaft gerät sie

allerdings zur Anpassung (DAHRENDORF 1958). Die Rollenmetapher be-
herrscht die Argumentation auch im Ansatz von GOFFMAN (1959). Menschen inszenieren im täglichen Umgang miteinander ihr Selbst, sie sind
Selbstdarsteller, die versuchen, eine soziale Identität zu gewinnen und zu
behaupten, nicht zuletzt deswegen, um sich ihrer persönlichen Identität zu
vergewissern. Auch im Marxschen Konzept der Selbstentfremdung steckt
ein allgemeiner soziologischer Bezug. Selbstentfremdung – eine Konsequenz aus der Vergegenständlichung von Arbeit, der Degradierung der
Arbeitskraft zur Ware – geht, so Marx, einher mit der Entwertung der
„Menschenwelt", sie erzeugt soziale Beziehungen, in denen die Menschen
sich nur noch als „Charaktermasken" gegenübertreten (MARX 1867;
2004).

Stärker auf zeitgeschichtliche Aspekte heben die Konzepte von Simmel, Riesman und Sennett ab. SIMMEL (1901; 1995) geht es um das Wechselverhältnis zwischen Vergesellschaftung und Individualisierung. In der
modernen Gesellschaft bewegen sich die Menschen nicht mehr in einem
einzigen überschaubaren sozialen Kreis mit eindeutigen Reglementierun-
gen, sondern in vielen unterschiedlichen sozialen Kreisen (Familie, Beruf,
Vereine, Verbände, Religionsgemeinschaften, politische Parteien, Bürger-
initiativen usw.) mit je eigenen Handlungsbezügen, womit, wegen der je
individuellen Bezugskonstellationen, eine „objektive" Individualisierung
einhergeht. Andererseits verliert das Individuelle an Bedeutsamkeit, weil
innerhalb dieser verschiedenen Kreise weniger die persönliche Eigenart
des Einzelnen, als vielmehr seine Funktionstüchtigkeit Beachtung findet.
Die Herausbildung der jeweiligen Individualität wird damit zu einer zentralen Herausforderung in der Moderne, die allerdings häufig nur äußerlich, durch Beteiligung an Moden oder einen aufgesetzten Lebensstil, ein-
gelöst wird. RIESMAN (1950) konstatiert denn auch den Verlust einer
prinzipiengesteuerten Innensteuerung. Verführt durch Konsumindustrie
und Massenmedien kommt es zu einer Sozialisierung des Geschmacks, zu
einer Orientierung an der Art, wie die jeweilige Bezugsgruppe politisch,
weltanschaulich, freizeit- und konsumbezogen denkt und handelt. SEN-
NETT (1998) schließlich geht auf die hohen Anforderungen ein, die der
moderne Kapitalismus dem Menschen im Hinblick auf Mobilität und Fle-
xibilität aufbürdet und die diesen oft überfordern. Die damit induzierten
Verhaltensweisen verhindern, dass Menschen eine verlässliche soziale Verankerung erreichen und langfristige Berufs- und Lebensperspektiven entwickeln können. Die Fragmentierung der Erfahrungswelt und Lebenswege

Tab. 6.2: Die Gefährdung des Selbst im Lichte sozialwissenschaftlicher Ansätze (Zusammenstellung in Anlehnung an ABELS 2006)

Habermas: Kolonisierung der Lebenswelt	Berger/Berger: Identitätskrise
Die Lebenswelt wird von unauffälligen systemischen Zwängen instrumentalisiert, mit ihr einher geht ein fragmentiertes Bewusstsein der Menschen.	Die fragmentierte Gesellschaft gibt keinen Halt, die Menschen versenken sich in subjektive Welten, die ständig ihr Gesicht verändern, die Identitätskrise ist permanent.
Sennett: Drift	**Dahrendorf: Homo Sociologicus**
Im Kapitalismus gilt: „Nichts Langfristiges!", was die Herausbildung einer personalen Identität verhindert.	„Der homo sociologicus ist ein Schatten, der seinem Urheber davongelaufen ist, um als sein Herr zurückzukehren."
Marx: Entfremdung	**Riesman: Außenleitung**
Entfremdung von der Arbeit, den Mitmenschen und von sich selbst. Entwicklung falscher Bedürfnisse, Fetischcharakter der Warenwelt.	Traditionsleitung: Schande, Innenleitung: Schuld, Außenleitung: diffuse Angst.
Simmel: Nervosität der Großstädte	**Erikson: Auflösung**
Fehlende Balance zwischen Aufmerksamkeit und Nichtaufmerksamkeit.	Scheitern bei der Bewältigung fundamentaler Entwicklungsprobleme, z.B. Identität vs. Identitätsverlust.
Goffman: Beschädigung	**Taylor: Versagte Anerkennung**
Gefährdung des Selbst durch soziale Diskreditierung, ungerechte Forderungen, sozialen Ausschluss, halbherzige Inklusion.	In unserer Gesellschaft muss soziale Anerkennung erworben werden, woran nicht wenige scheitern.

erschwert die Herausbildung einer stabilen Identität und führt zu einer „Korrosion des Charakters". Zu beachten ist, dass nach Sennett (wie auch nach den meisten anderen Entfremdungskonzepten) wirkliche und scheinbare Realitäten sich in einem oft schwer durchschaubaren Wechselspiel durchdringen. Exemplarisch deutlich wird dies bei der im Arbeitsleben zu Ansehen gelangten sogenannten Teamarbeit. In der Alltagspraxis gerät das Lob der Kooperation und des Miteinander – so die konkrete Erfahrung – leicht zur Heuchelei, die menschlichen Beziehungen der

Teammitglieder entwickeln, bei Wahrung des Scheins, weder Tiefe noch Ernst, nach Beendigung eines Teamprojektes wird das Teamspiel in neuen Projekten mit anderen Kollegen in bewährter Weise, in der jeder letztlich nur seinen eigenen Vorteil sucht, fortgeführt.

Aus handlungstheoretischer Sicht interessiert nun natürlich vor allem, was aus der Bedrohung des Selbst für das Handeln der Menschen folgt. Entfremdungstheoretiker diskutieren entsprechende Wirkungen in ganz unterschiedlichen Zusammenhängen, sie gehen dabei aber durchaus in der einen oder anderen Form auch auf die handlungstheoretischen Konzepte ein, die wir im vorliegenden Buch behandelt haben. Mit am heftigsten diskutiert wird der Zusammenhang zwischen der Entfremdung und Fragen der *Präferenzbildung*, wobei meist auf den Unterschied zwischen wahren und falschen Bedürfnissen rekurriert wird. Die Frage, ob es so etwas wie falsche Bedürfnisse gibt oder überhaupt geben kann, lässt sich vermutlich kaum abstrakt beantworten, man wird hierzu zweckmäßigerweise auf einem konkreteren Niveau argumentieren müssen. Immerhin lassen sich diesbezüglich zwei allgemeine Folgen der Entfremdung geltend machen. Die eine besteht in der Vorherrschaft, die die Wertvorstellungen der Gesellschaft in einer entfremdenden Gesellschaft über die persönlichen Wertmaßstäbe gewinnen. Die zweite Folge hat etwas damit zu tun, dass der Einzelne immer schwerer einen Zugang zum eigenen Selbst und zur Reflektion seines Strebens findet und dass er das Gefühl dafür verliert, was seine grundlegenden Bedürfnisse ausmacht. Aus der Vereinigung dieser beiden Phänomene entsteht eine Überformung der Elementarbedürfnisse durch die von der Gesellschaft als erstrebenswert propagierten Zwecksetzungen, und es kommt zu Kompensationshandlungen zur Einlösung dieser „aufgesetzten" Zwecke. Dadurch werden die eigentlichen Selbstbedürfnisse des Menschen an den Rand gedrängt und zurück bleiben Gefühle der Leere und Unzufriedenheit. Sichtbaren Ausdruck findet diese Entwicklung im Konsumdenken und im Warenfetischismus, der Sorge, nicht auf der Höhe der Zeit zu sein, sowie in einer allgemeinen Rastlosigkeit, nicht nur während der Arbeit, sondern auch in der für die Muße bestimmten Zeit. Bedenklich ist besonders, dass entfremdetes Leben neben der betriebsamen Mühsal, die es dem Alltagsgeschehen aufprägt, auch weitreichende Entscheidungen bestimmen kann. Als Beispiel sei die Berufswahl angeführt, die häufig nicht von Neigung und Talent, sondern vielmehr von Marktgängigkeit und Prestige bestimmt wird. Ähnlich wenig Geduld für die Erkundung und Entwicklung seiner „wahren Bedürfnisse" findet man in praktisch allen Lebensbereichen, nicht zuletzt auch in den Alltagszerstreuungen, etwa in der Bereitwilligkeit, mit der sich viele Menschen der Seichtigkeit des Medienangebots hingeben.

Handlungstheoretisch gesehen verändern entfremdende Lebensverhältnisse die Wertmaßstäbe, an denen sich der Einzelne ausrichtet. Das verändert natürlich auch die Beurteilung von Handlungsoptionen. Die Veränderungen in den Bewertungsmaßstäben wirken sich außerdem oft negativ auf die Bestimmung konkreter Handlungsziele aus und zwar deswegen, weil die gegebenen Entfremdungsbedingungen den ungestörten Zugang zum eigenen Selbst verbauen. Unterstützend wirkt dabei das reichhaltige Angebot an Substraten, also an minderwertigen Ersatzbefriedigungen, die eine entfremdende Gesellschaft bereithält und auf die viele Menschen bereitwillig zugreifen, weil sie leicht zugänglich sind und einen leicht nachvollziehbaren – wenngleich nur vordergründig wirklich anhaltenden – Nutzen versprechen.

Entfremdung, d. h. die Entfernung vom eigenen Selbst, erschwert aber nicht nur den Zugang zu verbindlichen Wertmaßstäben, sie geht außerdem mit erheblicher *Unsicherheit* einher. In manchen handlungstheoretischen Konzeptionen gilt die allgemeine Orientierungslosigkeit sogar als das entscheidende Merkmal von Entfremdung. Als Ursachen für die um sich greifende Orientierungslosigkeit werden häufig die Dynamik gesellschaftlicher Veränderungen genannt, aber auch die Pluralisierung der Lebenswelten und der Verlust an allgemein geteilten Weltanschauungen. Als Symptom hierfür kann beispielsweise gelten, dass angesichts der Unübersichtlichkeit erkenntnistheoretischer Positionen selbst nüchterne Wissenschaftler Zuflucht zu postmoderner Pseudophilosophie, die die Auflösung aller großen Erzählungen propagiert, nehmen. Andererseits gab es Fluchtbewegungen aus der kalten Rationalität der Forschung eigentlich schon immer, weswegen man derartige Verirrungen vielleicht nicht überbewerten sollte. Entfremdungsbedingte Orientierungslosigkeit wird durch verschiedene innere und äußere Bedingungen verstärkt. Eine das Denken beeinträchtigende Bestimmungsgröße ist beispielsweise die starke Zerklüftung des Wissens, die von der Art der modernen Wissensvermittlung und der Wissensverwertung im beruflichen Alltag hervorgebracht wird, eine andere entsteht daraus, dass Ordnungsprinzipien, die der mentalen Welt Struktur geben, verloren gehen, so dass sich die persönlichen Wissensbestände in disparater und unverbundener Weise ansammeln und sich nicht zu kohärenten Einsichten verdichten. Zusätzliche äußere Bedingungen der Desorientierung sind widersprüchliche Erwartungen, fehlende oder auch undeutliche Rückmeldungen durch die gesellschaftliche Umwelt im Hinblick auf das, was man tut, zumal auf das, was einem wichtig ist.

Auch die *Definition der Situation* wird von einem beschädigten Selbst maßgeblich geprägt. Dabei sind die Wirkungen durchaus zwiespältig. Auf der einen Seite verschwinden fundamentale, aber unterdrückte psychische Elemente gewissermaßen von der „Tagesordnung", sie haben nicht die Kraft, überhaupt ins Bewusstsein zu dringen und sich gegen handlungsnahe und ungeteilte Aufmerksamkeit fordernde Gegenstände zu behaupten: frei flottierende flüchtige Wünsche überspielen tiefliegende Bedürfnisse, subtile Denkansätze werden von gängigen Denkmustern beiseite gedrängt, elementare Gefühlserfahrungen durch seichte Stimulation ersetzt. Auf der anderen Seite kann es aber auch – nicht selten in verschleierter Form – zu einer Überbetonung selbstbezogener Themen kommen, zur zwanghaften Akzentuierung unerfüllbarer Bedürfnisse, zu emotionaler Überflutung sachbezogener Erörterungen. In beiden Fällen, also sowohl im Fall der Ausgrenzung von essentiellen Elementen des Selbst aus dem Handeln als auch im Fall des unregulierten Selbstbezugs in allen Handlungsvollzügen, bleibt der Rationalität eigentlich nur noch die Rolle der Schadensbegrenzung.

Am nachhaltigsten beeinträchtigt das beschädigte Selbst den *Willen* eines Menschen. Sichtbaren Ausdruck findet das gestörte Verhältnis von Selbst und Handeln – wie oben bereits angeführt – in der Unbeständigkeit der Präferenzen: Ein Tatbestand, der die konsequente Verfolgung von Zielen nicht gerade fördert und der das Durchhaltevermögen beim Auftreten von Widerständen schwächt. Aber auch hier gibt es die andere Seite, nicht selten beobachtet man nämlich gerade bei Personen, die mit ihrem Selbst zerstritten sind, eine extreme Willensstärke und ein Festhalten an ehrgeizigen Zielen, das seinesgleichen sucht. Allerdings nimmt dieses Commitment nicht selten zwanghafte Züge an, der Handlungsvollzug gestaltet sich rigide und lässt die Geschmeidigkeit vermissen, die die Bewältigung anspruchsvoller und komplexer Aufgaben eigentlich erfordert. Entsprechend groß ist der psychische Aufwand, den das Selbst erbringen muss, um die ihm eigentlich nur äußerlich wichtigen Ziele zu erreichen. Ähnliches gilt im Übrigen für soziale Beziehungen, auch hier beobachtet man einerseits häufig ein geringes Durchhaltevermögen bei auftretenden Beziehungsproblemen und andererseits eine bis an die Selbstverleugnung gehende Bindung an soziale Gruppen und Bewegungen.

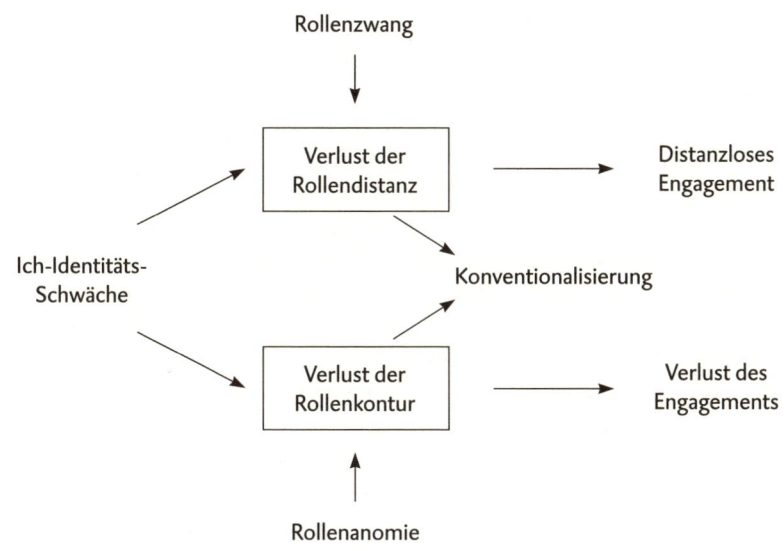

Abb. 6.2: Die zwei Seiten der Entfremdung
(in Anlehnung an die Ausführungen von DREITZEL 1968)

Einen interessanten Ansatz zur Entfremdungsdiskussion liefert Hans Peter DREITZEL (1968), worauf abschließend hingewiesen sei. Interessant ist dieser Ansatz auch deswegen, weil er ganz explizit das Selbst und dessen Bedeutung für die Bewältigung der von der Gesellschaft gesetzten Anforderungen herausstellt. Hierzu bedient der Autor sich vor allem rollentheoretischer Überlegungen. Eine der von Dreitzel angestellten Überlegungen ist – vereinfacht und etwas modifiziert – in Abbildung 6.2 wiedergegeben.

Danach ist das Selbst von zwei Seiten bedroht: von übergroßen, engmaschigen und überprägnanten Anforderungen einerseits und von der Abwesenheit klarer Erwartungen und Verhaltensvorschriften andererseits. Im ersten Fall wird den Menschen die Möglichkeit genommen, die Distanz zu ihrer Rolle aufzubauen, die notwendig ist, um diese so „spielen" zu können, dass sie den jeweiligen Handlungssituationen gerecht wird und den individuellen Eigenarten der Rollenspieler entgegenkommt. Im zweiten Fall geht die Rollenkontur verloren und die Menschen gleiten in Verhaltensunsicherheit, Orientierungslosigkeit und Willkür ab. Übergroßer Druck von Verhaltensnormen führt gewissermaßen zu Selbst-Entfremdung, Normschwäche dagegen birgt die Gefahr von Normlosigkeit (Anomie). Beide Gefahren sind desto geringer, je stärker die Ich-Identität des Rollenspielers ist. Wer über eine starke Ich-Identität verfügt findet eher Möglichkeiten, sich gegen Rollenzwang und Rollenunbestimmtheit zu wehren und sich alternative Handlungsräume zu eröffnen.

Bemerkenswerterweise führen sowohl Rollenzwang als auch Rollenanomie zum gleichen Ergebnis, nämlich zu einer Konventionalisierung des Verhaltens, handlungstheoretisch ausgedrückt also zu einer Verarmung der Phantasie, wenig Innovationsfreude und geringem Wagemut. Im Hinblick auf das Engagement haben die beiden Seiten der Entfremdung allerdings entgegengesetzte Wirkungen. Verliert man die Distanz zu seiner Rolle, geht man gewissermaßen in ihr auf, ja findet man eigentlich erst in der Rolle seine eigene Identität, dann wird man in der Ausfüllung dieser Rolle großes Engagement zeigen, sich dabei aber – wie bereits beschrieben – sehr eng an die Rollenvorgaben halten und ängstlich darauf bedacht sein, Rollenabweichungen zu vermeiden; man wird unbestimmte Verhaltensbereiche als nicht existent betrachten und Verantwortung dort ablehnen, wo man keine Zuständigkeit sieht. Umgekehrt ist bei einem Verlust der Rollenkontur mit einem Dahinschwinden des Engagements zu rechnen, also einem eher passiven, abwartenden und ausweichendem Verhalten.

Angesichts der Vielfalt der Ansätze, die sich mit dem Entfremdungsphänomen befassen, fällt eine summarische Zusammenfassung schwer. Immerhin kann festgehalten werden, dass das „Leiden an der Gesellschaft" (DREITZEL) ganz wesentlich ein Leiden der „inneren Person", des „Selbst" ist, ein Ausfluss seiner Bedrohung oder gar Beschädigung und dass es dort, wo es manifest wird, nachhaltig auch das Handeln der Menschen beeinträchtigt.

6.2.2 Das voreingenommene Selbst

Es gibt Menschen, die leiden unter einer grandiosen Selbstüberschätzung, wobei – so scheint es – allerdings weniger diese selbst darunter „leiden" als vielmehr deren Mitmenschen. Ganz generell fällt es vielen Menschen schwer, ein realistisches Bild von sich zu entwickeln, eigene Schwächen zu erkennen und anzunehmen. Auf der anderen Seite gibt es nicht wenige Menschen, die ein unterentwickeltes Selbstwertgefühl haben – und darunter dann auch tatsächlich leiden. Dennoch, auch diese Personen – und vielleicht sogar besonders diese Personen – sind nicht objektiv, wenn es um sie selbst geht. Denn auch Personen mit einem geringen Selbstwertgefühl versuchen, trotz ihrer Neigung, sich insgesamt eher ungünstig zu beurteilen, ihr *Handeln* in ein möglichst positives Licht zu stellen. Menschen neigen dazu, ihr Tun günstiger zu beurteilen, als es angemessen wäre, sie sind alles andere als unvoreingenommene Beobachter ihrer selbst. Woraus sich allerdings ein logisches Problem ergibt. Unproblematisch – aus logischer, nicht unbedingt aus moralischer Sicht – wäre es, wenn Menschen dazu neigten, ein und dasselbe Verhalten unterschiedlich zu bewerten, abhängig davon, ob es das eigene oder das Verhalten von anderen Personen betrifft. Problematisch, d. h. unverständlich ist, wie es zugehen kann, dass sich allein schon die Beobachtung dessen, was geschieht, verändern kann, je nachdem, ob es um einen selbst oder um andere geht.

Logik der Selbsttäuschung

Selbsttäuschung kann es ja eigentlich nicht geben. Wie sollte das denn zugehen, dass man sich selbst hinters Licht führt? Sich selbst täuschen heißt ja, vor sich selbst ein Wissen zu verbergen. Um es verbergen zu können, muss man seiner einmal ansichtig werden – und für den Fall, dass es wieder ans Licht drängt, muss man es kennen, um es erneut verbergen zu können. Die Vorstellung, man habe ein Wissen und habe es gleichzeitig nicht, widerspricht schlicht der Logik. Andererseits kennt jeder das Phänomen: dass man nicht immer ehrlich mit sich ist (sich z. B. eine bestimmte Schwäche nicht eingestehen will), dass man manches nicht so genau wissen will (z. B. dass man einen Fehler gemacht hat), dass man sich etwas einredet (z. B. dass man für andere sehr attraktiv sei). Die Palette der Selbsttäuschung und Selbstüberlistung reicht dabei von kleinen Lässlichkeiten bis hin zu ausgewachsenen Lebenslügen. Weil es aber nicht möglich ist, dass etwas logisch widersprüchlich und dennoch real ist, muss die Rede von der Selbsttäuschung mit Ungenauigkeiten behaftet sein. Möglicherweise erweist sich das, was man landläufig als Selbsttäuschung bezeichnet, ja als etwas ganz anderes, z. B. als ein Irrtum. Ein lehrreiches Beispiel schildert KOHLENBACH (1988): Eduard, die Hauptfigur in Goethes „Wahlverwandtschaften", wirft sich vor, er habe sich lange Zeit darin getäuscht, dass sich in seiner Liebe zu Ottilie alles von selbst zum Guten wenden werde, diese Täuschung habe er abgeworfen, und er sei entschlossen, nun eine aktivere Rolle einzunehmen. Beides – so Kohlenbach – sei falsch: weder habe sich Eduard ursprünglich selbst getäuscht, noch habe er nun eine bessere Einsicht in sein Handeln. Eduard habe nichts vor sich verheimlicht, vielmehr habe er sich ganz im Sinne seiner Überzeugungen verhalten: einer Art positivem Schicksalsglauben, der in Eduards Erfahrung begründet lag, dass sich in seinem bisherigen Leben seinen Wünschen keinerlei Widerstände entgegenstellten. Seine Passivität entstand also nicht aus einem Selbstbetrug, sondern war schlichtweg Ausdruck seiner Persönlichkeit. Und daran habe sich auch nach der vorgeblichen Selbsteinsicht nichts geändert, denn nach wie vor hänge Eduard seinem Schicksalsoptimismus an – und verhalte sich dementsprechend. Wenn man ein falsches Bild von sich hat, dann beruht dies also nicht notwendigerweise auf Selbsttäuschung, es kann sich auch einfach um einen Irrtum handeln.

Nun mögen sich Fälle vorgeblicher Selbsttäuschung durch Rekurs auf andere Gründe auflösen lassen. Das Phänomen selbst lässt sich damit aber nicht immer wegerklären. Es stellt sich also nach wie vor die Frage, wie man den Widerspruch auflösen kann, etwas zu wissen und gleichzeitig nicht zu wissen. Zur Lösung dieses logischen Problems gibt es grundsätzlich drei Möglichkeiten:

• das Wissen um „p" und das Wissen um „nicht-p" liegen nicht gleichzeitig vor,

• in einer Person stecken mehrere Akteure, die ihr Wissen nicht teilen, der eine Akteur verfügt über das Wissen „p", der andere über das Wissen „nicht-p",

• beim Wissen „p" und „nicht-p" handelt es sich um unterschiedliche Arten von Wissen.

Die erste Problemlösung scheint trivial zu sein, denn wenn das Wissen nicht gleichzeitig vorliegt, liegt auch kein Widerspruch vor. Allerdings gibt es einen nicht-trivialen Fall. Es kann nämlich sein, dass einem zwar das Wissen „p" ganz deutlich vor Augen steht, das Wissen „nicht-p" dagegen nur *prinzipiell* vorhanden ist. Das ist zum Beispiel dann der Fall, wenn „nicht-p" ein Folge-Wissen ist, das zwar logisch aus dem Hintergrundwissen ableitbar, aber einfach nicht erschlossen ist. Das ist eigentlich der Normalfall, denn es ist eher selten so, dass man aus seinem Wissen sämtliche Folgerungen zieht, die in ihm stecken. Als Beispiel mag eine Ungerechtigkeit gelten, die wir zwar begehen, jedoch nicht als solche wahrnehmen. Wenn unser etwas verträumter Sohn Hans zum wiederholten Mal und trotz mehrfacher Ermahnung seine Hausarbeiten nicht erledigt und wir hiervon auch noch durch einen peinlichen Mahnbrief der Lehrerin erfahren, kann es vorkommen, dass wir Hans mit einer Strafe belegen, die ihn über Gebühr schmerzt, und zwar einfach deswegen, weil wir in der emotional aufgeladenen Situation übersehen, dass Strafen angemessen sein sollen. In diesem Augenblick fühlen wir uns durchaus im Recht, obwohl wir dies besser wüssten, wenn wir eine genauere Analyse der Situation vornähmen und unserem Gerechtigkeitssinn Raum gäben. Wie auch immer: in der gegebenen Situation leiden wir zwar möglicherweise unter einer eingeschränkten Urteilsfähigkeit, keinesfalls jedoch unterliegen wir, was die Beurteilung unseres Verhaltens betrifft, einer Selbsttäuschung. Damit liegt aber auch – trotz der (prinzipiellen) Gleichzeitigkeit des vorliegenden widersprüchlichen Wissens („Ich bin gerecht", „Wer unangemessen straft ist nicht gerecht") – wiederum gar kein Paradox vor.

Am häufigsten wird der zweite der oben genannten Auswege aus dem Paradox gewählt. So wird nicht selten reklamiert, ein Mensch habe eben sehr verschiedene Persönlichkeiten, die ihrer je eigenen Logik folgen. Wenn auch nicht überzeugend, so doch interessant, ist die Variante, wonach die verschiedenen „Subsysteme" der Psyche (die theoretische Reflektion, die pragmatische Reflektion, die Emotionen, bestimmte Verhaltensweisen, die Wahrnehmung usw.) ein je eigenes Wahrheitsverständnis aufweisen (FUNKHOUSER 2009). Diese Vorstellung lädt zwar zu unterhaltsamen kombinatorischen Übungen über die Verteilung der Wahrheitswerte unserer Überzeugungen ein, sie ist aber wenig plausibel, weil sie einem kaum nachvollziehbaren inflationären Verständnis des Selbst huldigt. In der einfachsten Form unterscheidet man dann zwischen einem bewussten und einem unbewussten Selbst. Man muss dabei allerdings auch unterstellen, dass das Unbewusste nicht nur wachsam, sondern auch schlau ist, zumal ihm zugetraut wird, die normale Intelligenz einer Person hinters Licht zu führen. Abgesehen davon ist schon die Vorstellung von der Existenz eines unbewussten Akteurs, der in der Lage ist, uns nach Belieben zu gängeln, einigermaßen abenteuerlich. Man kann in ihr den Versuch sehen, Seelenkräften, die man nicht recht versteht, einen Namen zu geben. In neuerer Zeit wird verschiedentlich auch die These vertreten, wonach es gar kein einheitliches Selbst gibt, sondern jeder Mensch mehrere Persönlichkeiten in sich trägt. Diese Theorie folgt im Wesentlichen dem psychoanalytischen Schema, psychischen Vorgängen eine eigene Substanz zuzuschreiben und ihnen damit eine vorgebliche Wirklichkeit zu geben, sie zu

„reifizieren" (BROWN 2001). Verschiedentlich dient die These auch nur als Metapher, um zu verdeutlichen, welche Schwierigkeiten der moderne Mensch hat, mit den widersprüchlichsten Anforderungen klarzukommen. „Multiplizität" der Persönlichkeit kann allerdings auch pathologische Formen annehmen, ob der in diesem Zusammenhang verwendete Begriff der „multiplen Persönlichkeit" allerdings ein klares Krankheitsbild bezeichnet, ist heftig umstritten. Ein wünschenswerter Zustand ist die Multiplizität jedenfalls nicht, sondern ein – unter Umständen gravierendes – Leiden. Das Selbst erfährt dadurch nicht etwa eine Erweiterung, sondern eine erhebliche Einschränkung: „Das Problem ist nicht, mehr als eine Persönlichkeit zu haben; es liegt vielmehr darin, weniger als eine Persönlichkeit zu haben" (SPIEGEL 1993, zitiert nach HACKING 2001, S. 28).

Der dritte der oben genannten Auswege aus dem Paradox ist sicher der erfolgversprechendste. Er ist in gewisser Weise mit dem ersten verbunden. SHAPIRO (1996) spricht von zwei Arten, wie etwas gewusst wird, man kann etwas „irgendwie wissen" und man kann es „wirklich wissen". Das hört sich zunächst nur wie eine weitere Ausflucht an, um dem Paradox zu entkommen. Das wäre aber nur dann der Fall, wenn es darum ginge, eine bestimmte Form des Wissens gegen andere Wissensformen auszuspielen. Tatsächlich geht es Shapiro aber um psychische Mechanismen, die verhindern, dass man ein bestimmtes Wissen aktiviert bzw. die dafür sorgen, dass der Zugang zu einem bestimmten Wissen versperrt wird. Daran ist nichts Geheimnisvolles, insbesondere braucht man – um dies zu verstehen – keine Multiplizierung von Persönlichkeiten. Entscheidend sind also die Signalwirkungen, die von Wahrnehmungen ausgehen, die jeweils präsenten Informationen lenken die Aufmerksamkeit, rücken bestimmte Aspekte in den Vordergrund, andere in den Hintergrund. Eine angstbesetzte Information beispielsweise kann zu einer mentalen Flucht Anlass geben; statt sich der Realität zu stellen, verschließt man sich ihrer Wahrnehmung. Wenn einen beispielsweise der Vorgesetzte wegen einer schlechten Leistung tadelt, dann führt das nicht zwangsläufig dazu, dass man über die eigene Leistungsfähigkeit nachdenkt, es kann ebenso dazu führen, dass man sich in seiner Auffassung bestätigt sieht, dass der Chef über keine Führungsqualitäten verfügt. Umgekehrt verbietet sich bei autoritätshörigen Menschen oft jeder Zweifel an einer einmal gegebenen Anweisung. Darüber nachzudenken, ob das geforderte Handeln mit dem eigenen Selbstverständnis übereinstimmt, wird durch die angstbesetzte Vorstellung unterdrückt, damit werde der Wille der Autorität infrage gestellt.

Formal betrachtet wird in den geschilderten Fällen durch eine Information q ein Mechanismus ausgelöst, der die Konfrontation des Wissens um „p" mit dem Wissen um „nicht p" verhindert. Weitere Beispiele hierfür liefern Selbstbeschwichtigungen, bei denen man sich einredet „alles im Griff" zu haben. Dabei geht es – wenn man so will – um den ganz bewussten Versuch, sich etwas vorzumachen, was auch gelingen kann, jedenfalls dann, wenn das Bedürfnis nach Sicherheit so stark und die Fähigkeit der Autosuggestion so groß sind, dass dadurch die Einsicht über die tatsächlich vorliegende Machtlosigkeit keinen Eingang in die Definition der Situation findet. Wie man daran sieht, löst sich die Diskussion über den Selbstwiderspruch der Selbsttäuschung ganz natürlich auf, wenn man die Akteursperspektive des Selbst verlässt und die allgemeine Psychodynamik ins Auge fasst, in die auch das Selbst verwoben ist.

Die angeführten Überlegungen richten sich ganz allgemein auf die Fähigkeit, sich selbst hinters Licht zu führen. Tatsächlich steckt im Begriff der Selbsttäuschung aber auch noch ein weiterer, im wahrsten Sinne des Wortes selbstbezüglicher Punkt, nämlich die Fähigkeit sich über sich selbst zu täuschen. Auf eine der auffälligsten Formen dieser Art von Selbsttäuschung sei im folgenden Abschnitt eingegangen.

Selbstwertdienliche Attribution

Menschen sehen sich gern in einem positiven Licht. Was ihr Selbstbild verschönt, wird akzeptiert, was ihm abträglich ist, hält man von sich fern. Menschen sind im Urteil über sich selbst parteiisch. Ein Beleg hierfür ist die Neigung, sich überdurchschnittliche positive Eigenschaften und Fähigkeiten zuzuschreiben und zwar gleichermaßen für Banales, etwa für die Kunst des Autofahrens, wie für Bedeutendes, also zum Beispiel für die Fähigkeit, mit anderen auszukommen oder die Fähigkeit, Menschen zu führen. Man nennt diese Tendenz auch den „Above-Average-Effekt" (ALICKE u. a. 1995). Ein schönes Beispiel hierfür erbrachte eine Befragung von Professoren, die ein – aus statistischer Sicht doch einigermaßen erstaunliches – Ergebnis zu Tage förderte: Danach waren sage und schreibe 94 % der Befragten der Auffassung, sie seien ihren Kollegen in ihrer Lehrbefähigung überlegen (CROSS 1977) – rein logisch betrachtet liegt der Erwartungswert für Überlegenheit bekanntlich bei 50 %. Studenten stehen ihren Professoren in ihrer Selbstüberschätzung allerdings in keiner Weise nach, selbst die schlechtesten Studenten rechnen sich nämlich sehr häufig leistungsmäßig noch zur Spitzengruppe (KRUGER/DUNNING 1999). Nicht nur die Eigenschaften und Fähigkeiten, die man hat, sondern auch das Verhalten, das man zeigt, werden verzerrt wahrgenommen, und wer einmal eine positive Meinung von sich hat, tut sich diesbezüglich noch besonders hervor. Wer beispielsweise von sich glaubt, er sei ein guter Entscheider, sieht seine Entscheidungen denn auch in einem besonders positiven Licht, mögliche Alternativen zu seiner Entscheidung finden bei ihm keine besondere Beachtung oder werden stark abgewertet (MELLERS/McGRAW 2004). Um sich gut zu positionieren, vergleicht man sich gern auch mit Personen, denen man überlegen ist (BIERNAT/BILLINGS 2001). Die Tendenz zur Selbstbeschönigung zeigt sich selbst dann, wenn es darum geht, wie attraktiv der eigene Freundeskreis ist und nicht zuletzt bei der Frage, welche besonders schönen Erlebnisse man in seinem Leben hatte, und ob man ein beneidenswertes Leben führt (SEDIKIDES/GREGG 2003). Ein ausgeprägtes Selbstwertgefühl scheint derartige Einschätzungen eher zu befördern als zu hemmen, obwohl man ja meinen sollte, dass Personen mit einem starken Selbstbewusstsein es eigentlich nicht nötig haben, sich noch zusätzlich mental aufzuwerten. Eine Studie zur physischen Attraktivität ermittelte beispielsweise eine enge Korrelation zwischen dem Selbstwertgefühl („self-esteem") und der Attraktivität, die man sich selbst zuschreibt. Dieser Zusammenhang löste sich allerdings auf, als man zur Bestimmung der Attraktivität nicht die Eigenbeurteilung, sondern die Beurteilung durch Dritte heranzog (DIENER/WOLSIC/FUJITA 1995).

Eindrückliche Beispiele einer voreingenommenen Beurteilung liefern sogenannte selbstwertdienliche Attributionen (zu weiteren selbstbezogenen Motiven vgl. z. B. EPSTEIN/MORLING 1995). Im engeren Sinne versteht man darunter die Neigung, Erfolg sich selbst – den eigenen Fähigkeiten, seiner Willenskraft und seinem Einsatz – zuzurechnen, den Misserfolg dagegen externen Umständen zuzuschreiben, also z. B. der Schwierigkeit der Aufgabe, unglücklichen Umständen oder unkooperativen Teilnehmern (MILLER/ROSS 1975). Im Alltagsgeschehen findet man das Phänomen der selbstwertdienlichen Attribution in allen möglichen Formen, manchmal subtil eingepackt, manchmal ohne jede Verkleidung. Fast jeder hat beispielsweise die Erfahrung gemacht, dass schlechte Noten gern heruntergespielt werden, dass die „Schuld" am schlechten Abschneiden der unfairen Klausurstellung angelastet wird, der Unfähigkeit des Dozenten oder dem bewussten Verzicht auf eine gründliche Klausurvorbereitung. Im

Sport wird nicht selten die „katastrophale Schiedsrichterleistung" für eine Niederlage verantwortlich gemacht. Im besten Falle belustigend ist das nach jeder Wahl zu beobachtende Ritual der Wahlverlierer, ihr schlechtes Ergebnis widrigen Umständen, wie der geringen Wahlbeteiligung oder einer schlechten Presse, zuzuschreiben und sich – z. B. am Maßstab vergangener Wahlen, im Verhältnis zur schlechten Ausgangslage usw. – irgendwie immer noch zum eigentlichen Gewinner zu erklären.

Unter bestimmten Bedingungen tritt die Neigung zur selbstwertdienlichen Attribution besonders stark zutage. Nach CAMPBELL/SEDIKIDES (1999) sind dies vor allem Situationen, die geeignet sind, das Selbstwertgefühl zu bedrohen. Wenn man beispielsweise bei wichtigen Aufgaben versagt, dann wirft das kein gutes Licht auf die eigene Person und man ist daher in besonderem Maße darauf aus, das eigene Abschneiden möglichst positiv darzustellen. Einen Unterschied machen sollte außerdem, ob einem eine Aufgabe vorgegeben wird oder man sie sich selbst stellt. Ersteres sollte weniger bedrohlich wirken, weil man im Falle eines schlechten Abschneidens ja auf eine naheliegende Rechtfertigung zurückgreifen kann. Empirische Studien liefern zu dieser Vermutung aber keine überzeugenden Belege. Ein weiterer Faktor, der die Neigung zu selbstwertdienlichen Attributionen beeinflusst, ist die jeweilige Stimmungslage. Interessanterweise ist man aber nicht in einer schlechten, sondern eher in einer guten Stimmungslage geneigt, sich die eigene Leistung schönzureden. Erklärbar ist dies durch den Wunsch, sich die gute Stimmung nicht durch die Konfrontation mit einer schlechten Beurteilung verderben zu lassen. Auf den ersten Blick überraschend ist außerdem, dass nicht etwa Personen mit einer internalen, sondern Personen mit einer externalen Kontrollüberzeugung verstärkt zu selbstwertdienlichen Attributionen tendieren. Personen mit einer externalen Kontrollüberzeugung neigen – im Gegensatz zu Personen mit einer internalen, auf sich selbst bezogenen, Kontrollüberzeugung – dazu, Erfolge eher äußeren Umständen als sich selbst zuzuschreiben. Von daher läge es eigentlich nahe, dass solche Personen auch keine Veranlassung sehen, bei der Erklärung von Erfolgen und Misserfolgen ihre eigene Person besonders ins Spiel zu bringen. Tatsächlich nehmen Personen mit externaler Kontrollüberzeugung aber nicht undifferenziert immer externale Attributionen vor, sondern nur dann, wenn die Ergebnisse negativ ausfallen (ebd. S. 28). Es gibt neben den genannten eine Reihe von weiteren Persönlichkeitseigenschaften, die die Anfälligkeit für die selbstwertdienliche Attribution erhöhen, beispielsweise narzisstische Neigungen

(FARWELL/WOHLWEND-LLOYD 1998). Außerdem geht oft ein ausgeprägtes Anspruchsdenken mit der selbstwertdienlichen Attribution einher (HARVEY/MARTINKO 2009).

Wie bereits angesprochen, geht es bei der selbstwertdienlichen Attribution in aller Regel um die psychologische Absicherung des Selbst. Die Erklärungen, die in den meisten Studien Verwendung finden, orientierten sich entsprechend an dem folgenden Schema:

(a) Misserfolg → Selbstwertbedrohung → Attribution auf die Situation.

(b) Erfolg → Chance der Selbstwerterhöhung → Attribution auf die Person.

Neben dieser motivationalen Erklärung im engeren Sinne kommen verschiedentlich auch sozialmotivationale Erklärungen zur Anwendung. Diese rekurrieren insbesondere auf das Bedürfnis nach positiver Selbstdarstellung. Ein dritter Erklärungsansatz stellt dagegen nicht auf Motive, sondern auf Erwartungen ab. Miller und Ross (1975) beispielsweise machen geltend, dass Menschen häufiger Erfolge als Misserfolge erwarten und erwartete Ergebnisse intern und nicht extern erklärt werden, woraus sich rein logisch eine Tendenz zu selbstbestätigenden Attributionen ableitet (zu den beschriebenen und weiteren Erklärungsansätzen vgl. auch DAUENHAUER u. a. 2002).

Zur Relativierung der selbstwertdienlichen Attribution wird häufig geltend gemacht, dass diese im Wesentlichen kulturspezifisch sei. In individualistischen (westlichen) Kulturen finde eine Fixierung auf das individuelle Handeln statt, womit das Bedürfnis nach Selbstbestätigung genährt werde, während in kollektivistischen (östlichen) Kulturen gemeinschaftsorientierte Werte vermittelt würden und dort daher die Selbstaufwertungstendenz kaum eine Rolle spiele. Tatsächlich zeigen viele Studien entsprechende Kulturunterschiede auf. Man kann diesen Sachverhalt allerdings auch anders interpretieren und geltend machen, dass das Selbstbestätigungsbedürfnis tief in der menschlichen Natur verankert sei und sich nicht durch kulturelle Vorgaben begrenzen lasse, sondern in unterschiedlichen Kulturen allenfalls unterschiedlichen Ausdruck finde (SEDIKIDES/GREGG 2003).

Abschließend sei darauf hingewiesen, dass selbstwertdienliche Attribuierungstendenzen nicht nur verhindern, dass Menschen ein realistisches Bild von sich entwickeln, sondern auch ihr Handeln beeinträchtigen. Ganz unmittelbar wird damit die Möglichkeit verschenkt, aus Erfahrungen zu lernen. Wer sich in seinem Handeln nicht durch die Realität korrigieren lässt, gerät in Gefahr, sich eine Haltung anzueignen, die man herkömmlich als ignorant und borniert bezeichnet. Zudem beschränkt die beschriebene Attribuierungstendenz auch den subjektiven Handlungsraum der Personen, die zu selbstwertdienlicher Attribuierung neigen. Mögliche Misserfolge antizipierend tendieren sie dazu, Handlungsoptionen auszuschließen, für deren eventuelles Misslingen sie nur schwer jemand anders verantwortlich machen können. Das sind nun aber ausgerechnet die Handlungen, die – falls man sie ergriffe – die Chance eröffnen, dem eigenen Selbst substantiell und nicht nur vorgeblich aufzuhelfen.

6.3 Selbst und Sinn

Das Selbst ist das Fundament der Persönlichkeit. Schon allein deswegen muss es geschützt und vor schädlichen Einflüssen bewahrt werden. Die oben beschriebenen Manöver sind daher oft nichts anderes als Bemühungen der Selbstwertverteidigung. Dass hierzu mehr als ein Anlass besteht, wurde im Abschnitt über die Bedrohung des Selbst beschrieben. Neben den mehr oder weniger tauglichen Methoden der Selbstdarstellung und der Selbsttäuschung, die Gegenstand des vorangegangenen Abschnitts waren, gibt es zwei weitere, wesentlich grundlegendere Strategien der Selbstbehauptung. Die erste folgt einem menschlichen Grundbedürfnis und richtet sich auf die Bewahrung der mentalen Ordnung, die zweite ist zwar ebenfalls naturgegeben, läuft aber nicht von selbst ab, sondern erfordert in stärkerem Maße die Mobilisierung der vorhandenen Willenskräfte. Bei beiden Strategien geht es um die Bewahrung und Gewinnung einer sinnvollen Ordnung des Denkens und Handelns, im ersten Fall mit einer eher defensiven, im zweiten Fall mit einer eher offensiven Ausrichtung.

6.3.1 Das ordnende Selbst

Menschen brauchen Ordnung, nicht nur äußerlich, sondern auch im Kopf. Das ist die zentrale Aussage der sogenannten Konsistenztheorien.

Die bedeutendste dieser Theorien ist die Theorie der kognitiven Dissonanz von Leon Festinger. Sie behauptet, dass die Bewahrung kognitiver Ordnung ein Grundbedürfnis des Menschen ist, woraus folgt, dass immer dann, wenn die mentale Ordnung gestört wird, wir nicht nur ein mehr oder weniger starkes Unbehagen empfinden, das man nach Belieben abschüttelt, der Wunsch, kognitive Unordnung zu beseitigen besitzt vielmehr die Unnachgiebigkeit und Stärke eines Triebes, dem man sich nicht entziehen kann. Festinger spricht nun nicht allgemein von Unordnung, sondern von „Dissonanz" (FESTINGER 1957). Was genau damit gemeint ist, welche Phänomene hierunter zu subsummieren sind, wird nicht völlig klar gemacht und ist wahrscheinlich auch nicht endgültig zu klären, weil die präzise Bestimmung mentaler Unstimmigkeiten voraussetzt, dass man die Natur von Kognitionen völlig durchschaut. Festinger selbst bietet eine Definition an, die darauf hinausläuft, dass Kognitionen dann in einem dissonanten Verhältnis zueinander stehen, wenn die eine Kognition aus dem Gegenteil der anderen folgt, wenn also ein wie auch immer begründeter logischer oder psychologischer Widerspruch vorliegt. Wer beispielsweise der Überzeugung ist, dass er ein hervorragender Autofahrer ist und gleichzeitig nicht leugnen kann, dass er mindestens einmal im Monat einen nicht unerheblichen Autounfall verursacht, dürfte erhebliche Dissonanzen verspüren. Allerdings gibt es, wie gesagt, auch gänzlich anders geartete Unverträglichkeiten zwischen Kognitionen, die nicht im strikten Sinne auf logischen Widersprüchen basieren. Ein Beispiel sind Informationen, die sich keinem stimmigen Muster fügen wollen: Was wäre etwa von einer Wochenzeitung zu halten, die sich durch eine ausgewogene politische Orientierung auszeichnet, gut recherchierte Hintergrundberichte liefert, mit reißerischen Bildern Käufer anzulocken versucht und umfänglich und ausführlich über den „Lifestyle" belangloser Prominenter berichtet? In einem dissonanten Verhältnis stehen, um ein anderes Beispiel zu nennen, auch Informationen, die in Inhalt und Form auseinanderfallen, wofür als Beispiel die Beobachtung gelten mag, dass in ansonsten anspruchsvollen wissenschaftlichen Schriften manchmal schlichte Banalitäten verbreitet werden. Worin auch immer die Unverträglichkeiten gründen mögen, Menschen sind bestrebt, sich von ihnen zu befreien.

Das Ausmaß der empfundenen Dissonanz bestimmt sich nach dem Verhältnis der dissonanten Informationen zur Zahl der konsonanten Informationen, wobei die einzelnen Informationen je nach Wichtigkeit unterschiedlich stark Berücksichtigung finden. Ein Beispiel soll diese Überlegung verdeutlichen. Angenommen Sie haben eine teure Reise gebucht und müssen vor Ort erstaunt feststellen, dass der Hotelstrand völlig übervölkert ist. Sie haben also, weil sie eigentlich einen geruhsamen Urlaub verleben wollen, gutes Geld für eine minderwertige Leistung ausgegeben. Wenn Sie sich das Geld mühsam abgespart haben, wird die Dissonanz stärker sein, als wenn Ihre Patentante den Urlaub finanziert, wenn Sie allerdings bedenken, dass das Hotel sonst eigentlich jeden Luxus bietet, dann ist der Urlaub vielleicht doch nicht überteuert. Ist das Verkehrssystem außerdem gut ausgebaut, so dass es leicht fällt, an andere stille Strände zu gelangen, wird die Dissonanz ebenfalls nicht so groß sein. Praktisch heißt dies, dass man, um Dissonanzen zu reduzieren, nach möglichst vielen konsonanten Informationen Ausschau hält und deren Bedeutung herausstellt; dissonante Informationen dagegen werden am besten diskreditiert, angezweifelt, verniedlicht oder auch unterdrückt oder gar beseitigt. Häufig entstehen Dissonanzen dadurch, dass man ein Verhalten zeigt, das mit den eigenen Überzeugungen nicht übereinstimmt (man belügt beispielsweise einen Freund, hält sich aber für einen grundehrlichen Menschen). In diesem Fall gibt es – rein logisch gesehen – nur drei Möglichkeiten, die hieraus entspringende Dissonanz zu beseitigen: entweder man ändert seine Überzeugungen („Mit meiner Ehrlichkeit ist es wie bei den meisten Menschen") oder man ändert sein Verhalten (so dies nachträglich noch geht), d. h. man lügt hinfort nicht mehr oder man klärt den Freund über die Lüge auf oder man rationalisiert sein Verhalten (der Freund wollte die Lüge hören, man wurde zur Lüge gezwungen usw.). Allerdings kompliziert sich dieses Bild, weil Überzeugungen nur selten die Härte von Fakten besitzen. Damit eröffnen sich zahlreiche weitere Möglichkeiten, die Dissonanz zwischen einander widersprechenden Überzeugungen zu mildern. Bewundert man beispielsweise eine Person und erfährt, dass sie eine Gaunerei begangen hat, kann man z. B. die Beweislage anzweifeln – und Belege sammeln, die diesen Zweifel untermauern – man kann eine Geschichte erfinden, die den Vorgang in einem anderen Licht erscheinen lässt, man kann Hilfsannahmen einführen, die das Vorgehen der bewunderten Person plausibel machen, man kann die (vermeintliche) Gaunerei als Missverständnis verstehen usw. Wenn man „will", ist es oft nicht schwer, Überzeugungen beizubehalten – oder zu ändern. Der tiefere Grund hierfür ergibt sich daraus, dass Überzeugungen oft in Überzeugungssysteme eingebettet sind, die genügend Spielraum für die gewünschte Ausdeutung der Wirklichkeit zulassen. Doch wie auch immer: Eine einmal ins Bewusstsein getretene Dissonanz will beseitigt werden. Was man aber auch wieder bezweifeln kann, und was auch bezweifelt wurde; denn nicht jede Diskrepanz zwischen Kognitionen erzeugt Dissonanzen, die auf ihre Beseitigung drängen. Notwendig ist hierfür, dass mit den Kognitionen ein gewisses Commitment verknüpft ist (BREHM/COHEN 1962). Dies ist beispielsweise dann der Fall, wenn die fraglichen Kognitionen eine tiefe Verankerung in den Grundüberzeugungen einer Person besitzen oder auch dann, wenn man sich zu bestimmten Auffassungen öffentlich bekannt hat. Wer also z.B. ankündigt, er werde in einer Klausur hervorragend abschneiden und dann durchfällt, wird eher Dissonanzen empfinden als jemand, der sich in der Prognose seines Abschneidens zurückhält.

Verschiedene Varianten der Dissonanztheorie weisen auf die besondere Bedeutung des Selbst bei der Dissonanzentstehung hin. Das ist mit der Commitment-Betrachtung insoweit verträglich, als Fragen, die das Selbst betreffen in aller Regel auch mit einem hohen Commitment einhergehen (KIESLER 1971, S. 31). Tatsächlich behaupten manche Theorien, dass nur dann Dissonanz entsteht, wenn gleichzeitig eine Gefährdung des Selbstbildes vorliegt. Die Selbst-Affirmations-Theorie beispielsweise geht davon aus, dass Menschen normalerweise gut und aufrichtig sind und dieses Bild daher auch gern von sich bewahren (STEELE 1988). Zeigt man nun ein Verhalten, das diesem Bild nicht entspricht, führt dies zwangsläufig zu Dissonanzen, die man möglichst selbstwertdienlich (siehe den vorangegangenen Abschnitt) auflöst. Ein besonderer Clou dieser Theorie besteht darin, dass sie „Kompensationsgeschäfte" erlaubt. Wer bei einer Sammelaktion für den Geburtstag eines Kollegen geizt, sich dabei aber eigentlich für kollegial und großzügig hält, hat es danach nicht schwer, die aus diesem offenbaren Widerspruch entstehende Dissonanz aufzulösen. Er ist nämlich gar nicht darauf angewiesen, sein spezielles Verhalten zu rechtfertigen, etwa dadurch, dass er irgendwelche speziellen in der Situation liegenden Besonderheiten geltend macht, er muss also nicht Argumente in Anspruch nehmen wie beispielsweise, er hätte gerade nur wenig Geld dabei, andere würden auch wenig geben, er sei also doch *relativ* großzügig usw. Es genügt vielmehr, wenn er sich klar macht, dass er erst kürzlich bei einer Spendenaktion einen ordentlichen Betrag überwiesen habe, dass er in vielerlei Hinsicht seine Hilfsbereitschaft zeige und auch sonst ganz patente Eigenschaften habe (COOPER 2007, S. 92ff.). Anders ist dies gemäß der Selbst-Konsistenz-Theorie von ARONSON (1968; 1992). Hiernach muss die Dissonanz ereignisspezifisch angegangen werden, die „Reparatur" muss gewissermaßen auf der lokalen Ebene erfolgen, eine allgemeine Bilanzierung von positiven Taten oder Eigenschaften reduziert keine Dissonanz. Im Übrigen geht Aronson, ebenso wie Steele, davon aus, dass Menschen normalerweise ein positives Selbstbild haben, also sich als verlässlich, kompetent und anständig wahrnehmen und dass Ereignisse, die dieses Bild trüben, geeignet sind, Dissonanz zu erzeugen. Anders als Steele betrachtet Aronson aber auch die andere Seite. Dissonanz entsteht, so seine Auffassung, nicht nur bei einer negativen, sondern auch bei einer positiven Abweichung vom Selbstbild. Wer beispielsweise glaubt, dass seinem Mathematikverständnis enge Grenzen gesetzt sind, wird nach einer guten Klausurnote in einer Mathematikprüfung nicht etwa Genugtuung empfinden. Für das Entstehen von Dissonanz, so Aronson, zählt die Abweichung vom Selbstbild, nicht die Richtung. Empirisch ist allerdings nicht geklärt, ob diese Aussage unter allen Bedingungen Geltung beanspruchen kann.

Eine weitere Frage richtet sich auf die Bedeutsamkeit des Selbstwertgefühls. Gemäß der Selbst-Affirmations-Theorie ist das Selbstwertgefühl eine Ressource: Personen mit einem hohen Selbstwertgefühl fällt es leicht, Verhalten, das mit ihrem Selbstbild nicht übereinstimmt, zu akzeptieren, sie können sich ja ihre generelle Überlegenheit ins Bewusstsein rufen und werden daher weniger Dissonanz empfinden als Personen mit einem geringen Selbstwertgefühl. Gemäß der Selbst-Konsistenz-Theorie ist ein hohes Selbstwertgefühl dagegen ein Anspruch: je höher dieser ist, umso mehr wird eine Diskrepanz zwischen Selbstbild und tatsächlichem Verhalten Dissonanz auslösen. Nach der „Selbst-Standard-Theorie" von STONE UND COOPER (2001) kommt es bei der Frage, welcher dieser Effekte überwiegt (Selbstwert als Maßstab oder als Ressource), darauf an, welche Normen jeweils aktiviert werden. Rücken gesellschaftlich akzeptierte Normen ins Zentrum der Aufmerksamkeit („Versprechen soll man halten!"), dann kommt die ressourcenorientierte Funktion des Selbstwertgefühls zum Zuge, richtet sich die Aufmerksamkeit dagegen auf Standards, die ganz speziell zum eigenen Selbstbild gehören („Auf mich kann man sich immer verlassen!"), dann führt ein davon abweichendes Verhalten zu einer Verstärkung der Dissonanzempfindung und zu entsprechend verstärkten Bemühungen, die Dissonanz zu reduzieren.

Dieser zuletzt genannte Punkt macht, nebenbei bemerkt, deutlich, welche Bedeutung der Definition der Situation für das menschliche Handeln zukommt, worauf wir ja im Kapitel 5 ausführlich eingegangen sind.

Im gegebenen Zusammenhang geht es um die Frage, wann eher gesellschaftliche und wann eher persönliche Normen Beachtung finden. Nach
COOPER (2007) wird dies unter anderem von der Persönlichkeit der handelnden Akteure bestimmt – manche Personen finden eben bei jeder Gelegenheit immer zuerst den Bezug zu sich selbst. Außerdem hängt es von
der Handlungsthematik ab, denn welche Standards aktiviert werden, bestimmt sich auch danach, ob man im Umfeld der Dissonanzsituation mit
ganz spezifisch auf sich selbst bezogenen oder eher mit allgemeinen Themen befasst ist. Wesentlich häufiger dürfte letzteres der Fall sein, was die
psychologische Situation ganz erheblich entspannt, denn in diesem Fall
kommt ja die Ressourcenfunktion des Selbstwertgefühls zum Zuge. Das
heißt, es eröffnet sich damit die Möglichkeit, zur Reduktion der kognitiven Dissonanz seine besonderen persönlichen Vorzüge ins Spiel zu bringen und damit die Normverletzung, die Anlass für die entstandene Dissonanz war, vergessen zu machen.

Angesprochen ist damit ein zweiter, ganz grundsätzlicher Punkt, nämlich der, dass Studien zur kognitiven Dissonanz meistens eine Defizit-
betrachtung anstellen. Herausgestellt wird in diesen Studien in aller Regel
die Irrationalität des menschlichen Handelns, die aus dem Bemühen resultiert, den unerfreulichen Zustand der Dissonanz abzuschütteln. Weil
man ein Verhalten nicht aufgeben kann (das Rauchen wegen der dahinterliegenden Sucht, die Partnerschaft, wegen einer eventuell gegebenen
wirtschaftlichen Abhängigkeit) und weil man sich und seine Fähigkeiten
nicht ohne weiteres verändern kann (man ist und bleibt ein schlechter
Schachspieler), passt man eben seine Überzeugungen an (Rauchen ist gar
nicht ungesund, der Ehepartner ist doch ganz in Ordnung, Schachspielen
erfordert Heimtücke und ist daher nichts für uns). Statt zu dem zu stehen,
was die Dissonanz verursacht, beruhigt man sein Gewissen, sucht nach
bestätigenden Informationen usw., d.h. man rationalisiert sein Handeln,
damit es in besserem Licht erscheint. Das muss aber nicht so sein – auch
nicht nach der Theorie der kognitiven Dissonanz –, denn Ordnung in sein
Denken zu bringen kann ja auch heißen, seine Überzeugungen kritisch zu
überprüfen, seine Fehler einzusehen, darüber nachzudenken, was einen zu
dem dissonanten Verhalten veranlasst und an seiner Persönlichkeit zu
arbeiten, um entsprechende Verhaltenstendenzen in Zukunft zu unter-
binden.

Dass ein derartiges Vorgehen oft nicht gewählt wird, hat seinen Grund,
ist aber nicht naturgegeben, sondern hängt von den „Hintergrundpro-

grammen" ab, die unser Verhalten lenken. Was ist damit gemeint? Zur Illustration sei das Vorgehen beim Lösen von Erkenntnisproblemen betrachtet. In ihrer einfachsten Form stellen sich Erkenntnisprobleme als Wahl zwischen der Überzeugung „p" und der Überzeugung „nicht-p" dar. Zur Lösung dieses Problems gibt es nun verschiedene Vorgehensweisen. Die pragmatische Handlungstheorie behauptet, Menschen handelten nach dem Prinzip PEDMIN (Primary Error Detection and Minimization). Dieses besagt, dass man sich bei Erkenntnisfragen an den Kosten orientiert, die entstehen, wenn man sich in seinem Handeln entweder auf die eine oder auf die andere Überzeugung stützt (FRIEDRICH 1992; TROPE/LIBERMAN 1996). Gegenübergestellt werden demnach die Kosten, die entstehen, wenn man sich bei seinem Handeln von der Annahme leiten lässt, „p" sei wahr, obwohl „p" tatsächlich nicht wahr ist (Fehler erster Art) und die Kosten, die entstehen, wenn man davon ausgeht, dass „nicht-p" gilt, tatsächlich aber „p" wahr ist (Fehler zweiter Art). Die Antwort auf die Frage, welche Überzeugung man übernimmt, ist damit klar: sie bestimmt sich ganz wesentlich danach, welchen der beiden Fehler man eher vermeiden will. Das ist eine elegante Art, um der Dissonanz zu entkommen, die aus der Ungewissheit, ob nun p oder nicht-p die richtige Überzeugung ist, entsteht. Man kann damit sogar erklären, warum man manchmal manches nicht so genau wissen will: die Kosten, dass man der falschen Hypothese folgt, könnten einfach zu hoch sein. Herauszufinden, dass man von seinem Ehepartner betrogen wird, kann sehr schmerzhafte Folgen nach sich ziehen, sowohl in seelischer als auch in materieller Hinsicht (man sieht sich möglicherweise dazu gezwungen, sich zu trennen, womit starke materielle Nachteile verknüpft sein können). Daher hängt man lieber der Gegenhypothese an („Mein Ehepartner betrügt mich nicht"), selbst wenn manches dafür spricht, dass sie nicht stimmt: die Kosten, die hierbei entstehen sind möglicherweise einigermaßen zu ertragen, sie erwachsen vor allem aus der Notwendigkeit, mit dem einen oder anderen unangenehmen Gefühl umzugehen. Für einen Eifersüchtigen stellt sich diese Situation allerdings gänzlich anders dar: Die Ungewissheit ist für ihn unerträglich, und er trägt lieber das Risiko, mit seinen Nachforschungen dem Ehepartner gehörig auf die Nerven zu gehen.

So bestechend Erklärungen auch sein können, die sich auf die pragmatische Handlungstheorie stützen, es bleibt fraglich, ob die von ihr unterstellten Überlegungen das (Erkenntnis-)Handeln der Menschen tatsächlich und immer und überall bestimmen. Wesentlich plausibler ist, dass sie zur Anwendung kommen können, aber nicht müssen. Menschen sind, wenn es um das Erkennen ihrer Wirklichkeit geht, nicht ausschließlich Ökonomen, sie bewerten Überzeugungen nicht nur nach dem Nutzen, der mit ihnen verbunden ist, und sie akzeptieren außerdem nicht nur das als wahr, was ihnen zum Vorteil gereicht. Liefert nun aber die Theorie der kognitiven Dissonanz eine Alternative? Zumindest implizit stecken auch in dieser Theorie Annahmen über das Erkenntnishandeln (vgl. Scott-Kakures 2009). Oberflächlich betrachtet liegt der Theorie der kognitiven Dissonanz ein zu pessimistisches Menschenbild zugrunde. Danach geht es den Menschen bei der Frage, welche Überzeugungen sie übernehmen sollen ja darum, kognitive Dissonanz zu vermeiden, sie präferieren also Überzeugungen, die möglichst wenig Unordnung in ihre etablierten Überzeugungssysteme bringen. Bei der Suche nach der richtigen Überzeugung ist man entsprechend voreingenommen, durchsetzen wird sich immer die Überzeugung, die das kognitive Orientierungssystem am wenigsten stört – die die geringste kognitive Dissonanz erzeugt. Beim Ringen um die Wahrheit siegt also letztlich die Auffassung, die am ehesten das kognitive Wohlbefinden fördert. Dass Menschen sich allerdings immer so verhalten, kann angezweifelt werden. Schließlich kann ja auch die Verletzung des Wahrheitsprinzips – so man dieses denn als handlungsleitend internalisiert hat – erhebliche Dissonanzen erzeugen und uns veranlassen, uns um eine realistische Betrachtung auch unseres eigenen Selbst zu bemühen. Welche Prinzipien steuern aber dann ganz allgemein das Streben der Menschen nach den richtigen Überzeugungen? Sowohl in der pragmatischen als auch in der dissonanztheoretischen Sichtweise stecken zweifellos gewisse Wahrheiten. Offen bleibt allerdings, unter welchen Umständen die dort beschriebenen Mechanismen zum Zuge kommen. Außerdem kann man davon ausgehen, dass Menschen in ihrer Suche nach Erkenntnissen auch auf Fähigkeiten zurückgreifen können, die sie aus den Fesseln befreien, die ihnen das Zweckmäßigkeitsstreben und das Bedürfnis nach (kognitiver) Behaglichkeit anlegen.

6.3.2 Das strebende Selbst

Häufig kann man gut verstehen, warum jemand die Realität nicht unvoreingenommen betrachten kann und will. Enttäuschung, Angst und Hilflosigkeit verlangen nach mentaler Tröstung. Was kann man schon tun, wenn der Arzt von unheilbarer Krankheit spricht, wenn man von seinen engsten Mitmenschen ausgenutzt wird, wenn man seine Berufsziele nicht erreicht? Je stärker das Interesse an der Gültigkeit einer Überzeugung (man möchte gesund, geliebt, fähig sein) und je unklarer die Erkenntnislage (ist der Arzt wirklich kompetent, sind die Symptome tatsächlich überzeugend? usw.), desto eher wird man zu Taktiken greifen, die der Selbsttäuschung Vorschub leisten. Dennoch: Man kann auch Dissonanzen aushalten. Manchmal hat man einfach Interesse an der Wahrheit, so schmerzlich sie sein mag, und wenn einem bewusst wird, dass man sich etwas vormacht, dann kann auch das große Dissonanz erzeugen. Allerdings hängt die Fähigkeit, mit unangenehmen Informationen umzugehen, sehr stark von individuellen Dispositionen ab. Manche Menschen haben beispielsweise ein sehr starkes Bedürfnis nach kognitiver Schließung. Dieses Bedürfnis kommt beispielsweise dann zum Zuge, wenn es darum geht, mit einer Aufgabe zu Ende zu kommen. Die Lösung eines mathematischen Problems, die schriftliche Ausarbeitung von Gedanken, die Erörterung diffiziler Details in Gremien und Arbeitskreisen, können äußerst belastend sein, man wird ständig von Einwänden, Unklarheiten, Unvereinbarkeiten bedrängt und manche Menschen halten das nur schwer aus und sind dann mit irgendeinem Ergebnis zufrieden – Hauptsache, es ist ein Ergebnis. Auf Entscheidungssituationen übertragen heißt das, dass Personen, die sich als durchaus kompetent und entschlussfreudig einschätzen, aber zu keinem klaren Ergebnis kommen, nicht selten das Wissen um ihr Unwissen „opfern", nur um den Entscheidungsdruck loszuwerden und sie nehmen in Kauf, dass sie sich dadurch nach der Entscheidung häufig dazu gezwungen sehen, ihre voreiligen nicht ausgeleuchteten Lösungen durch Aufpolstern und Absichern („seizing and freezing", KRUGLANSKI/WEBSTER 1996) zu verteidigen. Aber wie gesagt, das ist nur die eine Seite, nicht selten zeichnen sich Menschen auch durch beachtliche Leistungen im Ertragen mentaler Frustrationen aus.

Menschen haben also, wenn es um das Erkennen der Wirklichkeit geht, nicht nur ein unlustvermeidendes, sondern auch ein zielorientiertes Selbst. Außerdem haben Menschen nicht nur ein egozentrisches, sondern auch ein reflektierendes Selbst. Das steckt eigentlich schon in dem ersten der beiden oben beschriebenen Selbst-Konzepte, das das Selbst als „reflexives Bewusstsein" begreift, also die ideelle Seite des Selbst herausstellt. Über sich nachdenken können, heißt nämlich – zumindest prinzipiell – sich auch ändern zu können. Dabei geht es gar nicht in erster Linie um

Absichtserklärungen, um den Entschluss, sich ändern zu wollen, weil man sich vielleicht die eine oder andere Schwäche eingesteht, vielmehr ist es so, dass Veränderungen unvermeidlich schon im Prozess des Nachdenkens selbst stattfinden. Wer zum Beispiel darüber nachdenkt, warum er auf Kritik immer wieder gereizt reagiert, ist damit schon dabei, an seinem Selbstbild zu arbeiten.

Festhalten lässt sich außerdem, dass Menschen nicht nur ein nachgiebiges, sondern auch ein widerständiges Selbst haben. Im Abschnitt über die Bedrohung des Selbst wurde die große Macht der sozialen Verhältnisse beschrieben. Auf den Punkt gebracht wird diese vom Begriff des „Looking Glass Self" (COOLEY 1902), der die Neigung vieler Menschen beschreibt, ein Selbstbild zu entwickeln, das ihnen vom sozialen Spiegel vorgezeigt wird. Andererseits gibt es aber auch den „Eigensinn" (Hermann Hesse), der sich von den Einflüsterungen und Zumutungen der sozialen Umwelt nur bedingt beeindrucken lässt.

Und schließlich gibt es auch noch ein strebendes, d. h. ein sich selbst transzendierendes, Selbst. Angelegt ist dieses Streben im „Bedürfnis nach Sinn", dessen Bedeutung insbesondere von der anthropologischen Philosophie und von der humanistischen Psychologie herausgestellt wird. Aber auch in den angewandten Wissenschaften wird der Sinngebung inzwischen vermehrt Aufmerksamkeit gewidmet. Wer starken Belastungen ausgesetzt ist, in seinem Tun aber Sinn findet, kann mit dem Stress besser umgehen, Sinn ist eine Quelle von Arbeitszufriedenheit und Sinnfindung ein wichtiges Element psychotherapeutischer Maßnahmen. Sinn ist nun aber kein einfaches Konsumgut. Zweifellos macht es sich mancher gern bequem und bedient sich der zahlreichen Sinnangebote, die in der Gesellschaft feilgeboten werden. In den Kern der Persönlichkeit, in das Selbst, können derartige Sinnübernahmen aber kaum vordringen. Dazu kommt, dass Sinn primär nicht aus Reflexion, sondern aus Handeln erwächst, aus den Aufgaben, die man bewältigt und aus den Projekten, die man betreibt. Damit ergeben sich ganz praktische Ansatzpunkte, um Sinn zu gewinnen und ihn tätig auszufüllen und sich damit auch weiterzuentwickeln, bekanntlich wächst der Mensch ja „mit seinem höheren Zwecke" (Schiller).

Die Arbeit an der eigenen Person kann allerdings heikel sein, andererseits ist sie schlicht notwendig, um sich im wörtlichen Sinne nicht zu verfehlen. Heikel, ja paradox, ist es, wenn man versucht, sich möglichst anspruchsvolle Maßstäbe für sein Handeln anzueignen:

„Wenn man sich nie persönliche Maßstäbe anlegt, kann man sich …
nicht achten … und wenn man Maßstäbe anlegt, denen man jedoch
ständig nicht gerecht wird, wird man sich selbst nicht achten." (HILL
2005, S. 188)

Es geht bei der Persönlichkeitsentwicklung natürlich nicht nur um die Entwicklung der Handlungsmaßstäbe, sondern auch darum, die persönlichen
Voraussetzungen zu schaffen, damit man ihnen entsprechen kann. ELSTER
(1999, S. 317 ff.) spricht von einer geplanten Charakterbildung oder -ver-
änderung und meint damit im engeren Sinne die Beeinflussung der eigenen Motivstruktur. Daneben geht es natürlich aber auch um die Veränderung von Fähigkeiten und Denkgewohnheiten, den Habitus und um
konkrete Verhaltensweisen. Die Frage, warum manche Menschen danach
streben, das in ihnen steckende Potential zu entfalten und warum sie versuchen, auch charakterlich bessere Menschen zu werden, andere Menschen
dagegen eher nicht, ist von der Forschung noch nicht befriedigend geklärt
worden (SEDIKIDES/STRUBE 1997). Dass es nicht einfach ist, sich selbst zu
ändern, sei zugestanden. Immerhin scheint es aber möglich zu sein.

Von einigem Interesse ist in diesem Zusammenhang die Theorie der
Selbstbestimmung von Deci und Ryan, weil sie diesbezüglich zwar ein
zuversichtliches Bild zeichnet, dabei aber nicht verkennt, dass Menschen
vom Pfad der Selbstvervollkommnung auch leicht abkommen können.
Menschen sind – so Deci und Ryan – keine nur auf Bedürfnisbefriedigung
bedachten Wesen, sondern aktive, wachstumsorientierte Organismen,
ausgestattet mit dem Streben nach der Integration ihrer psychischen Elemente in ein ganzheitliches Selbst (DECI/RYAN 2000). Im Zentrum der
Selbstbestimmungstheorie stehen die drei psychologischen Grundbedürfnisse nach Kompetenz, Autonomie und Zugehörigkeit. Deci und Ryan
sprechen ganz bewusst von *psychologischen* Grundbedürfnissen und grenzen deren Natur von physiologischen Bedürfnissen ab. Wer Hunger hat
oder wer friert, geht diese unangenehmen Zustände direkt an und versucht, seine Bedürfnisse nach Nahrung und Wärme unmittelbar zu befriedigen. Physiologische Bedürfnisse sind außerdem Defizitbedürfnisse, sie
melden ihre Ansprüche immer nur dann an, wenn sie nicht befriedigt
werden. Das ist anders bei den psychologischen Bedürfnissen, sie sind
gewissermaßen mit dem aktiven Handeln verwoben und halten nicht still,
wenn sie „befriedigt" sind. Die Befriedigung der drei psychologischen
Grundbedürfnisse ergibt sich außerdem im Wesentlichen als Ergebnis

von Bestrebungen und Handlungen, die nicht unmittelbar auf diese Bedürfnisse ausgerichtet sind. Wenn Kinder spielen, dann tun sie dies nicht,
um ihrem Kompetenzbedürfnis nachzukommen, motiviert wird ihr Handeln vielmehr von der Freude am Spiel, das Kompetenzbedürfnis kommt
gewissermaßen nebenher zu seinem Recht. Nur im Ausnahmefall strebt
man also die direkte Befriedigung der psychologischen Grundbedürfnisse
an, leidet man beispielsweise unter engen Kontrollen, kann man versuchen, die verlorengegangene Autonomie auf direktem Wege, zum Beispiel durch Gegenwehr, wieder zurückzugewinnen. Gelingt dies nicht,
dann werden – anders als bei physiologischen Bedürfnissen – nicht
zwangsläufig weitere Anstrengungen unternommen, um zu einer Bedürfnisbefriedigung zu gelangen, man vermeidet vielmehr die Wahrnehmung
der misslichen Situation und sucht nach Ersatzbefriedigungen, die nicht
selten zu einer weiteren Deprivation des infrage stehenden Grundbedürf-
nisses führen. Statt überstarke Kontrollen der sozialen Umwelt abzuschütteln, geht man beispielsweise nicht selten dazu über, sich selbst stärkere
Kontrollen aufzuerlegen. Wie auch immer die entsprechenden Mechanismen aussehen mögen, festzuhalten ist, dass sich die Ziele, Wünsche und
Aktivitäten eines Menschen von seinen Grundbedürfnissen abkoppeln
können, woraus sich erhebliche negative Konsequenzen für die psychische
Gesundheit und die Entwicklung der Persönlichkeit ergeben können. Zusammengefasst: Die Selbstbestimmungstheorie stellt damit einerseits das
natürliche Streben von Menschen nach Erweiterung und Verbesserung
ihres Selbst heraus, sie räumt andererseits ein, dass diese Bedürfnisse oft
verschüttet werden und dass ihr Wachstumsstreben im Alltagsgetriebe
leicht scheitern kann.

Man mag es bedauern – oder auch nicht – das größte Interesse eines
Menschen gilt letztlich immer ihm selbst, dies ist schwer zu leugnen und in
dieser Selbstbezogenheit steckt zweifellos auch häufig die Ursache für
„motiviertes", d. h. wenig objektives, einseitiges und beschränktes Denken
und Handeln. Andererseits geht es dem Selbst nicht ausschließlich um
Behaglichkeit und Selbstbestätigung, in ihm steckt auch die Fähigkeit, sich
selbst zu transzendieren und sich neu zu erschaffen. Und diese Seite des
Selbst ist nicht etwa ein Luxusprodukt, sondern ebenso elementar wie die
andere Seite, die darum bemüht sein muss, das Selbst, wie es eben gerade
ist, zu nähren und zu schützen. Die Lebenskunst besteht, wie so oft, im
Balancehalten, in der Fähigkeit, bei rechter Gelegenheit und in rechter Zeit
beiden Seiten Raum zu geben.

7 Fazit

Wir wollen abschließend nochmals drei Grundüberlegungen unserer Ausführungen herausheben. Die erste betrifft die Notwendigkeit, die Grundkonzepte der Entscheidungstheorie zu ergänzen. Die zweite stellt darauf ab, dass sich Handeln im Prozess vollzieht und bei der dritten geht es darum, dass menschliches Handeln ganz wesentlich durch Gründe bestimmt wird.

7.1 Situation, Selbst und Wille

Genügt nicht die zu Beginn dieses Buches beschriebene Minimalversion der Handlungserklärung: Menschen wägen die Konsequenzen der ihnen offenstehenden Handlungsmöglichkeiten ab und entscheiden sich für die Alternative, die ihnen den größten erwarteten Nutzen erbringt? Tatsächlich kommt man mit diesem gedanklichen Bezugsrahmen oft recht weit, er bietet ein Interpretationsschema, mit dessen Hilfe sich das Handeln von Menschen gut deuten lässt. Damit muss man sich aber nicht zufriedengeben, weil die Erweiterung der Minimalversion der Handlungserklärung (also der konventionellen Wert-Erwartungs-Theorie) die Möglichkeit eröffnet, das Handeln von Menschen *besser* zu erklären. Die Berücksichtigung der in diesem Buch beschriebenen Konstrukte macht es möglich, zu tiefergreifenden Erklärungen vorzudringen, und mit ihrer Hilfe ist es möglich, die Erklärungen der Wert-Erwartungs-Theorie zu berichtigen. Die vorgeschlagene erweiterte Version der Handlungstheorie erklärt „mehr", weil sie sich nicht damit begnügt, die Entscheidungsprämissen als gegeben hinzunehmen, vielmehr nimmt sie deren Zustandekommen in den Blick. Und sie berichtigt die Wert-Erwartungs-Theorie. Sie zeigt nämlich, dass den Wahrscheinlichkeitsschätzungen bei der Bestimmung des Erwartungsnutzens nicht das Gewicht zukommt, das die konventionelle Theorie ihnen unterstellt. Sie zeigt außerdem, dass mit der Willens-

komponente ein dynamisches Element ins Spiel kommt, das Überlegungen, die sich aus der Plausibilität von Erwartungen herleiten, oft in den
Hintergrund treten lässt. Außerdem erscheint eine gegebene Handlungssituation in einem ganz eigenen Licht, wenn sie das eigene Selbstverständnis berührt. Dann nämlich geht es der betrachteten Person primär um den
Schutz des Selbstbildes und die Nutzenabschätzung verliert an Bedeutung.

Bei der Erläuterung der Grundgedanken der Entscheidungstheorie
habe ich ein Beispiel eingeführt, auf das ich an dieser Stelle nochmals zurückkommen will. In diesem Beispiel ging es um die Wahl zwischen einer
„eigensinnigen" und einer „angepassten" Verhaltensstrategie bei der Bearbeitung eines komplexen Projekts (Kapitel 1, Tabelle 1.1). In Abbildung 7.1
sind, angewandt auf dieses Beispiel, neben den beiden Grundkonzepten
der Entscheidungstheorie (den Werten und Erwartungen) die drei Grundelemente des menschlichen Handelns aufgeführt, die in unserem Buch außerdem behandelt wurden. Wie bei jeder Erklärung kann es in dem angeführten Beispiel nicht darum gehen, die ganze Komplexität des realen
Geschehens abzubilden, es kommt lediglich darauf an – zugeschnitten auf
das jeweilige Erklärungsproblem –, die wesentlichen Einflussgrößen zu betrachten. Abbildung 7.1 zeigt ausschnitthaft bestimmte Verhaltensaspekte,
die für das Beispiel relevant sein könnten (eine Annahme, die in konkreten
Anwendungsfällen jeweils erst noch zu überprüfen wäre).

Wie man in der Grafik sieht, werden die zentralen Größen der Entscheidungstheorie, also die Werte und die Erwartungen, ganz maßgeblich
von Willensaspekten und Aspekten des Selbstverständnisses beeinflusst.
Dies gilt insbesondere für komplexe Probleme, deren Bearbeitung sich
über längere Zeit hinzieht und die konzeptionelle Überlegungen sowie
durchsetzungsstarke und beanspruchende Aktionen notwendig machen.
Bei der Frage, wie man damit umgeht, kommt es natürlich sehr darauf
an, wie man die Erfolgswahrscheinlichkeit alternativer Verhaltensstrategien einschätzt. Diese Einschätzung wird in nicht unerheblichem Maße
davon bestimmt, ob man es sich zutraut, mit den sich abzeichnenden Herausforderungen fertigzuwerden. Personen, die glauben, ihr Geschick werde vor allem von Kräften bestimmt, die außerhalb ihres Einflussbereiches
liegen, werden diesbezüglich pessimistisch sein. Bei Personen mit einer
hohen Selbstwirksamkeitsüberzeugung wird man dagegen eine optimisti-
sche Grundhaltung finden. Letztere werden außerdem die Belastungen,
die auf sie zukommen eher unter- als überschätzen, während dies bei Personen mit geringer Selbstwirksamkeitsüberzeugung eher umgekehrt ist.

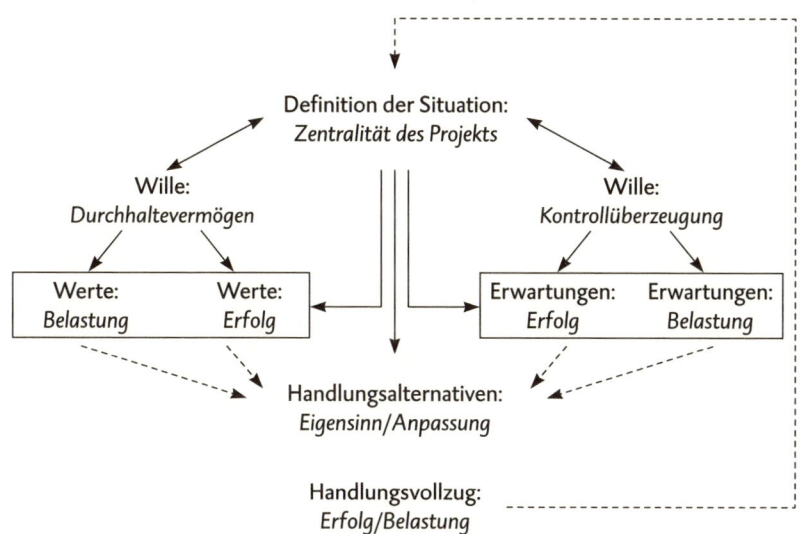

Abb. 7.1: Werte und Erwartungen, der Wille, das Selbst und die Situation
(Gestrichelte Linien: Begründungen, durchgezogene Linien: Verursachungen)

Ähnliches gilt für den Einfluss des Willens. Personen, die einen „starken" Willen haben, sind geneigt, die Erfolgswahrscheinlichkeit ihres Tuns höher einzuschätzen als Personen, die mit nur einem schwachen Willen ausgestattet sind. Erstere werden auch die Belastungen, die auf sie zukommen, weniger fürchten. Abbildung 7.1 weist darauf hin, dass der Wille und das Selbstverständnis in engem Wechselverhältnis mit der Definition der Situation stehen. Die jeweils „aktivierten" Willens- und Selbstaspekte prägen sehr stark die Definition der Situation. Umgekehrt sind die psychischen Elemente, die sich in der Definition der Situation versammeln (mit) dafür verantwortlich, welche Ausprägungen die Willens- und Selbst-Variablen annehmen. In dem in Abbildung 7.1 angeführten Beispiel gehen wir davon aus, dass die hier betrachtete Person die Problemsituation als für sie „zentral" definiert. Sie geht also davon aus, dass das infrage stehende Projekt sie – sowohl was ihre zeitliche Belastung als auch was ihr persönliches Engagement angeht – in erheblichem Maße in Anspruch nehmen wird. Die mentale Verfassung, die sich hiermit verknüpft, stärkt auf direktem Weg die Tendenz, sich der „eigensinnigen" Strategie zuzuwenden – und zwar unabhängig von den gedanklichen Erwägungen über die möglichen Konsequenzen dieser Handlungsalternative und in gewisser Weise „an ihr vorbei". Ein Projekt, das in hohem Maße die Einbindung der Person fordert, ein Projekt, das von der Handlungs- und Gedankenwelt der Person Besitz ergreift, nimmt ihr die Möglichkeit, sich dem Projekt in distanzierter Weise zuzuwenden. Deshalb ist es nur „natürlich", dass sie es zu ihrem ganz eigenen Projekt macht und dass sie sich nicht mit standardisierten und fremdinduzierten Lösungen zufrieden gibt. Schließlich enthält Abbildung 7.1 noch eine Rückkopplungsschleife. Sie soll deutlich machen, dass die Erfahrungen im Handlungsvollzug Revisionen und Modifikationen von Entscheidungen induzieren können. So könnte sich herausstellen, dass die tatsächlichen Belastungen die erwarteten Belastungen erheblich übersteigen und dass sich die erwarteten Erfolge nicht einstellen wollen. Dies dürfte eine erneuerte Situationsdefinition veranlassen, die dazu beitragen kann, den Willen zu schwächen und die Erwartungen zu dämpfen, was wiederum entsprechende Auswirkungen auf den weiteren Verhaltensprozess hätte. Handeln, das sich mit komplexen Problemen befasst, erschöpft sich ja nicht in einmaligen Entscheidungsakten, die anschließend dumpf exekutiert werden; Handeln bedeutet vielmehr, sich ständig neu mit wechselnden Handlungsanforderungen auseinanderzusetzen. Ich will diese beispielhaften Ausführungen an dieser Stelle abbrechen. Sie sollten hinlänglich deutlich gemacht haben, dass es sinnvoll ist, die Grundelemente der Entscheidungstheorie (die Werte und Erwartungen) durch Einbeziehung der Grundelemente „Selbst, Willen und Definition der Situation" zu erweitern, weil man damit ein wesentlich differenzierteres und vor allem auch zutreffenderes Bild des Handlungsgeschehens erhält als mit der herkömmlichen Entscheidungstheorie.

7.2 Strukturen und Prozesse

Probleme, die diesen Namen verdienen, lassen sich nicht durch einfache Entscheidungsakte aus der Welt schaffen. Schon die Definition eines einigermaßen komplexen Problems bereitet mitunter große Schwierigkeiten und auf dem Handlungspfad, auf dem man sich bewegt, lauern vielfältige Ungewissheiten und Unwägbarkeiten. Probleme lassen sich daher häufig nicht zielstrebig „abarbeiten". Man muss sich vielmehr Schritt um Schritt mühsam „vorantasten", ohne genau wissen zu können, wo man ankommen wird. Entscheidungen ergeben sich daher auch ganz selten aus Berechnungen. Sie sind vielmehr Produkte von Kristallisierungsprozessen. Dazu kommt, dass man es im täglichen Handeln nicht mit einem einzelnen Problem zu tun hat, im Handlungsstrom bewegen sich vielmehr zahlreiche und oft sehr unterschiedliche Probleme, die alle gleichermaßen auf Bearbeitung drängen. Im Handeln ist gewissermaßen alles im Fluss. Selbst die Beurteilungsmaßstäbe für befriedigende Lösungen verändern sich im Vollzug des Handelns. Handeln ist daher ganz wesentlich Problemregulierung. In Abbildung 7.2 sind (im unteren Teil) die wesentlichen Elemente angeführt, die hierbei eine Rolle spielen. Es müssen etliche Entscheidungen getroffen werden: Welchen Problemen soll überhaupt Aufmerksamkeit geschenkt werden? Sollen diese Probleme in die Liste der zu bearbeitenden Probleme aufgenommen werden? Welche Probleme soll man abwehren? Wie soll man mit dem Druck umgehen, der sich aufbauen kann, wenn viele ungelöste (oder nur unvollständig bearbeitete) Probleme umhervagabundieren? Und schließlich: Wie sind die einzelnen Probleme genau zu definieren? Inwiefern ist die Geschichte eines Problems für dessen aktuelle Einschätzung von Bedeutung? Welche weiteren Bearbeitungsstufen muss ein Problem noch durchlaufen? Zu beachten ist dabei, dass es sich bei der Problemregulierung nicht um einen zentral gesteuerten Prozess handelt, in dem z. B. ein „Problemregulator" die koordinierende Funktion übernimmt. Die Steuerung erfolgt vielmehr aus der Wechselwirkung der in der Definition der Situation versammelten Elemente.

Der Definition der Situation kommt auch noch in anderer Hinsicht eine Schlüsselstellung zu. Sie führt das, was uns „dauerhaft" und „eigentlich" ausmacht mit dem zusammen, was uns aktuell und flüchtig beschäftigt. So ist zum Beispiel zu regeln, welche Problemlösungsprogramme zum Zuge kommen sollen, welche Bearbeitungsroutinen aus unserem Wissensfundus in die aktuell relevante Denk- und Arbeitsarena Eingang finden sollen und welche Werthaltungen für die aktuelle Problembehandlung überhaupt Relevanz besitzen. In zahlreichen Theorien findet sich die Auffassung, dass nicht alles, was in der Persönlichkeit steckt, auch verhaltensrelevant ist, sondern letztlich nur das Einfluss nimmt, was in der jeweiligen Situation „aktualisiert" ist. Dieser Gedanke findet sich sogar in Theorien, die sich mit dem auseinandersetzen, was die jeweilige Person „definiert", ihr Selbst (CANTOR u. a. 1986).

Im oberen Teil der Abbildung 7.2 sind die wichtigsten Elemente aufgeführt, die unsere Persönlichkeit bilden. Es handelt sich dabei sowohl um

einfache als auch um komplexe, um eher funktionale und um eher motivationale psychische Teilelemente. Diese Teilelemente stehen nun nicht unverbunden nebeneinander, und es ist ihnen auch nicht „gestattet", ein isoliertes Eigenleben zu führen; zur menschlichen Natur gehört vielmehr das
Bedürfnis (und die Notwendigkeit) ein kohärentes Selbst auszubilden, also
die Teilelemente der Persönlichkeit zu einem integrativen Ganzen zusammenzufügen. Diese Ich-Steuerung erfolgt nun aber nicht losgelöst von aktuellen Problemlösungsprozessen, sie ist vielmehr eng mit diesen verbunden. Und auch hier kommt der Definition der Situation eine strategische
Funktion zu. Sie hat die Aufgabe, die mentalen Elemente miteinander zu
konfrontieren und zu vermitteln, denn nur so können sich die Persönlichkeit und das Selbst zu einem stimmigen Ganzen entwickeln.

7.3 Nochmals: Gründe und Ursachen

Die Handlungstheorie gründet in der Überzeugung, dass Menschen selbstbestimmt handeln, dass sie also nicht die Marionetten ihrer Triebe und
vorgefassten Meinungen sind. Will man das Handeln der Menschen verstehen und erklären, kann man sich daher nicht damit begnügen, nach
seinen Ursachen zu forschen. Man muss sich mit den Gründen befassen,
die die Menschen dazu bringen etwas zu tun oder zu lassen. Eine realistische Handlungstheorie unterstellt dabei nicht, dass dabei nur reine, d. h.
wohl durchdachte und bewährte Vernunftgründe, zum Zuge kommen. Sie
interessiert sich aber dafür, welche Gründe zu Rate gezogen werden und
welcher Logik Urteilsfindung und Handlungsplanung folgen. Eine realistische Handlungstheorie leugnet außerdem nicht, dass es Handlungsursachen gibt, die sich um Gründe „nicht kümmern". Sei es, dass sie sich gegen
bessere Einsicht durchsetzen oder sei es, dass sie ihre Wirksamkeit am
Bewusstsein vorbei entfalten. Beispiele für den ersten Fall liefern schlechte
Angewohnheiten, überstarke Emotionen, Versuchungen und Süchte. Beispiele für den zweiten Fall ergeben sich aus Leidenschaften, blindem Gehorsam, Charakterschwächen, unbewussten Bestrebungen und der Unfähigkeit, sich aus bestimmten Denkmustern zu lösen. Außerdem wird es
uns nie gelingen, stets alle handlungsrelevanten Aspekte zu bedenken, es
wird immer Einflüsse geben, die jenseits unserer abwägenden Vernunft
liegen. Nicht selten folgen wir einfach „gedankenlos" bestimmten Routi

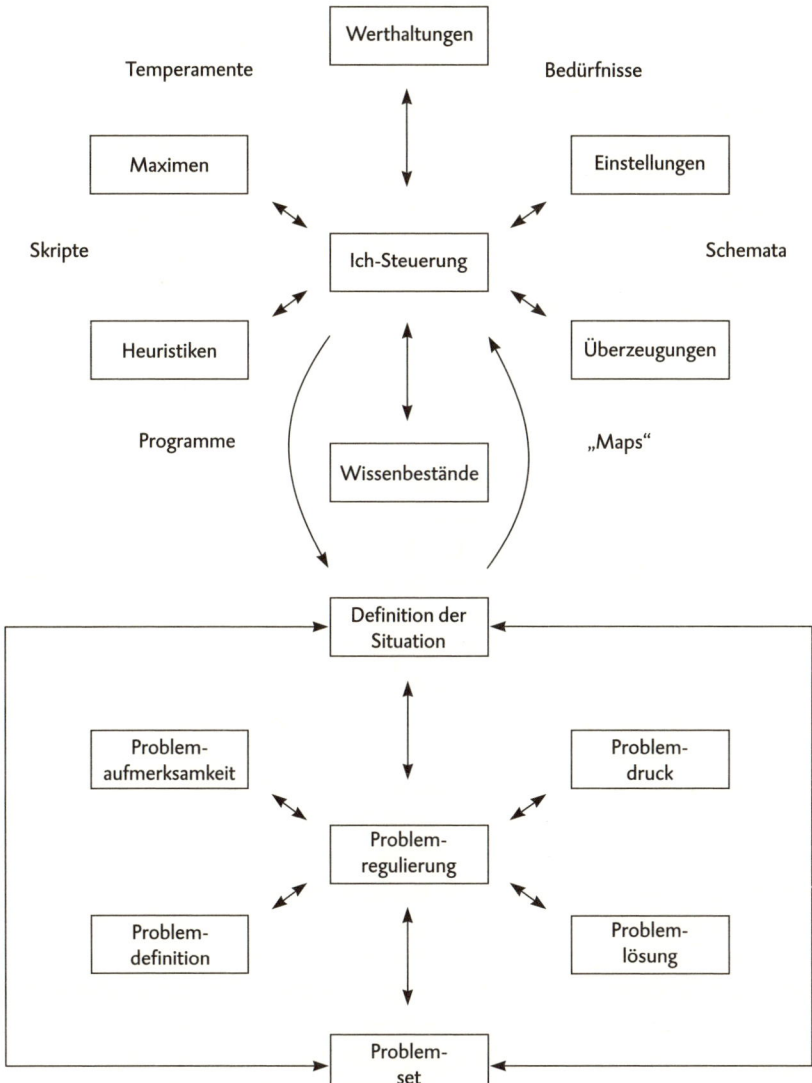

Abb. 7.2: Prozesselemente einer realistischen Handlungstheorie

nepfaden und häufig absorbieren drängende Probleme unsere ganze Aufmerksamkeit und dulden keine tiefergehende Besinnung. Und schließlich ist es nicht damit getan, dass wir unseren „Denkapparat" einschalten. Denken folgt nicht selten ebenfalls ausgetretenen Wegen, es bevorzugt bestimmte Argumentationsmuster, die, falls sie ohne Gespür für die Besonderheiten eines Problems angewendet werden, in die Irre führen und manchmal kann man schon voraussehen, dass der Denkweg einer bestimmten Person sie – ganz unabhängig von den Prämissen, von denen sie ausgeht – quasi-automatisch zu einem vorgezeichneten Ergebnis führt. Unser Handeln ist nicht nur von Kräften bestimmt, die unterhalb der Denklinie liegen, es gibt auch eine kognitive Determiniertheit, die nicht mit der abwägenden Vernunft verwechselt werden sollte.

Dennoch ist es oft möglich, sich einen Freiraum für rationales Handeln jenseits der determinierenden Kraft von Handlungs- und Denktendenzen zu verschaffen. In Abbildung 7.3 ist ein Beispiel für den Umgang mit Entscheidungsdefekten angeführt. Entscheidungsdefekte sind, wie schon der Name sagt, kein Ergebnis rationaler Abwägung. Sie sind im Gegenteil Ergebnisse von Prozessen, die die Bemühungen um eine vernünftige Entscheidungsfindung „unterlaufen". Man unterliegt einem Entscheidungsdefekt nicht deswegen, weil man sich dazu entschlossen hat, sich seiner Wirksamkeit zu unterwerfen. Dessen Wirksamkeit ergibt sich vielmehr aus vernunftfremden Ursachen. Deswegen ist ein Entscheidungsdefekt aber dem gedanklichen Zugriff nicht völlig entzogen. Man kann ihn erkennen und gegebenenfalls (und in bestimmten Grenzen) Maßnahmen ergreifen, um ihn zu vermeiden.

Das Beispiel in Abbildung 7.3 bezieht sich auf einen robusten Defekt, der alle Menschen gleichermaßen trifft: Je größer der Problemdruck wird, desto stärker neigt man dazu, oberflächliche Entscheidungen zu treffen. Anders ausgedrückt, wenn man mit ungelösten Problemen überhäuft wird, die alle gleichermaßen dringlich sind, dann neigt man sehr stark dazu, auf eine gründliche Analyse der für die einzelnen Probleme jeweils geltenden besonderen Bedingungen zu verzichten. Man ist vorschnell mit einer sich abzeichnenden Lösung zufrieden und geht über mögliche Einwände leicht hinweg. Nun ist es aber gerade dann, wenn man unter hohem Handlungsdruck steht, wichtig, innezuhalten und sich nicht vom Geschehen „treiben" zu lassen, sondern einen kühlen Kopf zu bewahren und vernünftig zu handeln. Was kann man also tun? Eine wichtige Vorbedingung für ein angemessenes Verhalten ist, dass man die Gefahr überhaupt er-

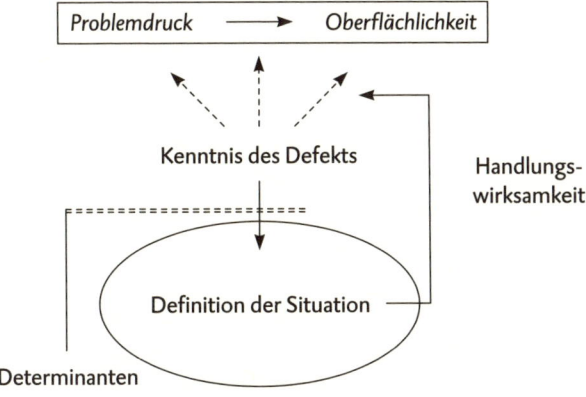

Abb. 7.3: Die Beeinflussung von Ursachen durch Gründe

kennt. Nur wenn einem bewusst ist, dass man dazu neigt, sich dem Problemdruck auszuliefern, kann man etwas dagegen tun. Hat man die Gefahr erkannt, ist sie allerdings noch nicht gebannt. Man muss vielmehr aktiv gegen sie angehen.

Eine erste Verhaltensstrategie, die darauf gerichtet ist, den Entscheidungsdefekt zu vermeiden, besteht banaler Weise darin, den Problemdruck zu vermindern. Man kann beispielsweise „Prioritäten setzen", also eine Rangfolge der Problembehandlung festlegen (auch wenn dies mitunter schmerzlich ist, weil man bestimmte Ansprüche aufgeben muss), man kann unter Umständen die Quellen des Problemdrucks besänftigen (z. B. mit einem drängelnden Chef ein vernünftiges Gespräch führen) und man kann seine emotionalen Reaktionen auf den Problemdruck abmildern (z. B. durch Maßnahmen zur Selbstberuhigung).

Die zweite offenkundige Verhaltensstrategie richtet sich darauf, sich gegen eine oberflächliche Entscheidungsfindung zu wappnen. Man kann sich z. B. als „Qualitätssicherungsmaßnahme" die Regel auferlegen, keine Entscheidung zu treffen, ohne sie nochmals zu kontrollieren oder kontrollieren zu lassen (z. B. durch Einbeziehung einer dritten möglichst kritischen Person). Oder man kann bestimmte Verfahrensregeln einhalten, die eine vorschnelle Entscheidung verhindern (z. B. durch „Überschlafen" einer Entscheidung).

Die dritte Verhaltensstrategie richtet sich auf die Verhaltenstendenz selbst. Wenn man von sich weiß, dass man in besonderem Maße in der

Gefahr steht, dem geschilderten Entscheidungsdefekt zu unterliegen, dann kann man versuchen, sich psychisch zu stärken, etwa durch Stresstraining oder durch Maßnahmen der Charakterbildung, also z. B. durch Einübung gewissenhaften Verhaltens.

Nun hängt das alles, wie gesagt, davon ab, dass die Gefahr, einem Entscheidungsdefekt zu unterliegen, überhaupt ins Bewusstsein dringt oder – etwas anders ausgedrückt – dass dieser Bewusstseinsinhalt in die Definition der Situation aufgenommen wird (Abbildung 7.3). Auch das ist ja keine Frage des rationalen Abwägens allein, es kann schließlich auf einer tieferliegenden Ebene wiederum Entscheidungsdefekte (oder sonstige dem gedanklichen Zugriff schwer zugängliche Mechanismen) geben, die derartigen Bewusstseinsinhalten den Zugang in die Definition der Situation verschließen. Im Prinzip kann man sich auch dagegen wieder wehren: Man kann versuchen, sich bewusst zu machen, dass derartige Mechanismen am Werk sind und vorbeugende Maßnahmen ergreifen. Aber auch diese können wieder durch noch tiefer gelagerte Mechanismen unterlaufen werden usw. Auf einen derartigen (letztlich unendlichen) Regress kann sich realistischer Weise kein Mensch einlassen. Wir sind diesbezüglich vermutlich schon in der ersten oder zweiten Runde leicht überfordert. Dennoch ergibt sich aus der prinzipiellen Möglichkeit, sich gegen vernunftexogene Ursachen zu wappnen, eine wichtige Schlussfolgerung für die Handlungstheorie. Man kann sich nicht gegen Naturgesetze auflehnen und auch nicht gegen tiefliegende Antriebe und Verhaltensmechanismen, die der willentlichen Steuerung entzogen sind. Man kann diese aber unter Umständen erkennen und man kann sich ein Stück weit auf sie einstellen und sich damit einen gewissen Spielraum für einen vernünftigen Umgang mit ihnen verschaffen.

Jedenfalls lässt sich festhalten, dass selbst in den Fällen, in denen Gründe nicht als Ursachen unseres Handelns zur Geltung kommen, sie ihre konstitutive Bedeutung für die Regulierung des Handelns behalten können. Und zwar deswegen, weil es immer möglich ist – und sei es im Nachhinein – das eigene Handeln auf seine Begründung hin zu befragen. Außerdem kann man, wie beschrieben, versuchen, sich vor den Kräften zu schützen, die einen dazu veranlassen können, Handlungen zu wählen, die sich nicht oder nur schlecht begründen lassen. Wer sich davor bewahren will, seiner Neigung für hochkalorische Buttercremetorten zu erliegen, kann darauf achten, sich nicht in die Nähe von Konditoreien und Cafés zu begeben, die diesem Heißhunger Nahrung bieten. Wer die Verwirrung scheut, in die einen das Ausfüllen der Steuererklärung stürzen kann, kann sich eine Belohnung gönnen, wenn er seine Abneigung rechtzeitig zum Steuertermin überwindet. Schwieriger ist es, wenn bestimmte Charakterzüge die Einsicht in das eigene Verhalten behindern. Eine eitle Person wird die Ablehnung, die ihr Gebaren erzeugt, unter Umständen gar nicht bemerken, sie wird sie allenfalls als Ausdruck von Neid und Missgunst interpretieren, also als verständliche Reaktion, die die eigene Überlegenheit nur bestätigt. Einsicht in das eigene Verhalten bekommt man nicht umsonst, manchmal will man sie auch einfach nicht. Doch selbst Unverbesserliche können sich verbessern, wenn sie sich dazu veranlassen, sich selbst gegenüber Rechenschaft abzulegen und nach Begründungen für das eigene Verhalten zu forschen. Aber dadurch ist nicht immer viel gewonnen, weil sich Menschen gerade bei der Selbsteinschätzung nicht sonderlich um Realismus bemühen. Zudem können sie sich irren. Man macht nicht nur Fehler, wenn man vom Handlungsstrom mitgezogen wird, sondern auch dann, wenn man darüber nachdenkt, ob man sich jeweils angemessen verhalten hat und wenn man sich dagegen wappnet, den Fehlern und Fallen zu entgehen, die einen bei der Urteilsbildung bedrohen.

Schließlich ist noch zu bedenken, dass eine Person, die sich viele Gedanken über das richtige Verhalten macht, durchaus nicht immer vernünftig handelt. Die Entscheidungsprämissen, die ihrem Handeln zugrunde liegen, können hochgradig irrational sein. Ihre Annahmen können auf Illusionen beruhen, ihre Schlussfolgerungen sind unter Umständen unlogisch und die Art und Weise ihres Denkens ist möglicherweise abenteuerlich. Das ist aber kein prinzipieller Einwand gegen das Verlangen nach begründetem Handeln. Denn auch die Art und Weise des Begründens ist begründungsbedürftig und damit veränderbar. Darauf muss man sich natürlich nicht einlassen, kann es aber tun. Normalerweise wird man feststellen, dass reflektiertes Denken dazu beiträgt, unsinniges und schädliches Verhalten zu vermeiden. Selbst dann, wenn man sich dieser Einsicht verweigert, wird man feststellen, dass man Argumente, so sie denn einmal bedacht sind, nicht so ohne Weiteres beiseiteschieben kann.

Doch bevor diese Überlegungen in ein unbeschränktes Lob der Vernunft einmünden, ist daran zu erinnern, dass Menschen zwar die Fähigkeit zur Rationalität besitzen, diese aber durchaus beschränkt ist. Alles, was man sich wünschen kann, ist also, sich der vorhandenen Fähigkeiten zu bedienen und zwar nicht zuletzt dazu, sich über die Grenzen seiner Rationalität Klarheit zu verschaffen. Damit eröffnet sich auch die Möglichkeit, diese Grenzen zu erweitern. Doch oft nützt das alles nichts. Manche Entscheidungen bleiben „echte" Entscheidungen, über die man nur sagen kann, dass sie getroffen werden müssen und zwar gleichgültig, wie sie getroffen werden. Denn nicht selten kommt man trotz Abwägens aller Konsequenzen, trotz umfänglicher Erwägung aller Eventualitäten und trotz intensiver Gewissenserforschung zu keinem klaren Urteil. Dann muss man sich eben entscheiden, man muss (gezwungenermaßen) ein Wagnis eingehen. Womit die Geschichte nicht endet, sondern eigentlich erst beginnt. Ein Wagnis eingehen heißt ja nichts anderes, als einen Weg einzuschlagen, auf dem man sich in besonderer Weise zu bewähren hat, auf dem es also darauf ankommt, klug zu handeln und vernünftige Entscheidungen zu treffen.

Literatur

Abels, Heinz: Identität. Wiesbaden 2006.

Adler, Alfred: Der Sinn des Lebens. Wien 1933.

Ainslie, Georg: Die Delle in unserer Zukunftsbewertung. In: Spitzley, Thomas (Hrsg.): Willensschwäche. S. 139–167. Paderborn 2005

Alicke, Mark D. u. a.: Personal Contact, Individuation, and the Better-than-Average Effect. In: Journal of Personality and Social Psychology (1995) 68, S. 804–825.

Anand, Paul: Are the Preference Axioms Really Rational? In: Theory and Decision (1987) 23, S. 189–214.

Anderson, John R.: Cognitive Psychology and its Implications. New York ³1990.

Archer, Margaret S.: Being Human. Cambridge 2000.

Aronson, Elliot: Dissonance Theory: Progress and Problems. In: Abelson, Robert P. u. a. (Hrsg.): Theories of Cognitive Consistence. S. 5–27. Chicago 1968.

Aronson, Elliot: The Return of the Repressed. In: Psychological Inquiry (1992) 3, S. 303–311.

Arrow, Kenneth J.: Decision Theory and Operations Research. In: Operations Research (1957) 5, 765–774.

Asch, Solomon E.: Opinions and Social Pressure. In: Scientific American (1955) 193, S. 31–35.

Avtgis, Theodore A.: Locus of Control and Persuasion, Social Influence and Conformity. In: Psychological Reports (1998) 83, S. 899–903.

Bacon, Francis: Neues Organon. Lateinisch-Deutsch. Band 1, hrsg. von Wolfgang Krohn. Hamburg 1990 (Originalausgabe London 1620).

Bandura, Albert: Social Foundations of Thought and Action. Englewood Cliffs 1986.

Barber, Bernard: Resistence by Scientists to Scientific Discovery. In: Science (1961) 134, S. 596–602.

Bartscher, Susanne/Martin, Albert: Grundlagen der Normativen Entscheidungstheorie. In: Bartscher, Susanne/Bomke, Paul. (Hrsg.): Unternehmungspolitik. S. 53–94. Stuttgart 1994.

Beckmann, Jürgen: Entschlussbildung. In: Kuhl, Julius/Heckhausen, Heinz (Hrsg.): Motivation, Volition und Handlung. S. 411–426. Göttingen 1996.

Belsky, Gary/Gilovich, Thomas: Why Smart People Make Big Money Mistakes – and How to Correct Them. New York 1999.

Ben-Ze'ev, Aaron: Die Logik der Gefühle. Frankfurt 2009.

Berger, Peter L./Luckmann, Thomas: Die gesellschaftliche Konstruktion der Wirklichkeit. Frankfurt ²²2009. Originalausgabe: The Social Construction of Reality. New York 1966.

Biernat, Monica/Billings, Laura S.: Standards, Expectancies, and Social Comparison. In: Tesser, Abraham/Schwartz, Norbert (Hrsg.): Blackwell Handbook of Social Psychology: Intraindividual Processes. S. 257–283. Oxford 2001.

Bless, Herbert/Fiedler, Klaus: Mood and the Regulation of Information Processing and Behavior. In: Forgas, Joseph P. (Hrsg.): Affect in Social Thinking and Behavior. S. 65–84. New York 2006.

Bond, Rod/Smith, Peter B.: Culture and Conformity. In: Psychological Bulletin (1996), 119, S. 111–137.

Bördlein, Christoph: Die Bestätigungstendenz. In: Skeptiker (2000) 13, S. 132–138.

Brehm, Jack W./Cohen, Arthur R.: Explorations in Cognitive Dissonance. New York 1962

Brickman, Philip/Campbell, Donald T.: Hedonic Relativism and Planning the Good Society. In: Apley, Mortimer H. (Hrsg.): Adaptation-Level Theory. S. 287–301. New York 1971.

Brockner, Joel: The Escalation of Commitment to a Failing Course of Action. In: Academy of Management Review (1992) 17, S. 39–61.

Brown, Mark T.: Multiple Personality and Personal Identity. In: Philosophical Psychology (2001) 14, S. 435–447.

Cacioppo, John T./Petty, Richard E./Morris, Katherine: Effects of Need for Cognition on Message Evaluation, Recall, and Persuasion. In: Journal of Personality and Social Psychology (1983), 45, S. 805–818.

Camerer, Colin F.: Individual Decision Making. In: Kagel, John H./Roth, Alvin E. (Hrsg.): The Handbook of Experimental Economics. S. 587–683. Princeton 1995.

Campbell, Keith W./Sedikides, Constantine: Self-Threat Magnifies the Self-Serving Bias: A Meta-Analytic Integration. In: Review of General Psychology (1999) 3, S. 23–43.

Campbell, Colin: Half-Belief and the Paradox of Ritual Instrumental Activism. In: British Journal of Sociology (1996) 47, S. 151–166.

Carmon, Ziv/Simonson, Itamar: Price-Quality Tradeoffs in Choice versus Matching. In: Journal of Consumer Psychology (1998) 7, S. 323–343.

Cantor, Nancy/Markus, Hazel/Niedenthal, Paula/Nurius, Paula: On Motivation and the Self-Concept. In: Sorrentino, Richard M./Higgins, E. Tory (Hrsg.): Handbook of Motivation and Cognition, Band 1, S. 96–121, New York 1986.

Chu, Yun-Peng/Chu, Ruey-Ling: The Subsidence of Preference reversals in simplified and market-like experimental settings. In: American Economic Review (1990) 80, S. 902–911.

Cialdini, Robert B./Goldstein, Noah J.: Social Influence. In: Annual Review of Psychology (2004) 55, S. 591–621.

Cohen, David/Knetsch, Jack L.: Judicial Choice and Disparities between Measures of Economic Values. In: Osgoode Hall Law Journal (1992), 30, S. 737–770.

Coleman, James S.: Handlungen und Handlungssysteme. München 1991.

Conrad, Joseph: Herz der Finsternis. Köln 2006. (Englische Erstausgabe, Edingburgh 1899)

Cooley, Charles H.: Human Nature and the Social Order. New York 1902.

Coombs, Clyde H./Avrunin, George S.: Single-Peaked Functions and the Theory of Preference. In: Psychological Review (1977) 84, S. 216–230.

Cooper, Joel: Cognitive Dissonance. Los Angeles 2007.

Cranach, Mario von: Die Unterscheidung von Handlungstypen. In: Bergmann, B. L./Richter, P. (Hrsg.): Die Handlungsregulationstheorie. S. 69–88. Göttingen 1994.

Cross, Patricia: Not Can but Will College Teaching Be Improved? In: New Directions for Higher Education (1977) 17, S. 1–15.

Dahrendorf, Ralf: Homo sociologicus. Opladen 1958.

Dauenhauer, Dirk/Stahlberg, Dagmar/Frey, Dieter/Petersen, Lars-Eric: Die Theorie des Selbstwertschutzes und der Selbstwerterhöhung. In: Frey, Dieter/Irle, Martin (Hrsg.): Theorien der Sozialpsychologie. Band 3, S. 159–190. Bern ²2002.

Davidson, Donald: Handlung und Ereignis. Frankfurt 1990.

Davidson, Donald: Paradoxien der Irrationalität. In: Spitzley, Thomas (Hrsg.): Willensschwäche. S. 89–106. Paderborn 2005.

Dawes, Robyn M.: Everyday Irrationality. Boulder 2001.

Deci, Edward L./Ryan Ricahrd M.: The „What" and „Why" of Goal Pursuits. In: Psychological Inquiry (2000) 11, S. 227–268.

Dekker, Sidney W. A.: Ten Questions about Human Error. Mahwah 2005.

Diener, Ed/Wolsic, Brian/Fujita, Frank: Physical Attractiveness and Subjective Well-Being. Journal of Personality and Social Psychology (1995) 69, S. 120–129.

Dörner, Dietrich: Die Logik des Misslingens. Reinbek 1989.

Dörner, Dietrich: Bauplan für eine Seele. Reinbek 1999.

Dörner, Dietrich/Reh, Helmut/Stäudel, Thea: Die Erklärung des Verhaltens. In: Dörner, Dietrich/Kreuzig, Heinz W./Reither, Franz/Stäudel, Thea (Hrsg.): Lohhausen. Vom Umgang mit Unbestimmtheit und Komplexität. S. 397–448. Bern 1983.

Dreitzel, Hans Peter: Die gesellschaftlichen Leiden und das Leiden an der Gesellschaft. Stuttgart 1968.

Druckman, James N.: The Implications of Framing Effects for Citizen Competence. In: Political Behavior (2001) 23, S. 225–256.

Eagly, Alice H./Chaiken, Shelly: The Psychology of Attitudes. Belmont 1993.

Elster, John: Alchemies of the Mind. Cambridge 1999.

Elster, John: Ulysses Unbound. Cambridge 2000.

Elster, John: Costs and Constraints in the Economy of the Mind. In: Brocas, Isabelle/Carillo, Juan D. (Hrsg.): The Psychology of Economic Decisions. Band 2. Reasons and Choices. S. 3–14. Oxford 2004.

Elster, John: Explaining Social Behavior. Cambridge 2007.

Endsley, Mica R.: Towards a Theory of Situation Awareness. In: Human Factors (1995) 37, S. 65–84.

Epstein, Seymour/Morling, Beth: Is the Self Motivated to Do More than Enhance and/or Verify Itself? In: Kernis, Michael H. (Hrsg.): Efficacy, Agency, and Self-Esteem. S. 9–29. New York 1995.

Esser, Hartmut: Soziologie. Frankfurt 1993.

Esser, Hartmut: Die Definition der Situation. In: Kölner Zeitschrift für Soziologie und Sozialpsychologie (1996) 48, S. 1–34.

Esser, Hartmut: Soziologie. Spezielle Grundlagen. Sinn und Kultur. Frankfurt 2001.

Esser, Hartmut: Situationslogik und Handeln. Frankfurt 2002.

Etzrodt, Christian: Sozialwissenschaftliche Handlungstheorien. Konstanz 2003.

Farwell, Lisa/Wohlwend-Lloyd, Ruth: Narcissistic Processes. In: Journal of Personality, (1998) 66, S. 65–84.

Festinger, Leon: A Theory of Cognitive Dissonance. Stanford 1957.

Fischer, Gregory W./Hawkins, Scott A.: Strategy Compatibility, Scale Compatibility, and the Prominence Effect. In: Journal of Experimental Psychology: Human Perception and Performance (1993) 19, S. 580–597.

Fiske, Susan T.: Thinking is for Doing. In: Journal of Personality and Social Psychology (1992) 63, S. 877–889.

Føllesdal, Dagfinn: Handlungen, ihre Gründe und Ursachen. In: Lenk, Hans (Hrsg.): Handlungstheorien – interdisziplinär. Band 2. Zweiter Halbband. S. 431–444. München 1979.

Forgas, Joseph P.: Mood and Judgment. In: Psychological Bulletin (1995) 117, S. 39–66.

Fredrickson, Barbara L./Kahneman, Daniel 1993: Duration Neglect in Retrospective Evaluations of Affective Episodes. In: Journal of Personality and Social Psychology, (1993) 65, S. 45–55.

Frenkel-Brunswik, Else: Intolerance of Ambiguity as an Emotional Perceptual Personality Variable. In: Journal of Personality (1948) 18, S. 108–143.

Friedrich, James: Primary Error Detection and Minimization (PEDMIN) Strategies in Social Cognition. In: Psychological Review (1992) 100, S. 298–319.

Funkhouser, Eric: Self-Deception and the Limits of Folk Psychology. In: Social Theory and Practice (2009) 35, S. 1–14.

Gerard, Harold B.: Deviation, Conformity, and Commitment. In: Steiner, Ivan D./ Fishbein, Martin (Hrsg.): Current Studies in Social Psychology. S. 263–277. New York 1965.

Gilbert, Daniel T./Pinel, Elizabeth C./Wilson, Thimothy D./Blumberg, Stephen J./ Wheatley, Thalia P.: Immune Neglect. In: Journal of Personality and Social Psychology (1998) 73, S. 617–638.

Gille, Gerd/Martin, Albert/Weber, Wolfgang/Werner, Eva: Betriebliche Integration ausländischer Arbeitnehmer als Frage der Rollenhandhabung und Zufriedenheit. In: Esser, Hartmut u. a.: Arbeitsmigration und Integration. S. 168–267. Königstein 1979.

Goffman, Erving: Wir alle spielen Theater. München 1959.

Gollwitzer, Peter M.: Abwägen und Planen. Göttingen 1991.

Gollwitzer, Peter M.: Implementation Intentions. In: American Psychologist (1999) 54, S. 493–503.

Goschke, Thomas: Wille und Kognition. In: Kuhl, Julius/Heckhausen, Heinz (Hrsg.): Motivation, Volition und Handlung. S. 583–663. Göttingen 1996.

Gossen, Hermann Heinrich: Entwicklung der Gesetze des menschlichen Verkehrs, und der daraus fließenden Regeln für menschliches Handeln. Braunschweig 1854.

Grundmann, Matthias (Hrsg.): Konstruktivistische Sozialisationsforschung. Frankfurt 1999.

Hacking, Ian: Multiple Persönlichkeit. Frankfurt 2001.

Hager, Willi/Weißmann, Sabine: Bestätigungstendenzen in der Urteilsbildung. Göttingen 1991.

Hammond, John S./Keeney, Ralph L./Raiffa, Howard: The Hidden Traps in Decision Making. In: Harvard Business Review (2006) 86, S. 118–126.

Harvey, John H. (Hrsg.): Perspectives on Loss. Philadelphia 1998.

Harvey, Paul/Martinko, Mark J.: An Empirical Examination of the Role of Attributions in Psychological Entitlement and its Outcomes. In: Journal of Organizational Behavior (2009) 30, S. 459–476.

Hastie, Reid/Dawes, Robyn M.: Rational Choice in an Uncertain World. Thousand Oaks 2001.

Hawking, Stephen W.: A Brief History of Time. New York 1988.

Heckhausen, Heinz: Motivation und Handeln. Berlin [2]1989.

Heckhausen, Heinz/Gollwitzer, Peter M.: Thought Contents and Cognitive Functioning in Motivational vs. Volitional States of Mind. In: Motivation and Emotion (1987) 11, S. 101–120.

Heckhausen, Heinz/Gollwitzer, Peter M./Weinert, Franz E. (Hrsg.): Jenseits des Rubikon. Berlin 1987.

Heckhausen, Jutta/Heckhausen, Heinz (Hrsg.): Motivation und Handeln. Berlin [4]2010.

Helmstedter, Ernst: Wirtschaftstheorie I. München [4]1991.

Hill, Thomas E.: Willensschwäche und Charakter. In: Spitzley, Thomas (Hrsg.): Willensschwäche. S. 168–190. Paderborn 2005.

Hornsey, Matthew J./Majkut, Louise/Terry, Deborah J./McKimmie, Blake M.: On Being Loud and Proud. In: British Journal of Social Psychology (2003) 42, S. 319–335.

Janis, Irving L./Mann, Leon: Decision Making. New York 1977.

Johnson, Edgar M./Cavanagh, Raymond C./Spooner, Ronald L./Samet, Michael G.: Utilization of Reliability Measurement in Bayesian Inference. In: IEEE Transactions on Reliability (1973) 22, S. 176–183.

Jung, Carl Gustav: Typenlehre. München 2001.

Kahneman, Daniel/Tversky, Amos: Prospect Theory. In: Econometrica (1979) 47, S. 263–291.

Kahneman, Daniel/Tversky, Amos: Advances in Prospect Theory. In: Journal of Risk and Uncertainty (1992) 5, S. 297–324.

Kahneman, Daniel: Experienced Utility and Objective Happiness. In: Kahneman, Daniel/Tversky, Amos (Hrsg.): Choices, Values, and Frames. S. 673–692. Cambridge 2000a

Kahneman, Daniel: Evaluation by Moments. In: Kahneman, Daniel/Tversky, Amos (Hrsg.): Choices, Values, and Frames. S. 693–708. Cambridge 2000b.

Kahneman, Daniel: Objective Happiness. In: Kahneman, Daniel/Diener, Ed/Schwarz, Norbert (Hrsg.): Well-Being. S. 3–25. New York 2003.

Kahneman, Daniel/Knetsch, Jack L./Thaler, Richard H.: The Endowment Effect, Loss Aversion, and Status Quo Bias. In: Journal of Economic Perspectives (1991), 5, S. 193–206.

Kelley, Harold H.: The Proper Study of Social Psychology. In: Social Psychology Quarterly (2000), 63, 3–15.

Kiesler, Charles A.: The Psychology of Commitment. New York 1971.

Kirsch, Werner: Entscheidungsprozesse. 3 Bände. Wiesbaden 1971.

Kirsch, Werner: Die Handhabung von Entscheidungsproblemen. Herrsching ⁵1998.

Kluckhohn, Clyde: Culture and Behavior. New York 1962.

Kohlenbach, Margret: Error or Self-Deception? In: McLaughlin, Brian P./Rorty, Amélie O. (Hrsg): Perspectives on Self-Deception. S. 515–534. Berkeley 1988.

Krampen, Günter: Handlungstheoretische Persönlichkeitspsychologie. Göttingen ²2000.

Kroneberg, Clemens: Die Definition der Situation und die variable Rationalität der Akteure. In: Zeitschrift für Soziologie (2005) 34, S. 344–363.

Kruger Justin/Dunning David: Unskilled and Unaware of It. In: Journal of Personality and Social Psychology (1999) 77, S. 1121–1134.

Kruglanski, Arie/Webster, Donna M.: Motivated Closing of the Mind. Psychological Review (1996) 103, S. 263–283.

Kruglanski, Arie: The Psychology of Closed Mindedness. New York 2004.

Kuhl, Julius: Motivation, Konflikt und Handlungskontrolle. Berlin 1983.

Kuhl, Julius: Wille und Freiheitserleben. In: Kuhl, Julius/Heckhausen, Heinz (Hrsg.): Motivation, Volition und Handlung. S. 665–765. Göttingen 1996.

Kuhl, Julius: Motivation und Persönlichkeit. Göttingen 2001.

Kuhl, Julius: Lehrbuch der Persönlichkeitspsychologie. Göttingen 2009.

Lazarus, Richard S.: Emotion and Adaptation. New York 1991.

Leary, Mark R./Tangney, June Price: The Self as an Organizing Construct in the Behavioral and Social Sciences. In: Leary, Mark R./Tangney, June Price (Hrsg.): Handbook of Self and Identity. S. 3–14. New York 2003.

Lenk, Hans (Hrsg.): Handlungstheorien – interdisziplinär. 4 Bände (1977–1984). München 1997.

Lerner, Jennifer S./Keltner, Dacher: Beyond Valence. In: Cognition and Emotion (2000) 14, S. 473–493.

Lindenberg, Siegwart: An Assessment of the New Political Economy. In: Sociological Theory (1985), 3, S. 99–114.

Lipshitz, Raanan/Strauss, Orna: Coping with Uncertainty. In: Organizational Behavior and Human Decision Processes (1997) 69, S. 149–163.

Loewenstein, Georg: Willpower. In: Law and Philosophy (2000) 19, S. 51–76.

Loewenstein, Georg/Kahneman, Daniel: Explaining the Endowment Effect. Working Paper. Department of Social and Decision Science. Carnegie Mellon University 1991 (zitiert nach Kahneman/Knetsch/Thaler 1991)

Luce, R. Duncan/Raiffa, Howard: Games and Decisions. New York 1957.

Luthans, Fred: Organizational Behavior. Boston [12]2011.

Mahoney, Michael J.: Publication Prejudice. In: Cognitive Therapy and Research (1977) 1, S. 161–175.

Malinowski, Bronisław: Argonauts of the Western Pacific. London 1922.

Malinowski, Bronisław: Magic, Science, and Religion and Other Essays. Garden City 1954.

Manuwald, Bernd: Platon: Protagoras. In der Übersetzung von Bernd Manuwald. Göttingen 1999.

March, James G.: Decisions and Organizations. Oxford 1988.

March, James G.: A Primer on Decision Making. New York 1994.

Martin, Albert: Theorie der Problemhandhabung. Unveröffentlichtes Manuskript. Mannheim 1978.

Martin, Albert: Die empirische Forschung in der Betriebswirtschaftslehre. Stuttgart 1989.

Martin, Albert: Personal. Stuttgart 2001.

Martin, Albert (Hrsg.): Organizational Behaviour. Stuttgart 2003.

Martin, Albert: Vertrackte Entscheidungen. (In Vorbereitung 2011).

Marx, Karl: Das Kapital. Band 1. Hamburg 1867.

Marx, Karl: Die Frühschriften (hrsg. von Siegfried Landshut, Oliver Heins, Richard Sperl). Stuttgart [7]2004.

Mellers, Barbara/McGraw, A. Peter: Self-serving Beliefs and the Pleasure of Outcomes. In: Carrillo, Juan D./Brocas, Isabelle (Hrsg.) The Psychology of Economic Decisions. Band 2: Reasons and Choices. S. 41–46. Oxford 2004.

Miebach, Bernhard: Soziologische Handlungstheorie. Wiesbaden 2006.

Milgram, Stanley: Some Conditions of Obedience and Disobedience to Authority. In: Human Relations (1965) 18, S. 57–76.

Miller, Dale T./Ross, Michael: Self-Serving Biases in the Attribution of Causality. In: Psychological Bulletin (1975) 82, S. 213–225.

Milliken, Frances J.: Three Types of Perceived Uncertainty about the Environment. In: Academy of Management Review (1987) 12, S. 133–143.

Mintzberg, Henry/Raisinghani, Duru/Théorêt, André: The Structure of „Unstructured" Decision Processes. In: Administrative Science Quarterly (1976) 21, S. 246–275.

Mischel, Walter/Shoda, Yuichi: A Cognitive-Affective System Theory of Personality. In: Psychological Review (1995) 102, S. 246–268.

Mischel, Walter/Morf, Carolyn C.: The Self as a Psycho-Social Dynamic Processing System. In: Leary, Mark R./Tangney, June Price (Hrsg.): Handbook of Self and Identity. S. 15–43. New York 2003.

Monat, Alan/Averill, James R./Lazarus, Richard S.: Anticipatory Stress and Coping Reactions under Various Conditions of Uncertainty. In: Journal of Personality and Social Psychology (1972) 24, S. 237–253.

Münch, Richard: Handlungstheorie. Frankfurt 2007.

Neumann, John von/Morgenstern, Oskar: Theory of Games and Economic Behavior. Princeton 1944.

Newell, Allen/Simon, Herbert A.: Human Problem Solving. Englewood Cliffs 1972.

Nickerson, Raymond S.: Confirmation Bias. In: Review of General Psychology (1998) 2, S. 175–220.

Nietzsche, Friedrich: Also sprach Zarathustra. Stuttgart 2008. Originalausgabe Chemnitz 1891.

O'Donnell, Mike: Structure and Agency. 4 Bände. London 2010.

Opp, Karl-Dieter: Review Essay. Hartmut Esser: Textbook of Sociology. In: European Sociological Review (2004) 20, S. 253–262.

Rausch, Adly: Probleme der Bestimmung und Abgrenzung von „Handlung" als sozialwissenschaftlicher Grundbegriff. In: Ethik und Sozialwissenschaften (1998), 9 (1), 3–13 (Kommentare von 24 Kollegen, S. 13–67).

Reason, James T.: Human Error. Cambridge [19]2009.

Riesman, David: Die einsame Masse. Reinbek 1950.

Rockeach, Milton: The Open and the Closed Mind. New York 1960

Rolfes, Egon: Aristoteles. Nikomachische Ethik. In der Übersetzung von Egon Rolfes, bearbeitet von Günther Bien. Hamburg 1955.

Rorty, Amélie: Die gesellschaftlichen Quellen des akratischen Konflikts. In: Spitzley, Thomas (Hrsg.): Willensschwäche. S. 191–216. Paderborn 2005.

Samuelson, Paul Anthony/Nordhaus, William D.: Volkswirtschaftslehre. Landsberg/Lech [3]2007.

Scarpa, Tiziano: Stabat Mater. Berlin 2009.

Schaub, Harald: Persönlichkeit und Problemlösen. Weinheim 2001.

Schimel, Jeff/Pyszczynski, Tom/Greenberg, Jeff/O'Mahen, Heather/Arndt, Jamie:

Running from the Shadow. In: Journal of Personality and Social Psychology (2000) 78, S. 446–462.

Schwarz, Norbert: Emotion, Cognition, and Decision Making. In: Cognition and Emotion (2000) 14, S. 433–440.

Scott-Kakures, Dion: Unsettling Questions: Cognitive Dissonance in Self-Deception. In: Social Theory and Practice (2009) 35, S. 73–106.

Searle, John R.: Rationality in Action. Cambridge 2001.

Sedikides, Constantine/Gregg, Aiden P.: Portraits of the Self. In: Hogg, Michael A./ Cooper, Joel (Hrsg.): The Sage Handbook of Social Psychology. S. 110–138. London 2003.

Sedikides, Constantine/Strube, Michael J.: Self-Evaluation: To Thine Own Self Be Good, to Thine Own Self Be Sure, to Thine Own Self Be True, and to Thine Own Self Be Better. In: Zanna, Mark P. (Hrsg.): Advances in Experimental Social Psychology (1997) 29, S. 209–269. New York.

Sennett, Richard: Der flexible Mensch. Berlin 1998.

Shafir, Eldar: Choosing versus Rejecting. In: Memory and Cognition (1993) 21, S. 546–556.

Shapiro, David: On the Psychology of Self-Deception. In: Social Research (1996) 63, S. 785–800.

Simmel, Georg: Die beiden Formen des Individualismus. In: Das freie Wort (1901) 1, S. 397–403.

Simmel, Georg: Aufsätze und Abhandlungen 1901–1908. Frankfurt 1995.

Simon, Herbert A.: A Behavioral Model of Rational Choice. In: The Quarterly Journal of Economics (1955) 69, S. 99–118.

Sloman, John: Economics. New York 1991.

Sorrentino, Richard M./Roney, Christopher J.: The Uncertain Mind. Philadelphia 2000.

Spitzley, Thomas: Handeln wider besseres Wissen. Berlin 1992.

Staw, Barry M.: The Escalation of Commitment. In: Shapira, Zur (Hrsg.): Organizational Decision Making. S. 191–215. Cambridge 1997.

Staw, Barry M./Ross, Jerry: Organizational Escalation and Exit: The Case of the Shoreham Nuclear Power Plant. In: Academy of Management Journal (1993) 36, 1993, S. 701–732.

Steele, Claude M.: The Psychology of Self-Affirmation. In: Berkowitz, Leonard (Hrsg.): Advances in Experimental Social Psychology (1988) 21, S. 261–301, San Diego.

Stegmüller, Wolfgang: Personelle und statistische Wahrscheinlichkeit. Erster Halbband. Berlin 1973.

Stone, Jeff/Cooper, Joel: A Self-Standards Model of Cognitive Dissonance. In: Journal of Experimental Social Psychology (2001) 37, S. 228–243.

Swann, William B.: To Be Adored or to Be Known? In: Higgins, Edward Tory/

Sorrentino, Richard M. (Hrsg.): Handbook of Motivation and Cognition. Band 2. S. 308–448. New York 1990.

Taylor, Shelley Elizabeth: The Availability Bias in Perception and Interaction. In: Kahneman, Daniel/Slovic, Paul/Tversky, Amos (Hrsg.): Judgment under Uncertainty. S. 190–200. Cambridge 1982.

Thaler, Richard H./Tversky, Amos/Kahneman, Daniel/Schwartz, Alan: The Effect of Myopia and Loss Aversion on Risk Taking. In: The Quarterly Journal of Economics (1997), 112, S. 647–661.

Tice, Dianne M.: Self-Concept Change and Self-Presentation. In: Journal of Personality and Social Psychology (1992) 63, S. 435–451.

Triandis, Harry C.: Culture and Social Behavior. New York 1994.

Trope, Yaacov/Neter, Efrat: Reconciling Competing Motives in Self-Evaluation. In: Journal of Personality and Social Psychology (1994) 66, S. 646–657.

Trope, Yaacov: Self-Enhancement and Self-Assessment in Achievement Behaviour. In: Sorrentino, Richard M./Higgins, Edward Tory (Hrsg.): Handbook of Motivation and Cognition. Band 1, S. 350–378. New York 1986.

Trope, Yaacov/Liberman, Nira: Social Hypothesis Testing: Cognitive and Motivational Mechanisms. In: Higgins, E. Tory/Kruglanski, Arie W. (Hrsg.) Social Psychology, S. 239–270. New York 1996.

Tversky, Amos/Kahneman, Daniel: Availability. In: Cognitive Psychology (1973) 4, S. 207–232.

Tversky, Amos/Kahneman, Daniel: The Framing of Decisions and the Psychology of Choice. In: Science (1981) 211, S. 453–458.

Tversky, Amos/Kahneman, Daniel: Judgments of and by Representativeness. In: Kahneman, Daniel/Slovic, Paul/Tversky, Amos (Hrsg.): Judgment under Uncertainty. S. 84–98. New York 1982.

Tversky, Amos/Kahneman, Daniel: Rational Choice and the Framing of Decisions. In: Journal of Business (1986) 59, S. 251–278.

Tversky, Amos/Griffin, Dale: Endowment and Contrast in Judgments of Well-Being. In: Strack, Fritz/Argyle, Michael/Schwarz, Norbert (Hrsg.): Subjective Well-Being. S. 101–118. Oxford 2001.

Vygotskij, Lew S.: Denken und Sprechen. Weinheim 2002.

Wason, Peter C.: On the Failure to Eliminate Hypotheses in a Conceptual Task. In: Quarterly Journal of Experimental Psychology (1960) 12, S. 129–140.

Weber, Max: Wirtschaft und Gesellschaft. Frankfurt 2005 [Originalausgabe 1922. Tübingen].

Weise, Peter/Brandes, Wolfgang/Eger, Thomas/Kraft, Manfred: Neue Mikroökonomie. Heidelberg [5]2005.

Wickens, Christopher D./Flach, John M.: Information Processing. In: Wiener, Earl L./Nagel, David C. (Hrsg.): Human Factors in Aviation. S. 111–155. New York 1988.

Wilde, Oscar: Lady Windermeres Fächer. Stuttgart 1997, Englische Originalausgabe 1892.

Williams, Bernard: Kann man sich dazu entscheiden, etwas zu glauben? In: Ders. (Hrsg.): Probleme des Selbst. S. 217–241. Stuttgart 1978

Wright, Georg Henrik von: Norm und Handlung. Eine logische Untersuchung. Königstein 1979.

Zimbardo, Philip: Der Luzifer-Effekt. Heidelberg 2008.

Register

Kognitives Modell, siehe Mentales
  Modell
Komplexität 12, 83
Konformismus 170, 172, 176
Konsistenzstreben, siehe Kognitive
  Dissonanz
Konsistenztheorien 209 ff.
Kontexthandeln 97
Kontrast-Effekt 39
Kontrollüberzeugung 70 ff., 173, 207,
  223
Kontrollverlust 85
Konventionalisierung 200
Korrespondenzverhalten 75 ff.
Kristallisierung 225
Kulturunterschiede 208

Lageorientierung 134 ff.
Langzeitgedächtnis 111 ff.
Lebensführung 141, 185, 194
Legitimierung 144 f.
Looking Glass Self 218

Markentreue 90
Massenwahn 86
Matching 43 f.
Maximax-Prinzip 63
Maximierungsregel 23
Mechanismen 116, 122 ff., 127
Mehrdeutigkeit 68
Mentale Handlungen 151
Mentale Ordnung, siehe Kognitive Dis-
  sonanz
Mentaler Modus 102, 131 ff.
Mentales Modell 14 f., 76, 100, 110
Milieu 141
Mindset, siehe Einstellung
Minimax-Prinzip 63
Modellnutzen 101
Moment der Aneignung 56
Moment der Entscheidung, siehe
  Commitment

Moral 159, 162, 166, 173 f., 185
Motivation 25, 30, 155, 163, 172, 208 f.

Narzissmus 208
Neid 137
Nichtstun 129
Normative Entscheidungstheorie 19 ff.
Nutzen 16, 21, 26, 29 f., 32, 34 f.
Nutzenmaximierung 122

Objektivierung 143, 145
Ockham'sches Prinzip 168
Ökologische Kritikvermeidung 92,
  120 f.
Ökonomisierung 146
Opportunitätskosten 38
Optionsmaximierung 174
Orientierungshandeln 67

Peak-End-Regel 58
PEDMIN 214
Persönlichkeit 68 ff., 111, 188, 190, 214,
  225
Positivismus 30
Positivity Bias 91
Präferenzen 27, 29 ff., 46 f., 54 ff., 153,
  164, 196
Pragmatische Handlungstheorie 214
Primacy-Effekt 43
Primäre Kontrolle 85 f.
Proaktivität 153
Problemdruck 124, 228
Problemhandhabungsansatz 115 ff.
Problemlösen 121
Problempool 117, 120
Problemregulierung 225
Prominence-Effekt 43
Prospect Theory 39
Prototyp 113
Prototypische Erfahrung 58
Prozesse 224 ff.
Prozesshandeln 115 f.